U1015228

新中国经贸投资开放与变革发展70年

张沁　宁宇　张少萱　著

中国经济出版社
CHINA ECONOMIC PUBLISHING HOUSE
北　京

图书在版编目（CIP）数据

新中国经贸投资开放与变革发展70年／张沁，宁宇，张少萱著．--北京：中国经济出版社，2021.12

ISBN 978-7-5136-6738-8

Ⅰ.①新… Ⅱ.①张… ②宁… ③张… Ⅲ.①贸易经济-改革开放-概况-中国②投资-改革开放-概况-中国 Ⅳ.①F722.9②F832.48

中国版本图书馆CIP数据核字（2021）第239407号

责任编辑 严 莉
责任印制 巢新强
封面设计 任燕飞

出版发行 中国经济出版社
印 刷 者 北京九州迅驰传媒文化有限公司
经 销 者 各地新华书店
开 本 710mm×1000mm 1/16
印 张 19.5
字 数 261千字
版 次 2021年12月第1版
印 次 2021年12月第1次
定 价 78.00元
广告经营许可证 京西工商广字第8179号

中国经济出版社 **网址** www.economyph.com **社址** 北京市东城区安定门外大街58号 **邮编** 100011

目　录

第一章

中国经贸投资开放与变革发展70年历程回顾（1949—2018年）

自1949年新中国成立以来，弹指一挥间，中国的改革开放事业已经走过了70年的光辉岁月。在庆祝新中国成立70周年之际，我们有必要回顾和梳理新中国改革开放70年的成就、经验以及教训，为即将开启的更深层次的改革开放积累更多可供借鉴的经验。

坚持改革开放是社会主义初级阶段基本路线的基本点之一，是我国走向富强的必经之路。改革包括：经济体制改革，即从建立社会主义制度，到把高度集中的计划经济体制改革成为社会主义市场经济体制；政治体制改革，包括发展民主、加强法制、实现政企分开、精简机构、完善民主监督制度、维护安定团结。开放主要指对外开放，在广泛意义上还包括对内开放。

新中国成立初期，一穷二白，百废待兴，如何在贫穷落后的国家建设社会主义，成为摆在中国政府面前的重大课题。怎样改变？答案只有一个：改革。

“文化大革命”使国家面临严峻的局势：生产力发展缓慢、人民温饱没有解决、科技教育落后……这种局面不改变不行。怎样改变？答案只有一个：改革。

社会主义社会的各个历史阶段，都需要根据经济发展的要求，适时地不断推进社会主义制度的自我完善和发展，使社会主义制度充满生机和活力。生机和活力哪里来？答案只有一个：改革。

要建立和不断完善社会主义市场经济体制，积极稳妥地推进政治体制改革，发展社会主义民主，建设社会主义政治文明，推进文化体制改革。新思路在哪里？答案只有一个：改革。

本章主要从五个递进的发展阶段回顾新中国成立70年来在经贸投资领域的改革进程，依次梳理各阶段的主要经贸投资改革政策，总结发展特点和改革成果，并对制约改革开放的因素进行分析和反思。

1. 社会主义经济制度的建立阶段

自1949年新中国成立到1978年实行改革开放政策，这一时期是计划集中阶段。改革首先从恢复国民经济和进行社会主义改造、建立社会主义经济制度开始，实行进口替代、优先发展重工业的经济发展战略。受“大跃进”和“文化大革命”的影响，国民经济在曲折中发展。

在经贸投资领域实行独立自主、高度集中的对外贸易统一管理体制和封闭条件下的进口替代战略。对外贸易服务于国内工业化发展需要，发挥“调剂余缺”的作用，利用外资总体规模有限。

2. 改革的启动和目标探索阶段

自1978年党的十一届三中全会到1992年党的十四大确立我国实行社会主义市场经济体制，这一时期是改革的启动和目标探索阶段。改革首先从农村开始，逐步向城市推进；开展改革试点，积累经验，再逐步推广；对外开放从兴办经济特区向开放沿海、沿江乃至内地推进。

在经贸投资领域主要以扩大对外贸易为主线，通过货物贸易和“两来一补”加工贸易换取外汇资源，弥补国内发展的资金短缺问题。

3. 社会主义市场经济体制框架初步建立阶段

以1992年党的十四大确立社会主义市场经济体制的改革目标，1993年党的十四届三中全会通过《关于建立社会主义市场经济体制若干问题的决定》为标志，我国正式确立社会主义市场经济的改革方向和基本内容。到2002年，社会主义市场经济体制的基本框架初步建立。这一阶段紧紧围绕宏观管理体制、国有企业、社会保障体系建设等方面进行了一系列改革。

在经贸投资领域重点开放国内市场，吸引外商直接投资，引进国际先进的管理经验、技术和人才，通过市场换技术，促进国内经济发展和转型升级。

4. 社会主义市场经济体制的初步完善阶段

2002 年党的十六大提出到 2020 年建成完善的社会主义市场经济体制的改革目标，2003 年党的十六届三中全会对建设完善的社会主义市场经济体制做出全面部署。与此同时，党中央总结提出科学发展观和构建社会主义和谐社会的重大战略构想，作为深化改革的重要指导思想。自此，我国改革进入完善社会主义市场经济体制的新阶段。

此阶段经贸投资领域的改革重点转向通过市场换市场，在经济发展基础上，一批企业成长壮大，积极开拓国际化业务，由以“引进来”为主转向“引进来”和“走出去”并重。

5. 全面深化改革开放的新阶段

2012 年党的十八大召开，确定全面建成小康社会和全面深化改革开放的目标。2013 年中国提出共建“一带一路”倡议，扩大“朋友圈”，进一步扩大国内市场开放和加速融入国际市场的进程，经贸投资改革开放进入历史性新阶段。2019 年是新中国成立 70 周年，也是“一带一路”倡议提出六周年。新时代，新格局，新发展，随着“一带一路”建设的深入推进，中国与世界携起手来，正加快构建陆海内外联动、东西双向互济的全面开放新格局。

一、计划集中阶段（1949—1977 年）：社会主义经济制度的建立

（一）改革节点梳理

1. 宏观经济政策

中国现代化经济是在长期帝国主义经济侵略刺激和半封建半殖民地背景下发展起来的。由于长期的封建统治和帝国主义的掠夺，加上战争

的摧残，到1949年新中国成立之时，全国上下生产萎缩、民生凋敝、通货膨胀、财政破产，国民经济基本处于崩溃状态，独立与统一的新中国在经济发展战略和路径上开始了新探索。按阶段划分，1949—1977年的宏观经济政策又可分为以下两个阶段：

（1）社会主义经济制度的确立与国家工业化的启动（1949—1957年）

从新中国成立到“一五”时期末，是中国历史上经济发展和制度变化最快、最剧烈的时期。1949—1952年是我国国民经济的恢复时期。短短3年间，通过实施将农业作为整个国民经济恢复的基础，对私营经济“利用、限制和改造”，建立强大的国营经济，统一管理财政经济等新民主主义经济政策，国民经济得到迅速的恢复和发展，顺利完成了新民主主义革命的各项经济任务，国家掌握了经济命脉，控制了金融、市场和工业，完成了社会主义改造，各领域均取得了举世瞩目的成就。党和政府的行政力量空前强大，为1953年之后国家迅速稳定地向单一公有制和计划经济过渡奠定了基础。

1949年9月21—30日，中国人民政治协商会议在北平举行。通过共同纲领，选举产生中华人民共和国中央人民政府。新民主主义革命取得全国性的胜利。

1949年10月1日，中华人民共和国开国大典在北京举行，中国进入现代史时期。

1950年2月，签订《中苏友好同盟互助条约》。

1950年10月至1953年7月，进行抗美援朝战争。

1950年12月至1951年10月，开展镇压反革命运动。

1952年底，国民经济恢复工作完成。

从1953年开始，随着大规模经济建设的开展，中国走上了快速推进工业化和向苏联模式学习的社会主义经济过渡的发展道路。在当时经济落后、资金匮乏、人才短缺等内外部环境不利的情况下，被迫选择了实行进口替代和压缩消费、优先发展重工业的经济发展战略，保证了国家第一个五年计划顺利完成和重工业的迅速发展，为工业化发展奠定了坚实基础。

1953 年春，全国农村基本完成土地制度改革。

1953 年，国民经济发展第一个五年计划开始实施，中共中央制定并公布过渡时期总路线，社会主义改造全面展开。

1954 年 9 月，第一届全国人民代表大会第一次全体会议召开，通过《中华人民共和国宪法》。

1956 年 4 月，毛泽东发表《论十大关系》的讲话。

1956 年 9 月，中国共产党第八次全国代表大会召开。同年底，对个体农业、个体手工业和资本主义工商业的社会主义改造基本完成。中国进入社会主义初级阶段。

（2）“大跃进”与“文化大革命”使国民经济在曲折中发展（1957—1977 年）

社会主义改造基本完成后，中国共产党领导全国各族人民逐渐将工作重心转移到社会主义经济建设上来。从 1957 年至 1977 年，我国的国民经济是通过纠正“大跃进”和“文化大革命”错误，在波折中曲折向前发展的。

1957 年 2 月，毛泽东发表《关于正确处理人民内部矛盾的问题》的讲话。

1957 年春夏，中国共产党开展整风运动，随后进行反“右派”斗争。

1958 年 5 月，中共八大二次会议通过了“鼓足干劲、力争上游、多快好省地建设社会主义”的社会主义建设总路线。这条总路线确定了中国社会主义现代化建设的宏伟目标，反映了广大群众迫切要求改变中国经济文化落后状况的愿望。

1958 年，开始“大跃进”和人民公社化运动。全国以群众运动的方式进行经济建设。一是片面追求工农业生产的高速度，导致高指标风和浮夸风蔓延全国，违背了经济发展的客观规律；二是建立人民公社体制，企图在生产力不发达的情况下建立一个所谓普遍平等、平均、公平、合理的社会，挫伤了农民的生产积极性，严重侵犯了集体和群众的利益；三是盲目下放权力，没有真正向企业放权和培养独立的商品生产主体。尽管期间我国政府初步纠正了“左倾”错误，但是没有从根本上克服经济建设急于求成的思想。

1959 年庐山会议后，全党开展“反右倾”斗争，“左倾”错误重新发展，国民经济出现严重困难。

1959—1961 年，重工业、轻工业、农业的比例失调，造成了人力、物力和财力的巨大浪费，国民经济遇到严重困难。

1961—1965 年，贯彻执行调整、巩固、充实、提高的方针，国民经济得到恢复和进一步发展。采取的主要措施包括：一是大力压缩基本建设战线；二是减缓工业发展速度，改善工业内部结构；三是继续大力精减职工并压缩城镇人口；四是进一步调整农村政策；五是安排人民生活，保障市场供给。同时，采取强有力措施加强集中统一管理，有效遏制“大跃进”以来全国经济发展过程中的严重混乱局面，重新构建高度集中的中央管理体制。

1964 年底至 1965 年初，第三届全国人民代表大会第一次会议召开，提出实现“四个现代化”的发展目标，即建设具有现代农业、现代工业、现代国防和现代科学技术的社会主义强国，赶上和超过世界先进水平。

1966 年 5 月，中共中央政治局扩大会议通过《中国共产党中央委员会通知》（简称“五一六通知”）。“文化大革命”开始发动。该时期，试图把“文化大革命”作为中国社会生产力发展的强大推动力，强调“以阶级斗争为纲”。同时，美苏军备竞赛和世界部分地区局部战争的国际形势变化，导致经济发展强调以战备为纲，按照备战的要求进行生产布局和经济建设成为这一时期经济建设的又一重要指导方针。其中，搞三线工业基地建设、大力发展军事国防工业、生产布局安排顺序由农轻重转变为重农轻，均是上述指导方针的具体体现。政治动乱否定了中国共产党在新中国成立后经济建设积累的宝贵经验，大搞生产资料所有制的“升级”“过渡”和所谓“割资本主义尾巴”，使经济管理体制受到严重冲击。盲目开展经济管理权力的下放，但由于国家和企业之间的关系没有变革，对企业管得过多、过死，导致企业缺乏经济管理自主权，积累与消费的比例、农轻重比例严重失调，经济效益下降，整个十年国民经济发展较为缓慢。“文化大革命”冲击了四个现代化战略的实施，国民经济遭受严重破坏。其间，经过老一辈革命家和人民群众的努力，国民经济在波动中仍取得一定程度的发展。

1969年4月，中国共产党第九次全国代表大会召开，受错误的思想、政治、组织指导方针的影响，“文化大革命”的错误理论和实践被合法化。

1971—1973年，周恩来主持中共中央和国务院的日常工作时，分别对经济体制进行了调整，但因江青等的反对，中途受挫而告终。

1971年9月，毛泽东在周恩来等的协助下，领导粉碎林彪反革命集团。同年10月，中国恢复在联合国的合法席位。

1972年2月，中美双方在上海签署《中美联合公报》。

1975年，邓小平主持中共中央日常工作，开始对各方面工作进行全面整顿。

1976年10月6日，中共中央粉碎“四人帮”，“文化大革命”结束。“文革”后期，随着国际环境转好，经济建设的指导方针发生了一些变化，重提“四个现代化”的宏伟目标和“两步走”的设想①，强调要把国民经济搞上去。

① 第一步，用15年的时间，即在1980年以前，建成一个独立的比较完整的工业体系和国民经济体系；第二步，在20世纪内，全面实现农业、工业、国防和科学技术现代化，使中国国民经济走在世界前列。

2. 对外贸易政策

新中国成立后的对外贸易，是在新中国成立前解放区对外贸易的基础上，经过摧毁帝国主义在华特权和没收官僚资本，并对民族资本进行社会主义改造建立起来的。1949 年 9 月通过的《中国人民政治协商会议共同纲领》规定："实行对外贸易的管制，并采用保护贸易政策。"通过接管改造旧海关、建立新海关，将新中国的大门钥匙放在人民的口袋里；取消帝国主义对中国外贸的控制和外国企业的特权及垄断地位，全面实行进出口贸易许可证制和结汇制。我国逐步建立了以指令性计划为主、指导性计划为辅的外贸计划管理体制和以独立自主、平等互利为原则的统制外贸体制，将进出口贸易和贸易外汇经营权控制在政府手中，实现了"节制资本""内外交流""统制贸易"。

在高度集中统一的外贸体制下，国家集外贸经营、管理于一身，统负盈亏。在这 30 年中，我国外贸体制变迁大致可分为两个阶段：

第一阶段（1949—1956 年），国家确定了"独立自主、集中统一"的外贸工作原则和方针，建立起外贸管理体制。

1949 年 11 月，中央人民政府政务院设立贸易部。

1950 年 1 月，政务院通过了《关于关税政策和海关工作的决定》，宣布了我国独立自主的保护关税政策。该决定明确指出，"海关税则必须保护国家生产，必须保护国内生产品与外国商品的竞争"。也就是说，要在关税的保护下，建立自己的民族工商业，和其他发展中国家一样，对本国的经济建设加以保护。

1950 年，结束了长达 70 年的贸易入超局面，有力地促进了国民经济的迅速恢复和发展。

1950 年 12 月，政务院颁布实施《对外贸易管理暂行条例》，后来又颁布《中华人民共和国暂行海关法》。

1952 年，成立对外贸易部，我国对外贸易走上了集中统一领导和管理之路。在国家管制对外贸易政策指导下，我国在全国范围内建立外贸管理机构、统一外贸管理制度、设立国营外贸公司和利用改造私营外贸企业。

1951 年 2 月，中央政府将全国口岸已成立的外贸管理局收归中央统一领导，并在审批登记各类对外贸易企业、实行进出口商品分类管理、推行进出口许可证制度、管制外汇及审核进出口价格等方面，都做了统一规定。

1952 年，成立对外贸易部，对外贸实行集中管理。中国的对外贸易重心逐步由旧中国的以西方国家为主转向以苏联和东欧等社会主义国家为主；同时积极打破西方国家因朝鲜战争而对中国内地的“封锁”和“禁运”，努力开展与西方国家的“易货”等贸易，迅速恢复和扩大对外贸易。

第二阶段（1957—1977 年），在对私营企业进行社会主义改造后，全国进出口业务全部由国营外贸专业公司垄断经营，并严格按国家计划进行。国家控制外汇体系，出口实行收购制，进口实行拨交制，盈亏由国家统负，结束了不同所有制企业并存经营的对外贸易格局，建立起了高度集中统一、政企不分的外贸体制。其中，受“大跃进”和“文化大革命”错误路线的影响，我国的对外贸易管理制度和经营秩序受到严重冲击。1970 年后，周恩来、邓小平先后主持中央日常工作，着手恢复国民经济并整顿因“文化大革命”产生的某些严重问题。20 世纪 70 年代初，外部环境开始发生于我有利的变化，西方国家开始陆续同中国建交，我国对外经济格局发生重大变化。为了适应转变，我国外贸体制开始尝试变革，增设了外贸口岸，批准成立直接经营对外贸易的企业。经过拨乱反正和采取正确措施调整国民经济，对外贸易努力减少了损失，完成了各项外贸任务。可以说，改革开放前，中国对外贸易体系是典型的苏联计划经济模式，是国家整个计划经济体制的重要组成部分。

3. 引进外资政策

由于历史原因，我国利用外资的统计工作自 1983 年起才有了年度序列数据。因此，1949—1977年中国投资政策和情况，只能根据不完整的数据做一般性的阐述。在这一历史时期，建设资金短缺一直是制约我国经济发展的重要因素。为弥补国内建设资金的不足，引进国外先进的技术设备和管理经验，积极利用外资，成为我国对外开放的一项重要内容。

但是，由于利用外资的立法与国内基础设施尚不完善，这一阶段利用外资基本还处于试探阶段，中国引进外资的数量并不大，且主要是贷款等间接资本。1973年实施了“四三方案”，对今后3~5年内引进43亿美元的成套设备进行了统一规划，主要包括大化肥、大化纤、石油化工、烷基苯工厂、燃气轮机、工业汽轮机、轧机、大电站等。从1972年到1977年，我国先后从美国、日本等十多个国家引进技术和设备222项，实际用汇39.6亿美元，对外经济交往得到拓展。1982年，“四三方案”引进项目全部建成投产，成为社会主义现代化建设事业重要的生力军，对于打破长期被封锁状态起到了积极的促进作用，也为20世纪80年代中国实行对外开放政策做了一定的物质和思想准备。

（二）改革阶段性特点

1. 坚持独立自主、高度集中的对外贸易统一管理体制

1949—1977年，坚持对外统制贸易体制，是这一时期建立和发展社会主义对外贸易制度的鲜明特色。具体表现为：制定和实施全国统一的外贸管理规章制度；实行对外贸易计划管理；执行货物统购统销、许可证管理和外汇管理制度。当时我国实行的高度集中、国家统制、国家专营、统负营亏、政企合一的外贸体制，与高度集权的计划经济模式相吻合，是当时经济社会发展的需要，也是应对当时国际经济环境和外交格局的必然产物。它不仅对打破西方国家对我国的经济封锁、行使国家主权、保证国民经济的恢复和重建、取得新民主主义革命胜利起到重要作用，也对建立我国独立的工业体系发挥了重要作用。

在这一制度的指导下，改革开放前，我国建立起了独立自主的对外

贸易体制和比较完备的中央、地方各级外贸行政和企业组织机构体系；在国外使领馆建立商务机构和驻港澳贸易机构，还在50多个国家设立了共560个公司代表处和境外贸易公司。从出口商品生产、外贸仓储、运输、包装等各个环节，逐步建立起相当规模的基础设施，在国外广泛建立和发展了推销服务网络和销售渠道，不断完善计划、统计、财会、审计、调研等各项工作，建立起一支50多万人的较高素质的对外经贸人才队伍。

2. 实行封闭条件下的进口替代战略

囿于相对封闭的经济政策和恶劣的国际环境，这一时期，我国重视独立自主、自力更生地发展国内经济和工业化，对外贸易服务于国内工业化发展需要，发挥“调剂余缺”的作用。在对外投资和吸引外资方面，采取较为不提倡的态度。封闭条件下的进口替代战略，在当时的历史时期对促进国民经济发展发挥了重要作用。但是，随着中国经济建设的推进和国际经济贸易环境的变化，对外贸易方面实行的进口替代战略不再能完全满足经济发展需要，需要进行变革。

（三）改革成果

尽管改革开放以前我国对外贸易受到“文化大革命”和“大跃进”等的严重干扰，对外贸易总体在低位徘徊，但仍然保持了不断增长的势头。其中，1960—1962年对外贸易额的下降与西方国家对我国实行全面“禁运”“封锁”的政治环境和国内经济形势关系密切；20世纪70年代中国恢复在联合国的合法席位，中国与西方国家的关系得以改善，我国的对外贸易取得快速发展。

1. 对外贸易总额不断增长

1950—1978年，我国进出口总额从11.35亿美元增长到206.38亿美元，增长17.2倍，年均增长10.91%。其中出口贸易额由5.52亿美元增加到97.45亿美元，增长16.7倍，年均增长10.79%；进口贸易额由5.83亿美元增长到108.93亿美元，增长17.7倍，年均增长11.02%（见图1-1）。我国出口额占世界出口总额的比重由1950年的0.91%提升至1978年的0.76%，居世界第29位。1956年我国首次出现贸易顺差，扭转了从旧中国到新中国成立初期长期贸易逆差的局面。

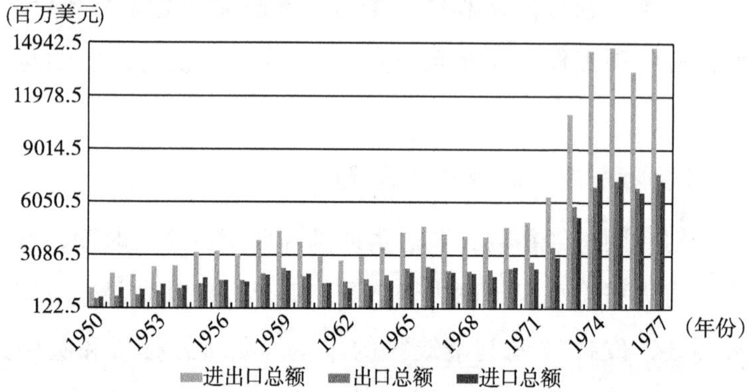

图1-1　1950—1977年我国进出口贸易发展趋势

数据来源：国家统计局。

2. 进出口商品结构不断优化

新中国成立初期，作为典型的农业国，农业产值约占工农业产值的3/4，工业产值也主要由工矿产品构成。在出口产品中，粮油产品和土畜产品占据主要的地位，两者合计出口额约占出口总额的70%。随着工业化进程的推进，农副产品比重逐年下降，工业品比重趋于上升，主要是纺织品和轻工业品比重大幅提高，两者合计比重由1953年的26.9%增长到1978年的46.9%（见表1-1）。

表1-1　1953—1978年我国出口商品结构　（%）

年份	农副产品	纺织品	轻工业品	重工业产品	年份	农副产品	纺织品	轻工业品	重工业产品
1953	55.7	6.1	20.8	17.4	1966	35.9	21	19.9	23.2
1954	48.3	9.5	22.7	19.5	1967	39.3	21	18.7	21.0
1955	46.1	11.7	19.5	22.7	1968	40.0	21.8	18.5	19.7

续表

年份	农副产品	纺织品	轻工业品	重工业产品	年份	农副产品	纺织品	轻工业品	重工业产品
1956	42.6	14.7	20.6	22.1	1969	37.4	22.2	19.0	21.4
1957	40.1	17.7	17.9	24.3	1970	36.7	21.4	26.2	15.7
1958	35.5	17.8	23.9	22.8	1971	36.2	20.0	25.0	18.8
1959	37.6	23.5	18.4	20.5	1972	31.3	23.4	27.3	17.6
1960	31.0	29.1	17.1	22.8	1973	35.8	22.8	25.8	15.6
1961	20.7	35.2	17.9	26.2	1974	36.4	16.9	23.3	23.4
1962	19.4	34.3	19.0	27.3	1975	29.6	17.9	23.9	28.6
1963	24.2	30.3	21.1	24.4	1976	28.4	20.2	24.2	27.2
1964	28.0	24.8	22.8	24.4	1977	27.6	20.0	26.0	26.4
1965	33.1	20.1	23.4	23.4	1978	27.6	21.9	25.0	25.5

数据来源：中国对外经济贸易指南［M］. 北京：中国经济导报社，1984.

在进口商品结构上，生产资料在进口中一直占较大比重，1950 年至 1960 年平均占比为 91.9%，反映了这一阶段中国启动工业化、建立独立完整工业体系的经济建设总目标的需要。20 世纪 60 年代中苏关系恶化，作为中国成套设备与技术、机械仪器主要供应来源的苏联和东欧国家的供应急剧减少，而这个时期我国又遭遇特大自然灾害，粮食极度短缺。这种情况下，我国积极从各种渠道增加粮食进口，使生活资料占比在短时期内大幅提升，由 1960 年的 4.6% 上升到 1961 年的 38.1%，此后几年一直保持在 40% 上下。同时生产资料进口比重下降，1961—1965 年平均为 59%，此后 1966 年至 1978 年生产资料所占比重又不断上升（见表 1－2）。

表 1－2　1953—1978 年我国进口商品结构

年份	生产资料		生活资料		年份	生产资料		生活资料	
	金额（亿美元）	占比（%）	金额（亿美元）	占比（%）		金额（亿美元）	占比（%）	金额（亿美元）	占比（%）
1953	12.40	92.10	1.06	7.90	1963	7.09	56.00	5.57	44.00
1954	11.88	92.30	0.99	7.70	1964	8.58	55.50	6.89	44.50

续表

年份	生产资料		生活资料		年份	生产资料		生活资料	
	金额（亿美元）	占比（%）	金额（亿美元）	占比（%）		金额（亿美元）	占比（%）	金额（亿美元）	占比（%）
1955	16.26	93.80	1.07	6.20	1965	13.42	66.50	6.75	33.50
1956	14.32	91.60	11.32	8.40	1966	16.24	72.20	6.24	27.80
1957	13.85	92.00	1.21	8.00	1967	15.36	76.00	4.84	24.00
1958	17.60	93.10	1.30	6.90	1970	19.25	82.70	4.01	17.30
1959	20.30	95.70	0.90	4.30	1975	63.93	85.40	10.94	14.60
1960	18.63	95.40	0.90	4.60	1976	57.11	86.80	8.67	13.20
1961	8.95	61.90	5.50	38.10	1977	54.92	76.10	17.22	23.90
1962	6.48	55.20	5.25	44.80	1978	88.64	81.40	20.29	18.60

数据来源：中国对外经济贸易指南［M］. 北京：中国经济导报社，1984.

3. 对外贸易伙伴不断增多

在近30年间，中国与苏联、东欧等社会主义国家间的外贸进出口占总贸易量的2/3以上，而与欧美、日本等发达国家间的外贸进出口极少，这与当时的国际关系紧密相关（见表1-3）。

表1-3 改革开放前我国内地主要进出口市场结构 （%）

贸易伙伴	出口			进口		
	1955年	1965年	1975年	1955年	1965年	1975年
中国港澳地区	8.8	20.7	23.6	1.9	0.8	0.4
日本	4.1	8.6	19.3	1.4	12.9	31.9
东南亚	2.5	7.8	5.7	1.4	3.2	1.7
西亚	0.1	2.8	5.5	1.9	1.9	2.5
东欧	17.4	7.8	7.6	13.3	6.3	6.5
苏联	47.4	9.9	2.0	64.5	9.2	3.2
西欧	6.3	17.0	13.9	10.1	20.7	25.0
美国	—	—	1.7	13.0	—	6.1
加拿大	0.1	0.7	1.1	64.5	6.2	4.5
澳大利亚	0.1	0.9	0.9	0.3	10.5	5.3

续表

贸易伙伴	出口			进口		
	1955年	1965年	1975年	1955年	1965年	1975年
非洲	0.5	5.5	6.1	1.5	6.0	2.9
拉丁美洲	—	5.1	1.6	0.4	11.0	4.0

数据来源：中国对外经济贸易指南［M］. 北京：中国经济导报社，1984.

4. 内地与港澳的经济贸易关系不断密切，多边经贸关系得到拓展

新中国成立后，中央政府对港澳同胞非常关怀，根据港澳市场的特点及其转口港等有利条件，积极扩大对港澳地区的进出口贸易，贸易额由1950年的1.63亿美元扩大到1978年的27.42亿美元。其中，转口贸易占较大比重，港澳地区成为中国内地与世界各国和地区发展贸易的重要桥梁。1948年成立的华润公司和1949年成立的南光公司等一些中资机构，致力于建立和扩展国货销售网，协助中国内地组织货源供应港澳地区并转口到其他国家，对内地和港澳地区贸易的发展起到了极其重要的作用。

1971年10月，中华人民共和国恢复联合国合法席位后，我国对外贸易关系开始从国家向国际组织延伸。到1978年，我国参与了联合国贸易和发展会议（简称“贸发会议”）、亚洲及太平洋经济社会委员会（简称“亚太经社会”）、国际贸易法委员会（简称“贸法会”）等联合国机构和国际组织的活动，拓展了多边贸易关系。

5. 外汇储备不断增加

随着贸易额不断增加，我国的外汇储备总体上也呈现不断增加的趋势，尤其是1968年和1977年创造了两个高峰（见图1－2）。

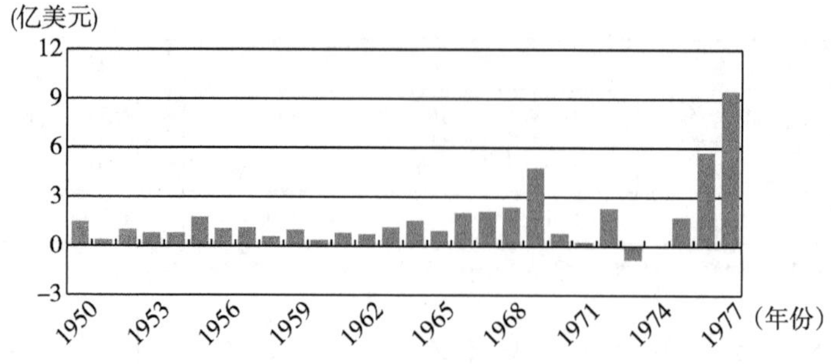

图1－2　1950—1977年我国外汇储备变化情况

数据来源：国家统计局。

（四）改革的制约因素

1949—1977年建立的高度集中的对外贸易体制，是新中国成立初期根据国内和国际形势、在借鉴苏联等社会主义国家经验的基础上建立起来的，是与新中国成立初期国家的经济发展战略、计划经济体制相适应的，并符合当时以进口替代为主的外贸发展战略，成功实现了独立自主地发展国民经济、反对外国资本对本国市场的控制、维护本国的经济利益等目标。但是，随着国际环境的变化和对外交往的密切，这一外贸体制成为发展的制约因素。

1. 对外贸易的制约因素

新中国成立初期，在“冷战”状态的国际背景下，我国对外贸易政策实行统制贸易，是我国政府必然的政治选择。在这一思想指导下，我国改革开放前在进口和出口的关系上力求进出平衡，略有顺差，对外贸易被看作社会主义扩大再生产的补充手段，局限于互通有无、调剂余缺，这从某种程度上也限制了对外贸易的进一步发展。一是无法从我国的资源禀赋出发，根据比较优势发展对外贸易；二是国有外贸企业缺乏竞争力，大大落后于国际先进水平，经济效益低下；三是长期“以进养出”，国内产业发展严重扭曲，进出口结构不合理。

2. 利用外资的制约因素

由于自给自足的经济思想根深蒂固，人们习惯于从自给自足经济的角度去看待社会化的大生产，体现在国家财政上，即强调“既无内债，又无外债”，否定了利用外资的必要性和重要性，因此利用外资总体规模很小，对我国当时的经济增长带动作用不明显。

我国当时建立的独立自主的社会主义经济贸易制度和高度集中的计划管理体制，是历史的巨大进步。随着 20 世纪 70 年代中国恢复在联合国的合法席位，以及中国与美国、欧洲、日本等主要大国（或地区）的对外关系取得突破和广泛的发展，我国对外经济关系格局发生了重大转变。在这一背景下，原有封闭的、高度集权和垄断经营的外贸体制的缺陷日益凸显，越来越不适应我国对外贸易发展的需要，外贸体制改革势在必行。

二、起步发展阶段（1978—1991 年）：贸易换外汇

自 1978 年党的十一届三中全会到 1992 年党的十四大确立我国实行社会主义市场经济体制，这一时期是改革的启动和目标探索阶段。改革首先从农村开始，逐步向城市推进；开展改革试点，积累经验，再逐步推广；对外开放从兴办经济特区向开放沿海、沿江乃至内地推进。

1978 年 12 月 18—22 日，党的十一届三中全会在北京召开，重新确立了实事求是的思想路线，强调要注意解决好国民经济重大比例失调等问题，并且对权力过分集中的经济管理体制着手认真地改革，在自力更生的基础上积极发展同世界各国平等互利的经济合作，努力采用世界先进技术和先进设备，并大力加强实现现代化所必需的科学和教育工作。

党的十一届三中全会以后重新提出利用市场经济在国民经济中的作用，逐渐释放了市场经济的力量，政府退居幕后，尝试依靠积极的财政

政策和金融货币政策，而不是直接的行政干预，来引导国民经济结构做出相应调整。

此后不久，在1987年10月召开的党的十三大上，党中央提出“三步走”发展战略：第一步，1981年到1990年实现国民生产总值比1980年翻一番，解决人民的温饱问题；第二步，1991年到20世纪末国民生产总值再增长一倍，人均达到1000美元，人民生活达到小康水平；第三步，到21世纪中叶人民生活比较富裕，基本实现现代化，人均国民生产总值达到中等发达国家水平，人民过上比较富裕的生活。

（一）改革节点梳理

1. 宏观经济政策

1978年12月18—22日，党的十一届三中全会在北京召开。

1979年，我国经济体制开始进行全面改革，主要表现为从计划经济向市场经济转变，对外则提出开放经济的基本方针。

1979年7月15日，中共中央、国务院批转广东省委、福建省委关于对外经济活动实行特殊政策和灵活措施的报告，决定在深圳、珠海、汕头和厦门试办特区。8月13日，国务院颁发《关于大力发展对外贸易增加外汇收入若干问题的规定》，主要内容是扩大地方和企业的外贸权限，鼓励增加出口，办好出口特区。

1980年1月1日起，国家恢复了对国营外贸专业公司的进出口货物全面征收关税的制度。

1980年5月16日，中共中央、国务院批准《广东、福建两省会议纪要》，决定将深圳、珠海、汕头和厦门四个出口特区改称为经济特区。

1982年3月，福建省五届人大四次会议通过《厦门经济特区条例》。

1982年，第五届全国人民代表大会第五次会议提出了要适当调整关税税率，以鼓励或限制某些商品的进口。

1984年10月20日，党的十二届三中全会在北京举行。会议一致通过《中共中央关于经济体制改革的决定》，明确提出进一步贯彻执行对内搞活经济、对外实行开放的方针，加快以城市为重点的整个经济体制改革的步伐，是当前我国形势发展的迫切需要。改革的基本任务是建立起具有中国特色的、充满生机和活力的社会主义经济体制，促进社会生产力的发展。

1986年12月5日，国务院颁发《关于深化企业改革增强企业活力的若干规定》。该规定提出全民所有制小型企业可积极试行租赁、承包经营，全民所有制大中型企业要实行多种形式的经营责任制，各地可以选择少数有条件的全民所有制大中型企业进行股份制试点。

1987年10月25日至11月1日，中国共产党第十三次全国代表大会举行。《沿着有中国特色的社会主义道路前进》的报告阐述了社会主义初级阶段理论，提出了党在社会主义初级阶段“一个中心、两个基本点”的基本路线：以经济建设为中心，以四项基本原则为立国之本，以改革开放为强国之路。制定了到21世纪中叶分三步走实现现代化的发展战略，并提出了政治体制改革的任务。

1988年9月5日，邓小平在会见捷克斯洛伐克总统胡萨克时，提出了“科学技术是第一生产力”的著名论断。

2. 引进外资政策

改革开放前，中国利用外资的理论、政策几乎是一片空白。改革开放之初，中国政府开始尝试构建利用外资的基本政策框架，为利用外资提供基本的平台，中央出台了一系列利用外资的重大举措。

1979年6月，国务院副总理余秋里在《国民经济计划草案》中指出，“在坚持独立自主、自力更生的基础上，积极扩大对外贸易，引进先进技术，利用国外资金，是加快我国四个现代化进程的一个重大决策”。

1979 年 7 月，全国五届人大二次会议通过并颁布了《中华人民共和国中外合资经营企业法》，中国开始大规模引进和利用外商直接投资。

1979 年 7 月 15 日，中共中央、国务院批转广东省委、福建省委关于对外经济活动实行特殊政策和灵活措施的报告，决定在深圳、珠海、汕头和厦门试办出口特区。

1979 年 8 月，为加强对利用外资工作的统一领导和管理，五届全国人大常委会第十次会议决定在国务院之下设立外国投资管理委员会，作为中国利用外资的管理机构，统一进行外资工作的监管和控制，由国务院副总理谷牧兼任主任。

1979 年 8 月，国务院颁发《关于大力发展对外贸易增加外汇收入若干问题的规定》，主要内容是扩大地方和企业的外贸权限，鼓励增加出口，办好出口特区。

1982 年 3 月，五届全国人大常委会第二十二次会议将国家进出口管理委员会、对外贸易部、对外经济联络部和外国投资管理委员会合并为对外经济贸易部。

1986 年，国务院又成立外国投资工作领导小组，吸引外商投资的综合管理工作由国家计委、国家经委和外经贸部分工负责。

1986 年 10 月，国务院发布《关于鼓励外商投资的规定》，即“二十二条”，规划了我国利用外资总体战略，以行政法规形式第一次明确提出“鼓励”外国投资者在华兴办企业，并给出了一系列优惠政策，成为吸引外资的“风向标”。此后，我国利用外资速度显著加快。

1991 年，颁布《中华人民共和国外商投资企业和外国企业所得税法》，对外资企业的税收和税收优惠政策做了详细规定，使得中国吸引外资的环境得到进一步改善。

3. 对外投资政策

1979 年 8 月 13 日，国务院提出了 15 项经济改革措施，其中第 13 项明确提出："要出国办企业。"这是中国政府第一次把发展对外直接投资作为政策确立下来。这项政策为中国企业的跨国直接投资奠定了基础。

1981 年，对外经济贸易部颁发《关于在国外开设合营企业的暂行规定》和《关于在国外开设非贸易性企业的暂行规定》。由于当时缺乏境外投资的经验，国家外汇储备极为紧张，扩大出口是当时外经贸领域开放的重中之重，对外直接投资还很少。

1983 年以前，我国企业和其他经济组织在国外合营（独资）企业，由国务院直接审批，1983 年 1 月国务院授权对外经济贸易部为对外直接投资活动的归口管理部门，代表国务院行使审批和管理权。

20 世纪 80 年代初，国务院领导人在出访非洲的过程中，提出了中国对外直接投资活动要遵循"平等互利、讲求实效、形式多样、共同发展"的原则。

1984 年，中国制定了《中国对外直接投资开办非贸易性企业的暂行审批程序和管理办法》。

1985 年 10 月，对外经济贸易部召开了全国第一次国外合营企业管制会议，讨论了开办国外合营企业亟待解决的一些政策性问题。会后，对外经济贸易部就资金筹措、产品返销、税收减免、外汇留成和设备材料供应等政策措施向国务院提出了建议，并得到国务院的批准。

1988 年，国务院正式批准中国化工进出口公司进行企业对外直接投资试点。

1989 年 3 月 6 日，国家外汇管理局发布《境外投资外汇管理办法》，总结了几年来我国对外投资外汇管理的经验教训，提出了新的管理办法。

1991 年，国务院批转《国家计委关于加强海外投资项目管理意见》，进一步规范和明确了各部门关于境外投资管理的职责分工。同年8月，《国家计委印发〈关于编制、审批境外投资项目的项目建议书和可行性研究报告的规定〉的通知》明确了海外投资的审批细则。

在这些政策的推动下，一些长期从事进出口业务的专业外贸公司和具有对外经济合作经验的企业，首先跨出国门到海外直接进行投资。

（二）改革阶段性特点

这一阶段我国外贸外资工作开始打破封闭状况，以“出口导向”战略代替“进口替代”战略，以出口“量”的扩张促进经济增长。这一阶段的改革主要依靠政策的推进，在吸收外资、出口贸易、对外直接投资、金融的国际化等方面具有明显的初始性和粗放性。

1. 以区位的开放和出台大量鼓励发展外贸的政策为主要特征

1978年，党的十一届三中全会打破了中国经济封闭发展的状况，走上了开放发展的新道路，经济外向发展非常明显。按地理区位的渐次开放成为政府政策的首选，1979年，中央批准成立深圳、厦门经济特区，1980年8月，又增加了珠海、汕头两个经济特区，成立之初的经济特区要求产品都要出口，具有明显的外向发展特征。1984年，把天津、上海、大连等14个城市设为沿海开放城市，扩大其经济管理自主权，实行对外开放。1985年2月，又进一步把珠江三角洲、长江三角洲及闽南三角洲地区的51个县开放为沿海经济开发地带。1988年3月，沿海经济区扩展到辽东、山东半岛，并于同年4月成立海南经济特区。至此，沿海293个县市2.8亿人口、42.6万平方公里地带成为对外开放的前沿地区。1991年以后，相继在上海外高桥、深圳福田、沙头角和天津港等沿海重要港口内设了15个保税区，区内鼓励出口加工及转口贸易。1992年4月，中央决定开放上海浦东。1992年后开放从沿海向内地纵深推进，形成了“沿海”“沿边”“沿江”及内地省会的开放格局。中国在这个时期，也出台了大量鼓励发展外贸的政策，外贸政策由

“出口导向”取代了此前的“进口替代”。这期间，一系列探索性的“试点”与“暂行办法”体现了中国经济外向发展的初级性。

2. 出口贸易量扩张迅速

改革开放初期，我国利用国际产业大转移和升级的有利时机，利用国内劳动力成本优势，积极发展劳动密集型工业进行出口创汇。我国出口额由 1979 年的 136.6 亿美元迅速增加为 1991 年的 718.4 亿美元，增长了 4.3 倍，年均增长 16.3%，出口额占 GDP 的比重也由 1979 年的 5%提高到 1992 年的 17.4%，出口依存度接近世界正常 25% ~30% 的水平（见图 1－3）。在世界贸易中的排名由 1980 年的第 26 位上升到 1992 年的第 11 位，提前 8 年实现了预定的 2000 年出口额达到 1600 亿美元的战略任务，出口贸易成绩与过去封闭时期相比简直是天壤之别。出口量的迅猛扩张，对经济产生了巨大的拉动作用。

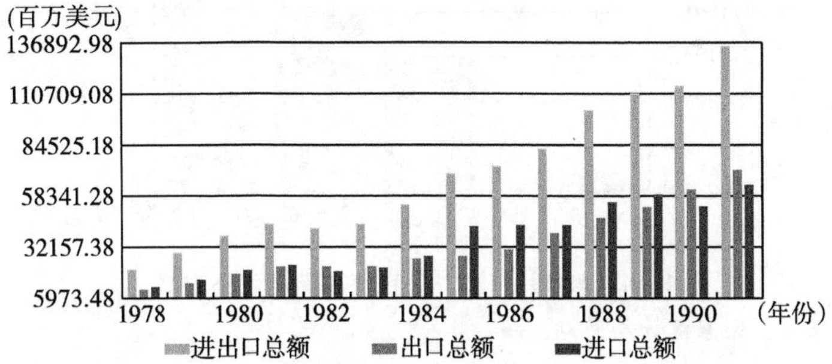

图 1－3　1978—1991 年我国进出口贸易发展趋势

数据来源：国家统计局。

但这个时期进出口贸易基本上属于增长性逆差阶段，而且对外贸易尚处于粗放性的初级阶段。一是出口产品加工水平低。1980 年以来，虽然中国出口产品由矿产资源等初级产品出口为主逐步向工业制成品转变，但历经十多年后，1992 年初级产品出口的比重仍为 20.1%，且工业制成品也仍以资源密集型和劳动密集型的粗加工产品为主，深加工尤其是技术含量高、附加值高的产品极少。二是出口产品流向地过于集中，这个时期我国主要与东亚诸国、美国、德国等国家发展贸易往来，出口贸易受到这些国家的影响明显。

3. 利用外资处于起步阶段

1979年中国利用外资仅42亿美元，1981—1985年年均仅20多亿美元（见图1－4），1992年也只有192.01亿美元，是1979年的4.5倍，年均增长11.5%。这一阶段每年利用外资的规模很小，且利用外资的类型比较单一。1989年以前，我国基本上只能以借贷方式吸引外资。以这种方式利用外资我国要承担的外债风险大，原因在于我国基础设施发展的限制，国外也缺少对中国开放的了解和信任。当时中国引资的质量是相对较低的。1989年后外商直接投资才逐渐增多，中外合作、合资企业和独资企业也才慢慢涌进中国。

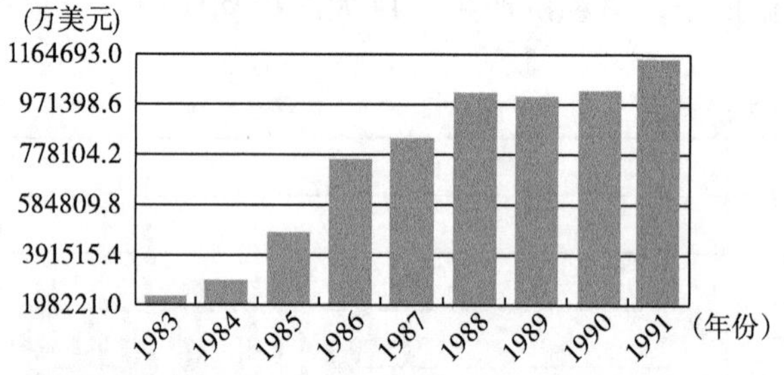

图1－4　1983—1991年我国实际利用外资额

数据来源：国家统计局网站。

4. 对外直接投资从无到有

从改革开放伊始到1992年，中国对外投资处于探索阶段。这期间共兴办海外企业148家，累计对外投资10.6亿美元，相对庞大的利用外资量来说，中国对外直接投资主要是实现了从无到有。投资主体主要是一些经贸所和部分省市国际经济技术合作公司组成的经贸公司，后来一些具有一定规模的大型企业也开始对外投资，项目规模逐步扩大，对外投资的领域逐步扩大到资源开发、商品生产、工程开发等领域。

5. 金融“走出去”局部试点

改革开放以来，为了适应经济外向发展要求，我国金融业首先在深圳市试行对外开放，逐步扩大到北京、上海等城市和海南省。这个时期开放有明显的地域限制，且业务范围较窄，仅个别试点外资银行可以经营人民币业务；中国内地金融业“走出去”更少，范围仅在中国香港与美国等。金融国际化程度低也影响了我国外贸结算。中国经济外向发展仍处于初级阶段。

（三）改革成果

1. 改革开放开局良好

在改革开放初期，经过不断的探索和实践，中国初步构筑起了利用外资的基本法律和政策框架。通过利用外资，中国的国门逐渐打开。尽管利用外资工作刚刚起步，还缺乏经验，但是已经有了良好的开端，迈出了重要的一步。

（1）开放思想深入实践

在利用外资的起步阶段，中国对外开放的广度和深度都超过了以往历史上的任何时期。进出口贸易总额达到 2300 亿美元，比“五五”时期翻了一番，在世界上所占据的位次明显提高。从 1979 年开始，中国改变了 20 世纪 60 年代以来基本不借外债的情况，中国政府根据中国的实际需要和可能，采用国际上当时通行的一些做法，相继恢复了在国际货币基金组织、世界银行、国际开发协会和国际金融公司的代表权，吸引和筹集了一批国际金融组织贷款、外国政府或民间贷款。截至 1985 年底，七年累计借用外国贷款的协议金额已达 203 亿美元。通过设立中外合资经营、合作经营、外商独资经营企业和开展补偿贸易，合作勘探开发海上石油，合作开发其他资源等方式，直接吸引外商投资。

（2）经贸投资逐渐萌芽

尽管我国早期吸引外商直接投资的规模不大，经营期限不长，投资的技术含量不高，但还是出现了许多令人鼓舞的积极因素。一方面增加了中外双方合作的信心，为今后中国成为吸引外资进入的热点目的地打下了基础；另一方面代表着资本主义性质的外商直接投资历史性地进入了社会主义经济体制并取得突破性发展，一大批具有 20 世纪 80 年代初期国际先进水平的重大项目开始在中国相继落户。

2. “贸易换外汇”战略成效显著

在改革开放初期，我国经贸投资基础还很薄弱，对外投资尚处于探索阶段。相对而言，吸引外资方面取得了很大突破。根据商务部公开数据，我国吸引外资直接投资规模快速发展，从 1983 年[①]的 9.20 亿美元增长到 1991 年的 43.66 亿美元，增长近 4 倍；吸引外商直接投资项目数量更是增长显著，从 1983 年的 470 个激增到 1991 年的 12978 个，增幅超过 26 倍（见表 1－4）。外汇储备规模由 1978 年的 1.67 亿美元，逐步增长到 1990 年的 110.93 亿美元（见图 1－5）。

表 1－4　1983—1991 年我国吸引外商直接投资情况

年份	实际使用外资金额（亿美元）	实际使用外资金额同比增长（%）	项目数（个）	项目数同比增长（%）
1983	9.20	0	470	0
1984	14.20	54.35	1856	294.89
1985	19.56	37.75	3073	65.57
1986	22.44	14.72	1498	－51.25
1987	23.14	3.12	2233	49.07
1988	31.94	38.03	5945	166.23
1989	33.92	6.2	5779	－2.79

① 商务部关于“吸引外资直接投资”的数据最早追溯到 1983 年，之前数据未公开。

续表

年份	实际使用外资金额（亿美元）	实际使用外资金额同比增长（%）	项目数（个）	项目数同比增长（%）
1990	34.87	2.8	7273	25.85
1991	43.66	25.21	12978	78.44

数据来源：中国商务部商务数据中心，http：//data. mofcom. gov. cn/lywz/inmr. html.

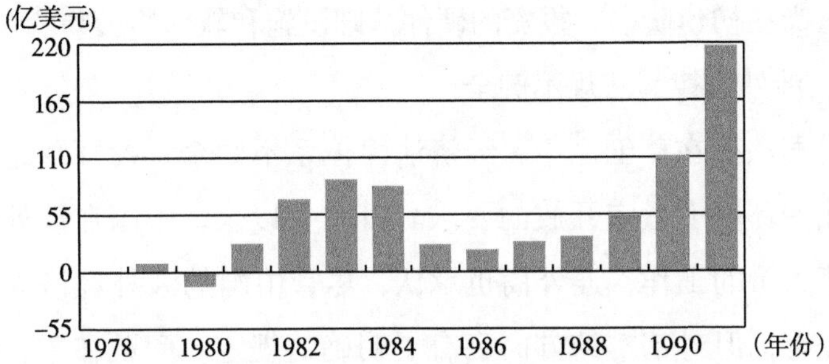

图 1 -5　1978—1991 年我国外汇储备规模情况

数据来源：国家统计局网站。

吸引外商直接投资的快速发展，得益于“贸易换外汇”策略的制定。改革开放初期，为了发展我国基础工业，利用外汇是重要环节。从比较优势的角度来看，以货物贸易、加工贸易、服务贸易换取外汇是最适当的方式。通过货物贸易、“两来一补”加工贸易换取外汇资源，以此弥补国内发展资金短缺问题。正是由于外汇资源的不断积累，才有了改革开放的进一步发展。

（四）改革的制约因素

1. 利用外资的制约因素

在起步阶段，利用外资特别是举办中外合资经营企业，是一项新的工作，由于缺乏经验，对外国情况缺乏全面了解以及内部协调不够，有关政策和立法不完善，管理体制和有关规章不相适应，因而，在利用外资的实际工作中存在的问题比较突出，这在一定程度上对利用外资造成了消极影响。

（1）基础设施落后

20 世纪 70 年代末到 80 年代中期，中国的能源、原材料供应一直短缺，主要表现为交通运输不便，电话、通信设备奇缺，电力供应不足，交通运输能力、城市公用设施远不能满足需要，缺少可供外国人居住的旅馆、住宅和文化娱乐设施，制造产品所需原材料、零部件的供应困难。经济特区尚在初建阶段，投资的硬件基础设施和软环境较差。

（2）涉外法律、法规不健全

涉外司法尚在草创之中，经济法律体系不健全，投资缺乏法律上的保障，法治环境不适应开放的要求。1979 年以来，中国在涉外经济立法方面做了大量的工作，连外商也承认，尽管中国的涉外经济立法还需要健全和完善，但对基本的方向已有了明确的规定。问题在于，中国缺乏“法治”的传统，“有法不依”“以言代法”的现象比较严重，使外商投资企业产生了不安全感。

（3）僵化、低效的计划经济管理和行政模式

中国经济管理体制复杂，层次多、环节多、变化多。中国在管理体制方面的特点是“多头领导与统一计划并行、高度集中而且审批程序复杂”，“软环境”方面的不足阻碍了外商来华投资。

（4）对外商投资项目实施严审批

中国当时的一些经济政策不够优惠，缺乏吸引力：一是国内市场控制过严，对一些国内很需要甚至大量进口的产品，不加区别地要求合营企业的产品全部外销或者自求外汇收支平衡；二是土地使用费偏高；三是原材料供应价格高于国内市场；四是现行所得税减免期短，对外资缺乏吸引力。

（5）对外借款计划不周，缺乏前期准备

由于缺乏经验，有些向外国贷款的项目，前期准备工作不充分，计划不周，中间变化较多，影响工作进度，甚至被迫中途停顿缓建，使已借的钱用不出去。有些合营企业长期依靠国外大量进口零配件，耗用外

汇较多。有些引进技术转让合同条款的某些规定不够合理，中方付出代价较高。补偿贸易和来料加工装配中，也有一些由于合同条款不够明确，在执行中发生问题，致使中方吃亏。

2. 对外投资的制约因素

在没有广泛对外直接投资基础的前提下，对处于开创阶段的中国对外直接投资的制约因素是非常多的，既有国家层面的，也有企业自身的，既有制度层面的，也有实践层面的。概括而言，主要有以下几个方面：

（1）经济体制的制约

改革开放之初，当时高度集中的计划经济体制还没有得到根本的改革。在这一体制下，国家不重视且没足够能力进行大规模对外直接投资。企业有意愿却没有对外直接投资的自主权。在体制的束缚下，中国当时的对外直接投资规模和水平都处于较低水平，更无法与西方大国相比较。这是制约本阶段我国开展大规模对外直接投资的根本性因素。

（2）对外直接投资意识形态的制约

由于长期受“左”的经济思想的浸染，中国当时仍然把对外直接投资看作是西方资本主义列强争夺国际市场、掠夺海外资源和压迫剥削第三世界国家和人民的方法与手段，对中国的对外直接投资问题羞于公开谈论。在这种指导思想占主导地位的历史条件下，中国对外直接投资的发展步伐被严重拖慢。

（3）国家对外直接投资政策体系的严重制约

改革开放以来至 20 世纪 90 年代初所形成的我国对外直接投资政策体系不鼓励中国企业到海外投资，严格的外汇管理制度，烦琐、漫长的外汇投资审批过程是对外直接投资的主要障碍。

（4）缺乏在国外经营的国际经验

改革开放之前的 30 年，由于中国基本处于一种相对封闭的环境中进行经济建设，与世界经济的联系较少，对外直接投资的实践经验更少。改革开放后，对外直接投资一直处于“摸着石头过河”的探索阶段，这是制约我国对外直接投资发展的又一重要原因。

（5）外汇资金严重短缺

国内建设尚缺乏资金，外汇短缺更严重制约了我国当时的对外直接投资。由于改革开放才刚刚开始，当时我国的经济发展水平远远落后于西方发达国家，解决人们的温饱问题、实现“四个现代化”是当时的主要任务。当时的政策是以引进外资为主，对外贸易也是以赚取更多的外汇为主要目的，缺乏“走出去”的意识，也没有足够的资金支撑大规模的对外直接投资。

三、快速发展阶段（1992—2000 年）：市场换技术

以党的十四大确立社会主义市场经济体制的改革目标、党的十四届三中全会通过《关于建立社会主义市场经济体制若干问题的决定》为标志，我国正式确立了社会主义市场经济的改革方向和基本内容。到 2002 年，社会主义市场经济体制的基本框架初步建立。这一阶段，主要对宏观管理体制、国有企业、社会保障体系建设方面进行了一系列改革。

（一）改革节点梳理

1. 宏观经济政策

1992 年 10 月 12—18 日，中国共产党第十四次全国代表大会在北京举行。江泽民同志作《加快改革开放和现代化建设步伐，夺取有中国特色社会主义事业的更大胜利》的报告，总结了党的十一届三中全会以来 14 年的实践经验，决定抓住机遇，加快发展；确定我国经济体制改革的目标是建立社会主义市场经济体制；提出用邓小平同志建设有中国特色社会主义理论武装全党。

1993 年 11 月 11—14 日，党的十四届三中全会举行。全会通过了《中共中央关于建立社会主义市场经济体制若干问题的决定》，并指出，社会主义市场经济体制是同社会主义基本制度结合在一起的。

1993年12月15日，国务院做出关于实行分税制财政管理体制的决定。

1993年12月25日，国务院做出《关于金融体制改革的决定》。

1994年1月11日，国务院做出《关于进一步深化对外贸易体制改革的决定》，提出我国对外贸易体制改革的目标是：统一政策、开放经营、平等竞争、自负盈亏、工贸结合、推行代理制，建立适应国际经济通行规则的运行机制。

1994年颁布了第一部《对外贸易法》，开始了系统完善外经贸领域法律法规的改革阶段。在货物贸易、外资、知识产权、反倾销等领域出台了一系列法律法规，同时政府的政策透明度也不断增强。

1995年9月25—28日，党的十四届五中全会举行。全会通过了《中共中央关于制定国民经济和社会发展"九五"计划和2010年远景目标的建议》(以下简称《建议》)。《建议》提出，实现"九五"计划和2010年远景目标的关键是实行两个具有全局意义的根本性转变：一是经济体制从传统的计划经济体制向社会主义市场经济体制转变；二是经济增长方式从粗放型向集约型转变。

1996年12月1日，中国开始履行国际货币基金组织协定第八条款，实行人民币经常项目下的可兑换。

1999年3月5—15日，九届全国人大二次会议在北京举行。会议通过了中华人民共和国宪法修正案，明确非公有制经济是我国社会主义市场经济的重要组成部分，大大促进了社会生产力的发展。

1999年3月22日，《国务院关于进一步推进西部大开发的若干意见》提出了进一步推进西部大开发的十条意见。

2000年修正了《中华人民共和国海关法》。

2. 引进外资政策

党的十四大提出："利用外资的领域要拓宽，采取更加灵活的方式，继续完善投资环境，为外商投资经营提供更方便的条件和更充分的法律保障。"根据这一精神，中央政府各部门相继出台了一系列鼓励引进外资的具体政策和措施，进一步改善投资环境，拓宽利用外资形式。

20世纪90年代初，国务院先后批准了海南省的洋浦经济开发区，以及黑河、绥芬河、珲春和满洲里作为边境地区新的开放城市。

1992年初，国务院颁发《关于加快改革、扩大开放、力争经济更好更快地上一个新台阶的意见》。

1994年3月5日，全国人大常委会通过了《中华人民共和国台湾同胞投资保护法》。这项法律的通过、实施，使保护台商投资的正当权益走上了法制化轨道。同年4月，国务院召开对台经济工作会议，提出对台投资的领域、项目、方式遵循“同等优先、适当放宽”的原则。

1996年8月，国务院发布《关于扩大内地省、自治区、计划单列市和国务院有关部门等单位吸引外商投资直接投资项目审批权限的通知》。

1996年12月，中国人民银行颁布了有关允许设立在上海浦东的外资银行率先开办人民币业务的规定。

1997年5月，《外商投资企业投资者股权变更的若干规定》颁布。

1998年4月，中共中央、国务院在出台的《关于进一步扩大对外开放，提高利用外资水平的若干意见》中提出了“多渠道、多方式吸引外商投资，实施利用外资多元化的战略”。

2000年以后，国家把外资工作的重点从单纯吸收国外资金为主，转到引进先进技术、引进现代化管理、引进专门人才方面。

3. 对外投资政策

1992年5月邓小平视察首钢，批准首钢扩大海外投资和经营权，从而使中国企业的对外直接投资进入了一个新的发展阶段。

1993年国家外汇管理局发布《境外投资外汇风险及外汇资金来源审查的审批规范》。1994年7月1日，出台《对外贸易法》。

1995年对1989年出台的《境外投资外汇管理办法》做了补充规定。

1996 年外经贸部制定《境外投资企业审批程序和管理办法》，财政部制定《境外投资财务管理暂行办法》。

1997 年 9 月，党的十五大提出要“努力提高对外开放水平”，第一次明确提出“鼓励能够发挥我国比较优势的对外投资，更好地利用国内国外两个市场、两种资源”。

1998 年 2 月，党的十五届二中全会上明确指出：“在积极扩大出口的同时，要有领导、有步骤地组织和支持一批有实力、有优势的国有企业‘走出去’，到国外去，主要是到非洲、中亚、中东、中欧、南美等地投资办厂。”

1999 年 3 月，国家出台了鼓励企业开展境外加工贸易的政策，外经贸委、财政部等部门相应制定了一系列扶持政策的配套文件，国家对轻工、纺织、家电等行业的企业开展境外带料加工装配业务实行“鼓励”政策，在项目审批和外汇管理方面也有所松动。

2000 年 10 月，党的十五届五中全会审议通过的《中共中央关于制定国民经济和社会发展第十个五年计划的建议》首次明确提出“走出去”战略。

（二）改革阶段性特点

开始实施由“量的扩张”转向“以质取胜”的出口战略，更好地利用外资和技术积极实施“走出去”，从而使出口贸易在国民经济中发生质的飞跃。

1. 国家开放政策的重大转变和调整成为进入这一阶段的主要动因

1992 年邓小平南方谈话突破了“姓社”“姓资”的争论桎梏，党的十四大提出了建立社会主义市场经济体制的改革目标，结束了 1992 年之前的一段时间内相对徘徊不前的局面。党的十四届三中全会提出了实现经济体制从计划经济转变为市场经济、增长方式从粗放型向集约型转变的“两个转变”，为我国改革开放和经济外向发展奠定了新的理论和政策基础。鼓励出口导向的制度和法规不断调整和完善，提高出口质量的政策受到重视。1993年以来连续多次降低关税，到2000年我国关税降到15%，减少非关税方面采取了与世界各国同轨的非关税壁垒代替高关税保护政策。在汇率方面，我国改变了汇率高估的局面，1996年实现了经常项目下的自由兑换。这期间，由强调地理区位的开放转移到了对体制的改革，开放理论和开放政策逐步成熟。这也成为中国经济外向发展进入新阶段的重要标志。

2. 出口贸易从“以量取胜”转为突出“以质取胜”

1992—2000年我国对外贸易额在绝对量上比1992年前有了明显的增加。2000年我国外贸出口总额达到2492亿美元，在世界的排名由1992年的第11位上升到了第6位，2000年出口额比1992年增加了2倍。1992年以来外贸出口依存度呈上升趋势，由1992年的17.5%提升到2000年的21.8%。出口创汇在国民经济中的作用显著，弥补了内需不足的缺口，成为这几年经济增长平均达9.7%的重要推进器。这一阶段我国对外贸易呈现单边的增长性顺差，这期间年均顺差185亿美元（见图1-6）。

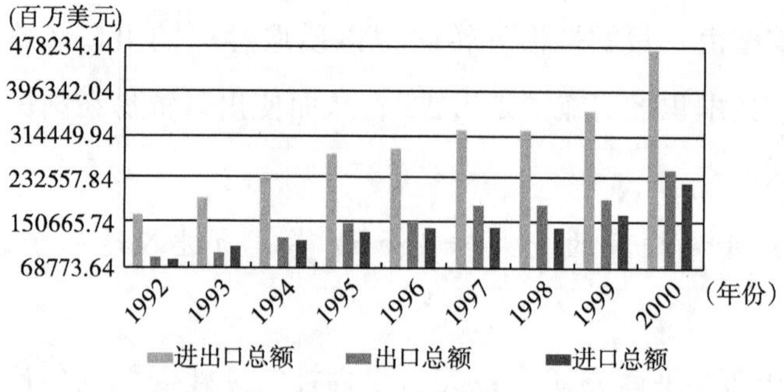

图1-6　1992—2000年对外贸易进出口额变化情况

数据来源：国家统计局。

从出口结构上看，1992 年以来，随着经济发展战略的调整，出口商品结构从以粗加工、低附加值工业制成品为主转变为以精深加工、高附加值制成品为主，技术含量附加值高的工业制成品出口比重明显上升(见图 1 -7、图 1 -8、表 1 -5)。2000 年工业制成品的出口比重上升到 89.8%，1992 年这一比重为 80%，出口商品的质量和结果发生了重大变化。

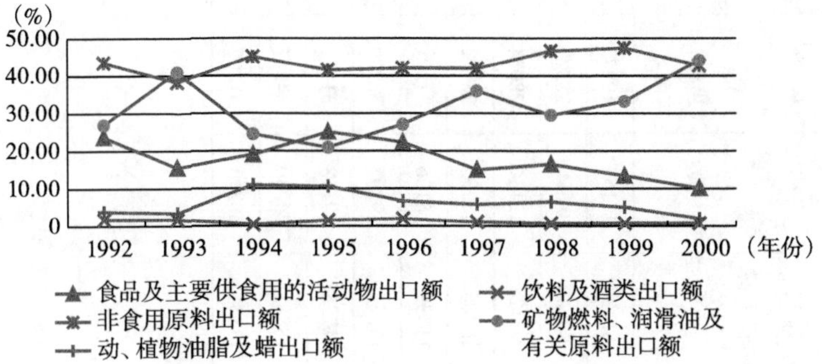

图 1 -7　初级产品出口额占比变化情况

数据来源：国家统计局。

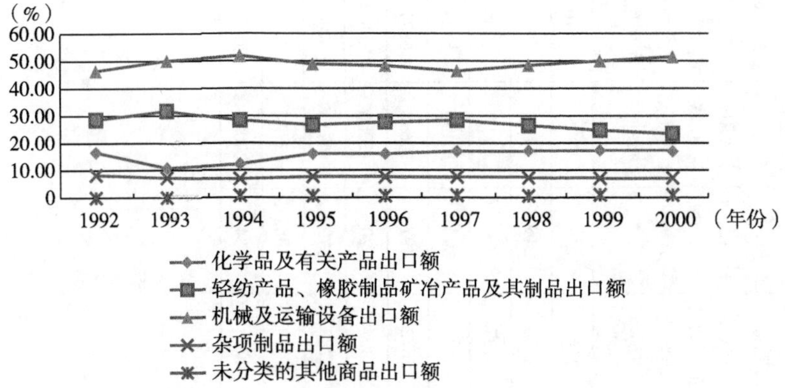

图 1 -8　工业制成品出口额占比变化情况

数据来源：国家统计局。

表1－5　1992—2000年出口结构

年份	初级产品出口额（百万美元）	食品及主要供食用的活动物出口额（百万美元）	饮料及烟类出口额（百万美元）	非食用原料出口额（百万美元）	矿物燃料、润滑油及有关原料出口额（百万美元）	动、植物油脂及蜡出口额（百万美元）	工业制成品出口额（百万美元）	化学品及有关产品出口额（百万美元）	轻纺产品、橡胶制品矿冶产品及其制品出口额（百万美元）	机械及运输设备出口额（百万美元）	杂项制品出口额（百万美元）	未分类的其他商品出口额（百万美元）
1992	13255	3146	239	5775	3570	525	67330	11157	19273	31312	5588	0
1993	14210	2206	245	5438	5819	502	89749	9704	28527	45023	6495	0
1994	16486	3137	68	7437	4035	1809	99128	12130	28084	51467	6768	679
1995	24417	6132	394	10159	5127	2605	107667	17299	28772	52642	8261	693
1996	25441	5672	497	10698	6877	1697	113392	18106	31391	54763	8486	646
1997	28620	4304	320	12006	10306	1684	113750	19297	32220	52774	8550	909
1998	22949	3788	179	10715	6776	1491	117288	20158	31075	56845	8456	754
1999	26846	3619	208	12740	8912	1367	138853	24030	34317	69453	9701	1352
2000	46739	4758	364	20003	20637	977	178355	30213	41807	91931	12751	1653

3. 吸引外资集约化发展方向渐显

1992 年以来，我国利用外资大幅增加，2000 年利用外资达到 593.6 亿美元，是 1992 年的 1.3 倍多，这期间从 1994 年到 2000 年连续 7 年成为全球仅次于美国的第二大外资流入国。同时，外资企业的出口在中国出口总额中的份额也越来越高，2000 年占中国出口额的 47.9%，而 1992 年以前只占 12%。中国利用外资呈现出在较大基数上稳定增长的局面，表明了中国经济外向发展日渐成熟。

此外，利用外资方式也开始由粗放型向质量效益型转变，即由过去多数外资投资于周期短、见效快的加工制造企业，转移到了在引导外资投向生产型项目的同时，又有计划地引导外资投向基础设施的建设。1997 年以后，国家政策已经由过去主要以优惠政策吸引外资转变为对内外资企业提供同等的竞争条件，这在很大程度上反映出中国利用外资不再是以粗放式引资为主，而是进入了讲求质量效益的新阶段。从图 1 -9 中可以看出，我国在 1997 年利用外资达到最高峰值后，到 2000 年间有一段时间的下滑调整期，其中就受到以质择资的影响。

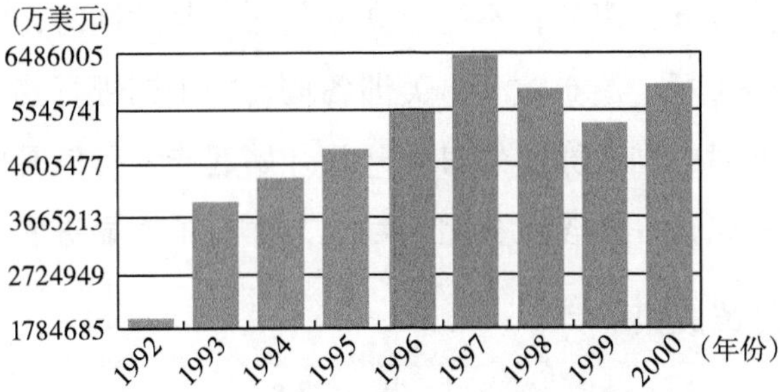

图 1 -9　1992—2000 年利用外资变化情况

数据来源：国家统计局。

4. 对外直接投资有了初步发展

据统计，1993—2001 年，我国企业对外直接投资总额为 103.06 亿美元，且总体上呈逐年增长趋势，2001 年达到 7.08 亿美元，是 1992 年

1.95亿美元的3.6倍，累计批准成立非金融类海外企业共计6610家。可以说，相对前一阶段而言，中国对外直接投资有了初步发展，但由于起步晚、政策不健全、企业对外竞争力弱等原因，相对中国利用外资来说显得微乎其微，而且投资主要限于初级加工制造、资源开发等领域，投资对象主要集中在亚洲等发展中国家以及日本、美国、德国等国。

5. 金融领域开始走向国际化

1992年以后，我国加快金融业体制改革步伐，政府取消外资银行营业性分支机构的地域限制，允许外资金融机构在中国设置代表处、外国银行分行、合资及独资银行、外国独资及中外合资财务分行。外国金融机构和业务基本覆盖了所有中心城市和经济发达地区，截至2001年底，共有19个地区和国家的外资银行在我国建立了190家营业机构，其中31家外资银行获批经营人民币业务，外资银行资产达440亿美元，贷款186亿美元，存款65亿美元，资本金额30亿美元。外资银行在外汇和国际结算业务领域分别占到20%和30%的市场份额。但外国证券机构在华只能设立代表处，不能设立分公司。与此同时，中国金融机构积极走向国际市场，遍布欧洲、美洲各地，如中国银行就设立了560家海外机构。同时中国证券业的对外开放开始起步。可以看出，相对前一阶段来说，中国这一阶段在金融国际化方面有了明显进展。

（三）改革成果

1. 经贸投资快速发展

在经贸投资初步发展阶段，尽管受一些国内和国际消极因素的影响，但总体上看，这一时期中国吸引外资的增长速度不仅超过了同时期发展中国家的平均水平，而且与前一阶段相比，也有了明显的发展。

（1）引进外资速度加快

尽管这一时期利用外资的进程受到国内紧缩政策的影响，但总体上看，与利用外资的起步阶段相比，引进外资的速度明显更快。1997 年是吸引外商投资增长幅度最大的一年，实际利用外资额为 644.08 亿美元，共批准外商投资企业 2.12 万户；协议外资金额 610.58 亿美元（见图 1－10）。

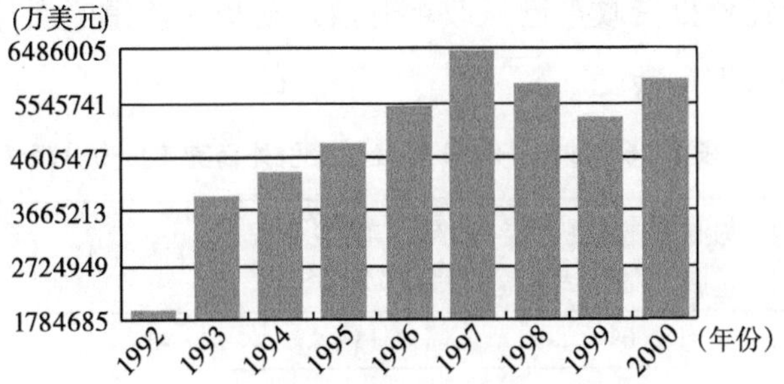

图 1－10　1992—2000 年我国实际利用外资情况

数据来源：国家统计局。

（2）外商投资企业经济效益持续提高

2000 年实际利用外资金额为 593.6 亿美元，较上年增长 12.7%；外商投资企业出口总额 1194.4 亿美元，占总出口额的比重 25.2%。由此可见，外商投资在中国经济建设中发挥着越来越重要的作用。

（3）利用外资来源多元化、方式多样化

改革开放以来，中国沿海地区一直是吸引外商直接投资最多的地区。党中央和国务院多次扩展经济开发区，并不断扩大地方对于外商投资的自行审批权，使外商投资的区域不断得到拓展。据国家工商总局统计，到 2000 年底，外商投资企业总数达 22347 家，其中中外合资经营企业 8378 家，中外合作经营企业 1757 家，外商直接投资企业 12196 家，股份制企业外商直接投资项目 8 个。上述事实表明，中国经济治理整顿取得成效，政局稳定，投资环境进一步改善，中国吸引和利用外商直接投资已逐步步入持续、稳定、协调发展的轨道。

2. “市场换技术”成果显著

在改革开放快速发展阶段，我国在经贸投资方面也取得许多成果，尤其是吸引外资发展迅猛。据商务部公开数据显示，我国实际使用外资金额从1992年的110.08亿美元增长到2000年的407.15亿美元，说明我国吸引外资工作取得空前成就（见表1－6）；不同于外商直接投资规模的激增，外商直接投资项目数量在1994年后一直处于负增长状态，说明我国经贸投资政策已从改革开放之初单一注重吸引外资的规模向注重外资质量进行转变。

表1－6　1992—2000年我国吸引外商直接投资分项情况

年份	实际使用外资金额（亿美元）	实际使用外资金额同比增长（%）	项目数（个）	项目数同比增长（%）
1992	110.08	152.13	48764	275.74
1993	275.15	149.95	83437	71.10
1994	337.67	22.72	47549	－43.01
1995	375.21	11.12	37011	－22.16
1996	417.26	11.21	24556	－33.65
1997	452.57	8.46	21001	－14.48
1998	454.63	0.46	19799	－5.72
1999	403.19	－11.31	16918	－14.55
2000	407.15	0.98	22347	32.09

数据来源：中国商务部商务数据中心，http://data.mofcom.gov.cn/lywz/inmr.shtml.

在经贸投资快速发展的这一时期，我国进一步开放国内市场吸引外商直接投资，利用外资的水平快速提升，利用外资规模逐步稳定。相较于吸引外资，这一阶段更加注重引进国际先进的管理经验、技术和人才，企业通过市场换技术，促进国内经济发展和转型升级。

（四）改革的制约因素

1. 制度层面

计划经济与市场经济的双轨并行，严重阻碍了企业的对外直接投资进程。最典型的表现就是计划经济控制下造成工业企业和外贸公司之间的人为强制联系，难以形成市场规律要求的自然组合。

2. 国家层面

国家虽然出台了鼓励企业到海外从事加工贸易的政策，但在具体配套措施、实施细则方面尚有欠缺。同时，我国也没有明确的产业倾斜政策和投资行业导向，致使企业开展对外直接投资决策时目标不定、方向不明。20 世纪 90 年代初的政策不鼓励中国企业进行海外投资，这一政策体系严重制约了中国对外直接投资的规模和数量。

3. 企业层面

首先是企业没有足够的自主权，如海外投资立项权、海外资金筹措和自有外汇使用权、出国人员派遣权等。其次是缺乏跨国经营人才，既缺乏会跨国经营的管理人才，也缺乏各种专业技术人才，这是制约本阶段开展大规模对外直接投资的重要因素之一。最后是跨国经营企业收集和处理各种国际市场信息的渠道尚未建立，虽然有不少对外投资咨询公司，但提供信息的准确性差、速度慢，且不够全面，致使企业获得的信息质量落后于发达国家的同行，严重制约了我国对外直接投资的发展。

四、稳步发展阶段（2001—2012 年）：“引进来”和“走出去”

党的十六大提出到 2020 年建成完善的社会主义市场经济体制的改革目标，党的十六届三中全会对建设完善的社会主义市场经济体制做出全面部署。与此同时，党中央总结提出科学发展观和构建社会主义和谐社会的重大战略构想，并以此作为深化改革的重要指导思想。自此，我国改革工作进入完善社会主义市场经济体制的新阶段。

（一）改革节点梳理

1. 宏观经济政策

2001年，中国正式成为世界贸易组织成员。2001年11月10日，在卡塔尔多哈举行的世界贸易组织（WTO）第四届部长级会议通过了中国加入世界贸易组织法律文件，它标志着经过15年的艰苦努力，我国终于成为世界贸易组织新成员，标志着中国对外开放进入了一个新阶段。

2002年，党的十六大确定全面建设小康社会的奋斗目标。党的十六大立足于我国已经解决温饱、人民生活总体达到小康水平的基础，进一步提出了全面建设小康社会的构想，即在21世纪头20年，集中力量，全面建设惠及十几亿人口的更高水平的小康社会，使经济更加发展、民主更加健全、科教更加进步、文化更加繁荣、社会更加和谐、人民生活更加殷实。

2003年，国家提出振兴东北地区等老工业基地战略。2003年9月10日，国务院常务会议研究实施东北地区等老工业基地振兴战略，提出了振兴东北的指导思想、原则、任务和政策措施。

2004年，推进资本市场发展的“国九条”颁布。2004年1月31日，《国务院关于推进资本市场改革开放和稳定发展的若干意见》颁布，明确指出大力发展资本市场对我国实现21世纪头20年国民经济翻两番的战略目标具有重要意义。

2004年，国有商业银行进行股份制改革。中国银行股份有限公司和中国建设银行股份有限公司分别于2004年8月26日和9月21日成立，两家国有独资商业银行整体改制为国家控股的股份制商业银行。

2006 年，中央做出构建社会主义和谐社会重大决定。2006 年 10 月 8—11 日举行的党的十六届六中全会通过了《中共中央关于构建社会主义和谐社会若干重大问题的决定》，在我党历史上第一次把“提高构建社会主义和谐社会的能力”作为党执政能力的一个重要方面明确提出。这一重要论断的提出，是对马克思主义理论的重要丰富和发展，是我们党对什么是社会主义、怎样建设社会主义的又一次理论升华。

2007 年，科学发展观被写入党章。科学发展观是对党的三代中央领导集体关于发展的重要思想的继承和发展，是马克思主义关于发展的世界观和方法论的集中体现，是同马克思列宁主义、毛泽东思想、邓小平理论和“三个代表”重要思想既一脉相承，又与时俱进的科学理论，是我国经济社会发展的重要指导方针，是发展中国特色社会主义必须坚持和贯彻的重大战略思想。将科学发展观写入党章，是党的十七大对科学发展观做出的科学定位，也是党的十七大的一个重要历史贡献。

截至 2008 年 12 月 31 日，同中国签有经济贸易协定、投资保护协定和税收协定（安排）的国家和地区已达 161 个。

2008 年 10 月 9—12 日，党的十七届三中全会通过了《中共中央关于推进农村改革发展若干重大问题的决定》，这份文件被称为“新形势下推进农村改革发展的行动纲领”。文件指出，按照依法自愿有偿原则，允许农民以转包、出租、互换、转让、股份合作等形式流转土地承包经营权，发展多种形式的适度规模经营。

2010 年 1 月 1 日，中国—东盟自由贸易区正式全面启动。该自贸区建成后，中国和东盟的贸易总额占到世界贸易总额的 13%，是目前世界上涵盖人口最多的自贸区，也是发展中国家间最大的自贸区。

2. 引进外资政策

2001 年 12 月，经国务院批准，信息产业部和外经贸部联合颁布了《外商投资电信企业管理规定》。

2002年2月1日，开始实施《外资保险公司管理条例》。

2002年4月1日，实施由国家计委、国家经贸委和外经贸部公布的《外商投资产业指导目录》。

2003年9月，中国对外正式发布了《2003年中国外商投资报告》，标志着中国在外资政策透明度方面取得了又一次重大进展。

2004年，经国务院批准，国家发展改革委、商务部联合发布了《中西部地区外商投资优势产业指导目录》，集中体现了四项原则：一是比较优势原则；二是实效性原则；三是节约资源、保护环境和防止低水平重复建设原则；四是扩大开放原则。将“入世”承诺和对外开放整体部署紧密地结合起来。

3. 对外投资政策

从我国经济发展的战略需要出发，支持有条件的企业按照国际通行规则对外直接投资和跨国经营已成为我国实施“走出去”战略的重要内容。

为了鼓励和引导中国企业的对外投资合作，整顿和规范企业对外投资合作的经营秩序，2002年10月，外经贸部先后颁布《境外投资联合年检暂行办法》和《境外投资综合绩效评价办法（试行）》。同月，国家外汇管理局启动外汇管理改革试点，放松300万美元以下的外汇审批权，同时允许境外企业保留利润，不必再调回国内。

2003年，国家外汇管理局正式取消境外投资外汇风险审查和汇回利润保证金两项行政审批。

2004年8月，商务部与外交部联合发布了《对外投资国别产业导向目录》，为企业境外投资提供方向性指导。

2004年10月，商务部颁布《关于境外投资开办企业核准事项的规定》，指出企业在境外开办企业，无须满足增加外汇收入等国家需要，而是根据自身发展需要决定海外投资行为。

2004年10月，国家发展改革委颁布《境外投资项目核准暂行管理办法》，规定将境外投资管理办法从审批制改成核准制，企业无须再准备可行性研究报告。政府主要侧重于确定投资主体、投资方向的审查而不再考虑项目的经济可行性和技术可行性，同时政府批复时间由原来的60天缩减为20个工作日。

2004年11月，商务部下达了关于印发《国别投资经营障碍报告制度》的通知，规范了中国政府在境外投资方面的监督与服务工作。

2004年11月12日，国家发展改革委与中国进出口银行联合发出通知，将对“国家鼓励的境外投资重点项目”给予信贷支持。

2004年12月，商务部修正制定了《对外直接投资制度》。

2005年5月，国家外汇管理局发布《国家外汇管理局关于扩大境外投资外汇管理改革试点有关问题的通知》，将境外投资外汇管理改革试点扩大到全国，地方可审批权限提高到1000万美元，境外投资外汇额度也从33亿美元增加到50亿美元。

2006年，商务部组织召开了首次“境外中资企业商会工作会议”，并出台了《境外投资产业指导政策》，明确了鼓励类、允许类和禁止类对外投资的各项规定。

2006年11月，国家主席胡锦涛为巴基斯坦海尔工业园揭牌并发表讲话，标志着境外经贸合作区建设开始实施。

2007年，商务部会同有关部门印发了《关于鼓励支持和引导非公有制企业对外投资合作的意见》《关于推动境外住宅小区开发建设的若干意见》和《财政部、商务部关于2006年对外经济技术合作专项资金支持政策有关问题的通知》等文件，加强对企业开展对外投资合作的规范和引导，支持有实力、有信誉和有竞争力的各种所有制企业开展跨国经营。

2008年，商务部会同有关部门出台了《境外投资产业指导政策》《关于进一步规范我国企业对外投资合作的通知》和《关于支持和发展境外中资企业商会的指导意见》等文件，发布了新的《对外投资国别产业导向目录》。

2008年，商务部、国家外汇局和国家统计局首次联合制发全行业《对外直接投资统计制度》。国家税务总局制定新税法，规定了25%的适用税率，这一税率低于世界159个国家和地区28.6%的平均税率。国务院明确提出："加强境外投资的规划和政策引导，积极稳妥地推进企业对外投资合作。完善与重点国家的投资合作机制，加强国际能源资源互利合作。切实防范和化解境外资产风险。"

2009年初，商务部发布《境外投资管理办法》，促进和规范境外投资，落实了企业投资的决策权。

（二）改革阶段性特点

所谓经济外向发展的高级阶段，是指一国出口导向产业中以科技为主导，并且能够大规模对外直接投资，使本国经济能够自主进入世界经济并居主导地位的阶段。从我国经济外向发展的特征和趋势来看，2002年以来中国经济外向发展已经步入了自改革开放以来更加高级的发展阶段。

1. 加入WTO使中国经济开放进入新的历史阶段

我国于2001年底成功加入世界贸易组织（WTO），进入了全面对外开放的崭新阶段。2002年开始，中国对外开放政策逐渐与世界贸易运行机制接轨，由过去一定范围和一定程度上的开放转变为全方位的开放。中国经济外向发展的战略和重点也因之转变，依靠科技提升核心竞争力成为中国企业的共同追求，出口较高附加值的产品成为中国企业参与世界市场竞争更好的选择。中国对外贸易政策也发生了改变，在世界贸易组织许可的范围内极力保护和鼓励出口，并对出口产品的增值税和消费税实行出口退税制度，规范出口市场秩序，完善外贸管理体系等，有力地促进了中国经济的外向发展。

2. 对外贸易持续高速增长，结构进一步优化

2001年我国进出口总额为5096.5亿美元，2002年出口额首次突破3000亿美元，到2012年进出口总额达到38671.2亿美元，年均增长

18.7%。贸易对外依存度也由 2001 年的 38.1% 上升到 2012 年的 45.3%。2002 年以来中国外贸顺差年均达 469 亿美元，2005 年更是突破了 1000 亿美元，对中国经济的持续发展产生重大影响，如图 1 - 11 所示。

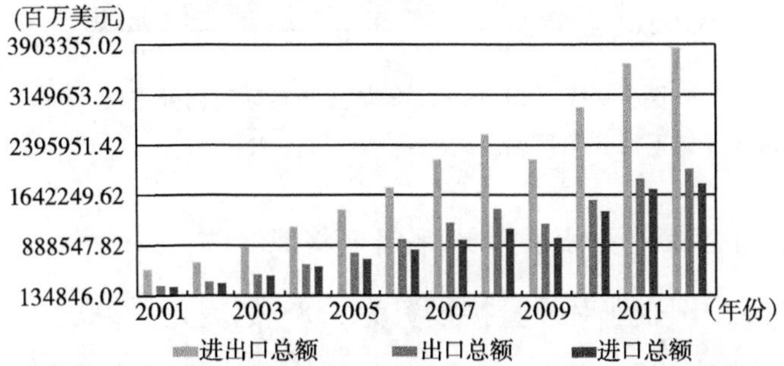

图 1 - 11　2001—2012 年我国对外贸易进出口额变化情况

数据来源：国家统计局。

同时，出口产品结构也进一步优化。2003 年机电产品出口占比首次超过 50%；2003 年与 2004 年资本密集产品出口所占比重分别达到 51.4%、53.3%，而 2002 年以前平均仅占 30%；科技产品出口由 2002 年的 21% 增加到 2005 年的 30%。主要出口商品中工业制成品和科技产品的比重逐步提升。

3. 引进外资规模巨大且平稳发展

2002 年，中国利用外商直接投资突破 500 亿美元，年利用外商直接投资首次跃居世界首位，此后逐年稳定增长，2005 年超过 600 亿美元，如图 1 - 12 所示。同时，利用外资的方式与质量都有较大改变与提高。在利用外资方式上，外商独资与跨国并购逐渐成为外商投资的主要形式，跨国公司来华投资意向显著增强，世界 500 强中有 400 多家企业已经进入中国，并在中国设立总部与研发中心，且外资投向多为制造业，尤其是高新技术产业和机电产业等。

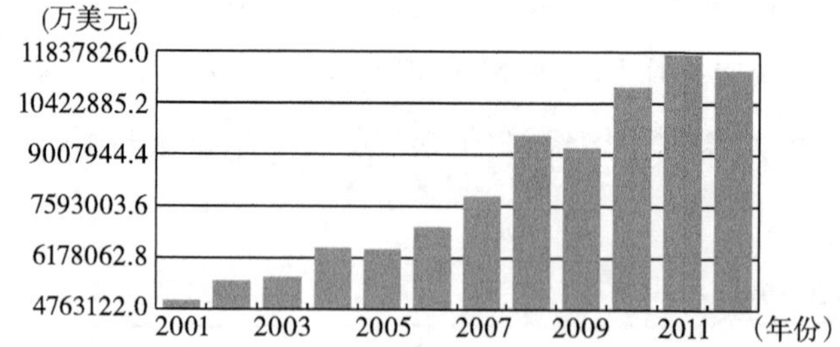

图 1－12　2001—2012 年我国实际利用外资额

数据来源：国家统计局网站。

4. 中国企业"走出去"水平明显提高

2002 年中国企业对外直接投资为 9.83 亿美元，2005 年达到 69 亿美元，年均增长 25% 以上。中国企业对外直接投资的层次和水平均有所上升，在一些发达国家设立生产线并参与外国企业的并购，如远大集团在美国设立生产线、海尔等企业的大型产品进入欧洲主要市场并设立分部、TCL 集团出资 820 万欧元并购德国著名家电品牌耐德等，中国企业海外投资有了很大进展。

5. 金融国际化进程进一步加快

2001 年以来中国严格履行加入 WTO 的承诺，继续加强金融业对外开放与合作，不断提高外汇管理水平。继 2001 年之后，中央又对外资银行开放了多个城市的人民币业务，2004 年在我国 62 家外资银行开设的 204 个营业机构中，有 105 家获准经营人民币业务。另外，证券市场的对外开放力度在 2002 年以后达到了前所未有的程度。2002 年 11 月 8 日，中国银行和中国证券会联合公布《合格境外机构投资者境内证券投资管理暂行办法》，外资金融机构进入中国市场迈入实质性阶段。

（三）改革成果

1. 经贸投资高速发展

伴随着改革开放 20 多年来的经济持续快速发展，中国对外直接投资也快速发展起来。本阶段中国对外直接投资取得以下成果：

（1）获取先进技术和管理经验

经过20多年改革开放的磨炼，中国企业实力增强的同时，也初步积累了一些开展跨国经营的经验。许多具有战略眼光的中国企业急切希望开展对外投资，以获取先进技术和管理经验来弥补其竞争优势的不足，形成真正具有国际竞争力和影响力的大型跨国公司。

（2）提升企业品牌和国际地位

仅借助国内市场来培育企业和品牌声誉，成长为具有国际竞争力和影响力的跨国公司已越来越不现实，必须通过开展跨国经营，对外进行直接投资进入目标市场，借助当地市场环境，采用当地标准或国际标准展开营销，才是我国企业快速成长为大型跨国公司的一条必经之路。如海尔、联想等企业的对外直接投资正是基于此种考虑。

（3）提升中国在国际上的综合实力

国际实力的提升需要依靠有自主创新能力的产业体系，以及有国际竞争力的国际企业集团，尤其是制造业领域的巨型企业。通过对外直接投资，可以为国内有条件的企业开拓更为广阔的市场，获得更为先进的技术，加之政策上的有力扶持，可以在尽可能短的时间内培育出中国的跨国集团。中国本阶段的对外直接投资很多都是出于中国政府这一战略考虑。

（4）寻求产业多元化的投资

一些企业已经建立起现代企业制度，部分主业突出、核心能力强的大公司或企业集团已经具有属于自己的著名品牌或自主知识产权。为了实现产业的多元化，将企业转变成多元化的跨国公司，许多中国的跨国公司在核心业务外开始涉足石油、化工、投资、金融、旅游和咨询等业务。这成为本阶段中国企业开展对外直接投资的动力之一。

2. “引进来”与“走出去”同步发展

（1）吸引外资稳步增长

在改革开放高速发展阶段，我国的经贸投资也日趋成熟。商务部公开数据显示，我国实际使用外资金额从 2001 年的 468.78 亿美元增长到 2012 年的 1117.16 亿美元，而外商直接投资项目数量却始终较为稳定。说明这一时期，我国吸引外资的手段和方式已经非常完善，在保持外商直接投资规模稳步增长的同时，对于外商的资质、质量都有较好的把控（见表 1－7）。

表 1－7　2001—2012 年我国吸收外商直接投资情况

年份	实际使用外资金额（亿美元）	实际使用外资金额同比增长（%）	项目数（个）	项目数同比增长（%）
2001	468.78	15.14	26140	16.97
2002	527.43	12.51	34171	30.72
2003	535.05	1.44	41081	20.22
2004	606.30	13.32	43664	6.29
2005	603.25	－0.5	44001	0.77
2006	630.21	4.47	41473	－5.75
2007	747.68	18.64	37871	－8.69
2008	952.53	21.6	27514	－27.40
2009	918.04	－3.62	23435	－14.83
2010	1088.21	18.54	27406	16.94
2011	1160.11	9.72	27712	1.12
2012	1117.16	－3.7	24925	－10.06

数据来源：中国商务部商务数据中心，http：//data.mofcom.gov.cn/lywz/inmr.shtml.

（2）对外投资逐步增长

通过 20 多年的改革开放，我国吸引外商直接投资取得诸多成果。与此同时，我国对外直接投资也逐渐发展。商务部公开数据显示，2009 年①，我国吸收外商直接投资金额为 918.04 亿美元，而对外直接投资金额也达到 433 亿美元的规模，几乎是吸引外资规模的一半。2012 年，我国吸收外商直接投资金额为 1117.16 亿美元，而对外直接投资金额增长到 772.2 亿美元的规模，已经达到吸引外资规模的

① 商务部关于“对外直接投资统计”的数据最早追溯到 2009 年，之前数据未公开。

70%。说明此阶段我国的外贸外资发展形式已经从吸引外资向吸引外资与对外投资并重转变（见表1-8）。

表1-8　2009—2012年我国对外直接投资（非金融类）统计

年份	国家/地区（个）	企业数（家）	金额（亿美元）	同比增长（%）
2009	—	—	433	—
2010	—	—	590	—
2011	—	—	600.7	—
2012	141	4425	772.2	28.6

数据来源：中国商务部商务数据中心，http：//data.mofcom.gov.cn/tzhz/fordirinvest.shtml.

通过“市场换市场”的策略，我国保持吸引外资持续稳步发展的同时，积极开展对外直接投资。在经济快速发展的基础上，我国内地一批企业不断成长壮大，并积极开拓国际化业务，为我国经贸投资的可持续发展做出极大贡献。与此同时，政府在此阶段的工作重心也由“引进来”为主转向“引进来”和“走出去”并重，中国经贸投资在国际舞台上不断崭露头角。

（四）改革的制约因素

1. 国家管理体制滞后于经济发展需要

一方面，出现多头管理、政出多门的局面。国家对跨国经营缺乏统一的、权威性的宏观协调管理机构，除商务部（原外经贸部）归口管理部门外，国家发展改革委、财政部、银行、外汇管理局也都有相应范围的管理权。各部门都要审查可行性和风险，但实际又不承担资产损失的责任。另一方面，虽然到2004年10月，有关审批程序已经改为核准制，但境外投资项目审批程序复杂，导致不少企业在对外进行直接投资时往往坐失良机，影响了企业海外发展的积极性。此外，国家对企业跨国经营在总体上缺乏统一规划和合理布局，管理创新不足，企业在对外直接投资时存在一定无序性和随机性。

2. 资本项目外汇管理模式制约了企业“走出去”

为了保障国家的经济安全，尤其是从金融安全考虑，本时期对资本项目、外汇管理的过严控制，使许多有好项目而缺乏外汇资金的企业，没有能力按照自身需求自由地发展并参与国际市场竞争。

3. 参与对外直接投资的企业本身问题重重

首先是企业改革不到位，现代企业制度还未完全建立。某些境外企业在产权结构、管理体制、经营机制和分配制度方面仍按照国内传统企业的模式操作，制约了企业的跨国发展。其次是企业规模小，缺乏国际经营的经验。除了海尔、华为等少数企业外，大多数跨国经营企业投资规模过小，达不到规模经济的要求，加上缺乏国际经营的经验，使很多对外直接投资的企业往往处于自生自灭的状态。最后是信息不灵，缺乏对国际市场的了解，企业对国际市场的最新动向把握不准，决策失误。上述存在的各种问题严重制约了本阶段对外直接投资的发展。

4. 缺乏高素质的人才

缺乏擅长国际化经营的高层次、综合性的经营管理人才，已成为企业跨国经营的一大制约因素。我国企业由于从事跨国经营活动起步较晚，加上21世纪加入世贸组织以来对外直接投资发展迅速，出现人才的培养跟不上企业发展的客观需求等问题。同时，人才流失的现象大量存在，更使人才问题“雪上加霜”。因此，加快培养和造就大批高素质跨国经营管理和技术人才，并不断吸引外国人才为我所用是下一步开展对外直接投资的当务之急。

五、走向开放与融合（2013—2018年）：共建“一带一路”倡议

2012年11月召开的党的十八大选举产生以习近平总书记为核心的新一届中央领导集体，描绘了全面建成小康社会、加快推进社会主义现

代化的蓝图和行动纲领。2017 年召开的党的十九大明确宣告中国特色社会主义进入新时代，对新的发展阶段做出了战略规划和全面部署，确定了全面建成社会主义现代化强国的奋斗目标。在中国特色社会主义事业总体布局下，以“一带一路”倡议提出为标志，我国的经贸投资改革开放也进入了开放与融合的新时代。

（一）改革节点梳理

1. 宏观经济政策

2013 年 9 月，习近平主席在访问中亚四国期间，在哈萨克斯坦首次提出共建“丝绸之路经济带”的战略构想。2013 年 10 月，习近平主席在访问东盟国家期间，在印度尼西亚提出建设“21 世纪海上丝绸之路”的构想。“丝绸之路经济带”与“21 世纪海上丝绸之路”共同构成“一带一路”倡议。

2013 年 11 月 9—12 日，党的十八届三中全会在北京举行。全会审议通过了《中共中央关于全面深化改革若干重大问题的决定》，描绘了全面深化改革的新蓝图。

2014 年 12 月，中央经济工作会议提出要重点实施“一带一路”建设、京津冀协同发展、长江经济带建设三大战略。

2015 年 3 月，国家发展改革委、外交部、商务部联合发布了《推动共建丝绸之路经济带和 21 世纪海上丝绸之路的愿景与行动》。

2015 年 4 月 20 日，国务院批复成立中国（广东）自由贸易试验区、中国（天津）自由贸易试验区、中国（福建）自由贸易试验区 3 个自贸区。继上海 2013 年自贸试验区正式挂牌一年多以来，改革开放再添“试验田”。

2016 年 3 月，“一带一路”建设被列入“十三五”时期主要目标任务和重大举措。

2017 年 1 月 18 日，习近平主席访问联合国日内瓦总部时，发表

《共同构建人类命运共同体》的主旨演讲，系统阐发了全球发展的“中国方案”，即“构建人类命运共同体，实现共赢共享”。

2017 年 3 月 17 日，联合国安理会以 15 票赞成，一致通过关于阿富汗问题第 2344 号决议，呼吁国际社会凝聚援助阿富汗共识，通过“一带一路”建设等加强区域合作，敦促各方为“一带一路”建设提供安全环境保障、加强发展政策战略对接、推进互联互通务实合作等。

2017 年 4 月 1 日，中共中央、国务院决定设立河北雄安新区。这是继深圳经济特区和上海浦东新区之后又一具有全国意义的新区。

2017 年 5 月 14—15 日，首届“一带一路”国际合作高峰论坛在北京举行，29 位外国元首、政府首脑及 3 位国际组织负责人与会，来自 130 多个国家和 70 多个国际组织的 1500 多名代表参会，形成了 76 大项、270 多项具体成果。

2017 年 10 月 18 日，党的第十九次全国代表大会在京开幕。习近平总书记代表第十八届中央委员会向大会作了题为《决胜全面建成小康社会　夺取新时代中国特色社会主义伟大胜利》的报告。党的十九大报告明确提出，全面深化改革总目标是完善和发展中国特色社会主义制度、推进国家治理体系和治理能力现代化。会议坚持正确义利观，推动构建人类命运共同体，遵循共商共建共享原则，推进“一带一路”建设等内容被写入党章。

2018 年 2 月 26—28 日，党的十九届三中全会在北京召开。全会提出深化党和国家机构改革，审议通过了《中共中央关于深化党和国家机构改革的决定》和《深化党和国家机构改革方案》，同意把《深化党和国家机构改革方案》的部分内容按照法定程序提交十三届全国人大一次会议审议。

2019 年 4 月 25—27 日，第二届“一带一路”国际合作高峰论坛在北京举行。会议发布《共建“一带一路”倡议：进展、贡献与展望》，达成了 283 项务实成果，包括：与多个国家和国际组织签署共建“一带一路”、产能合作、第三方市场合作等领域文件，推动签署总额 640 多亿美元的项目合作协议。

截至 2019 年 8 月底，我国已与 136 个国家、30 个国际组织签署 195 份共建“一带一路”合作文件。

2. 经贸投资政策

2013 年 11 月，党的十八届三中全会通过《中共中央关于全面深化改革若干重大问题的决定》（以下简称《决定》）。《决定》提出，“建立开发性金融机构，加快同周边国家和区域基础设施互联互通建设，推进丝绸之路经济带、海上丝绸之路建设，形成全方位开放新格局”。

2014 年 10 月 24 日，包括中国、印度、新加坡在内 21 个首批意向创始成员国的财长和授权代表在北京签约，共同决定成立亚洲基础设施投资银行。

2014 年 11 月 8 日，习近平主席在加强互联互通伙伴关系对话会上宣布：中国将出资 400 亿美元成立丝路基金。2014 年 12 月 29 日，丝路基金在北京正式注册成立。

2015 年 12 月 25 日，亚洲基础设施投资银行正式成立。

2016 年 1 月 16—18 日，亚投行开业仪式暨理事会和董事会成立大会在北京举行，这是全球首个由中国倡议设立的多边金融机构，创始成员国 57 个。

2016 年 12 月，中央经济工作会议强调继续实施京津冀协同发展、长江经济带发展、“一带一路”建设。

2016 年 2 月，香港特别行政区政府设立“一带一路”督导委员会及专项办公室，负责推动研究工作，统筹协调相关政府部门及贸发局、旅发局等机构，以及与中央部委，各省市政府，香港的业界、专业团体和民间团体的联络。

2016 年 3 月，《国民经济和社会发展第十三个五年规划纲要（草案)》将“一带一路”列入“十三五”时期主要目标任务和重大举措部分。“十三五”时期主要目标任务和重大举措主要分为六个方面，“一带一路”作为“深化改革开放、构建发展新体制”重要组成部分，在国际产能合作、贸易升级、高标准自由贸易区网络建设方面发力，基本形成开放型经济新体制、新格局。

2016年12月，中央全面深化改革领导小组第三十次会议指出，软力量是“一带一路”建设的重要助推器。

2017年4月1日，中国新增7个自由贸易试验区，包括辽宁、浙江、河南、湖北、四川、陕西、重庆，是我国成立的第三批自贸区。中国基本形成以“1+3+7”自贸区为骨架、东中西协调、陆海统筹的全方位和高水平区域开放新格局，并为加快实施“一带一路”倡议提供重要支撑。

2017年4月20日，中国、白俄罗斯、德国、哈萨克斯坦、蒙古国、波兰、俄罗斯七国铁路部门正式签署《关于深化中欧班列合作协议》。这是中国铁路部门第一次与“一带一路”沿线主要国家铁路部门签署有关中欧班列开行方面的合作协议。

2017年5月13日，中国与格鲁吉亚签署自贸协定，这是我国与欧亚地区国家签署的第一个自贸协定，也是“一带一路”倡议提出后我国启动并形成的第一个自贸协定，该协定已于2018年1月1日正式生效。

2017年6月14日，习近平主席会见卢森堡首相贝泰尔时，首次提出“空中丝绸之路”的概念，标志着郑州—卢森堡“双枢纽”合作方式由河南方案正式上升为国家战略。

2017年12月7日，中国与马尔代夫签署自由贸易协定，这是我国商签的第16个自贸协定。

2017年12月19日，亚洲基础设施投资银行宣布第四次扩容，批准库克群岛、瓦努阿图、白俄罗斯和厄瓜多尔四个经济体加入，成员增加到 84 个，从亚洲拓展至全球。

2018 年 11 月 5—10 日，首届中国国际进口博览会在国家会展中心（上海）举行，习近平主席出席开幕式并举行相关活动。来自 130 多个国家的 3000 多家企业签约参展。

2019 年 6 月，世界银行发布的《“一带一路”经济学：交通走廊发展机遇与风险》报告显示：“一带一路”倡议的全面实施，可帮助 3200 万人摆脱中度贫困，使全球和“一带一路”经济体的贸易额增幅分别达到 6.2% 和 9.7%，使全球收入增长 2.9%。对于沿线低收入国家来说，外国直接投资增幅达到 7.6%。

2019 年 7 月 13 日，亚投行理事会批准贝宁、吉布提、卢旺达加入亚投行。至此，亚投行成员总数达到 100 个。

截至 2019 年 8 月，中国已与 50 多个沿线国家签署双边投资协定，已与 41 个国家签署产能合作协议并建立了双边产能合作机制，中白工业园、中阿（联酋）产能合作园、中埃及苏伊士经贸合作区等项目建设和发展势头良好，为沿线国家创造了新的税源和就业渠道。

（二）改革阶段性特点

中国经过 40 多年的改革开放，取得了举世瞩目的成就。总结中国改革开放的经验，基本经历了以下几个阶段：一是通过发展经济特区，先行先试，突破理念上的禁锢。二是通过沿海 14 个城市的对外开放，扩大开放领域，形成了开放拉动的经济增长格局。三是延伸到长江沿线的开放，形成了全国范围内的开放局面。这种按梯度、分层次的开放节奏取得了丰富的经验及经济发展的实际效果。其基本驱动力是先开放合资、后扩大出口，通过对内深化改革激发增长活力；通过加入 WTO，深度融入世界经济体系，拓展外向型经济的发展空间。其结果是工业化、城镇化快速发展，内需外需一起拉动，形成了我国经济 40 多年的高增长局面。

目前，中国对内改革和对外开放都面临着新的挑战。一方面是金融危机后，欧美市场需求明显减弱，中国以出口为主的外向型经济发展受到了一定制约。另一方面则是随着中国经济的高速发展，结构性矛盾和新一轮的产能过剩已形成了新的压力。同时，欧美等发达国家不断通过对贸易结构的调整及对规则的重塑，试图从多方面扼制中国的发展。为适应国际经济格局的新变化，习近平总书记提出“一带一路”倡议，对于构建开放型经济新体制，形成东中西互济、海陆统筹的全方位对外开放新格局，对于实现“两个一百年”奋斗目标，实现中华民族伟大复兴的中国梦，具有重大而深远的意义。2015 年 3 月 28 日，国家发展改革委、外交部、商务部联合发布了《推动共建丝绸之路经济带和 21 世纪海上丝绸之路的愿景与行动》，其意义可归纳为以下几方面：

1. 巩固中国同中亚和东南亚的合作基础

丝绸之路经济带核心理念，是加强同中亚和东南亚国家的经贸合作。中国同中亚及东南亚各国历史上有着共同的发展经历，文化相通，合作基础牢固。中国新一轮的改革开放举措有利于通过共建“一带一路”形成对外开放新的增长点，所以关键是处理好中国与中亚及东南亚国家的关系，发挥好上合组织和中国东盟自贸区在推动诸边合作中的积极作用，加强互联互通、优势互补，共同发展、共同受益，打造好同西部邻邦及东南亚邻国的友好合作关系。

2. 逐步形成两个辐射作用

“一带一路”倡议以中国加强与周边国家的合作为基础，逐步形成连接东欧、西亚和东南亚的交通运输网络，为相关国家经济发展和人员往来提供便利。此举不仅可以巩固和发展我国同东南亚的经贸关系，同时可以逐步辐射到南亚和非洲等地区，深受各国的欢迎和赞同。

3. 带动中西部加快改革开放

中国改革开放的实践表明，开放所到之处，经济即进入活跃发展阶段。党的十八届三中全会提出的推动内陆沿边开放的要求，将进一步激活内陆和沿边地区的经济发展活力，结合我国周边外交的发展重点，通过开放实现体制和机制的创新，全面提升内陆和沿边开放型经济水平。建设“一带一路”，可以成为扩大中西部开放、打造中西部经济升级版的主引擎。

4. 促进东部地区的转型升级和对外投资

东部地区经过多年的率先对外开放，已形成了贸易驱动型的外向型增长模式，目前面临着经济结构转型和海外投资加快发展的新阶段。东部省份积极寻求与东南亚国家合作的新支点，加大经贸合作力度，以点带面，形成联动发展的新局面。

（三）改革成果

1. 经济实力更加雄厚

我国的对外开放已从沿海向内地发展，形成从经济特区向沿海开放城市、沿海经济开放区、内地的全方位、多层次、宽领域对外开放格局。实现了三个伟大的转变：一是从高度集中的计划经济体制向充满生机和活力的社会主义市场经济体制的转变；二是从封闭半封闭的社会向全方位开放的社会的转变；三是人民生活从温饱向基本小康的转变。

按照GDP来算，中国在世界上居第4位。按照PPP（购买力评价），据世界银行公布的数字，中国是世界第2。中国拥有的外汇储备已达14000多亿元，居世界第1位。2017年，我国进出口占全球份额为11.5%，货物贸易重回全球第1，其中出口占比为12.8%，进口占比为10.2%。

2013—2018年我国进出口总额见图1－13。

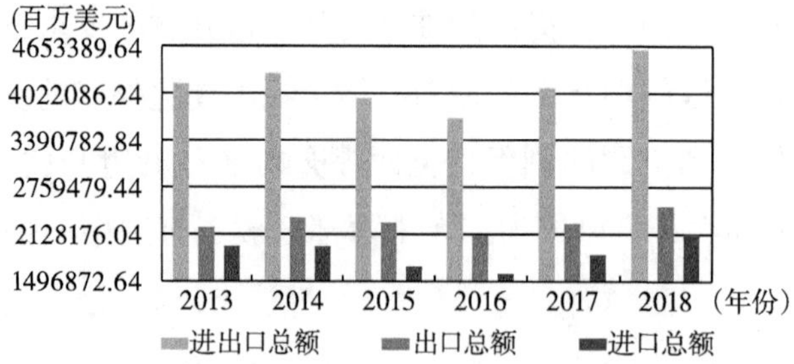

图1-13　2013—2018年我国进出口总额情况

数据来源：国家统计局网站。

2. “开放与融合”不断加强

(1) 吸引外资健康发展

随着“一带一路”倡议的提出，我国在国际经贸投资领域的角色已经逐渐从“参与者”转变为“领导者”，经贸投资持续健康快速发展。商务部公开数据显示，在吸引外资方面，吸引外商直接投资扩展幅度趋于平稳，从2013年的1175.86亿美元到2017年的1310.40亿美元，实际使用外资金额同比增长率均低于6%，甚至在2016年出现负增长，说明在此阶段，外汇资源已经不再是制约我国经济快速发展的瓶颈（见表1-9）。与此同时，吸引外商直接投资项目数量同上一阶段的特征相似，注重外资质量甚于外资数量。

表1-9　2013—2017年我国吸引外资直接投资情况

年份	实际使用外资金额（亿美元）	实际使用外资金额同比增长（%）	项目数（个）	项目数同比增长（%）
2013	1175.86	5.25	22773	-8.63
2014	1195.60	1.7	23778	4.40
2015	1262.70	5.6	26575	11.80
2016	1260.00	-0.2	27900	5.00
2017	1310.40	4	35652	27.80

数据来源：中国商务部商务数据中心，http://data.mofcom.gov.cn/lywz/inmr.shtml.

2013—2018年我国实际利用外资额见图1－14。

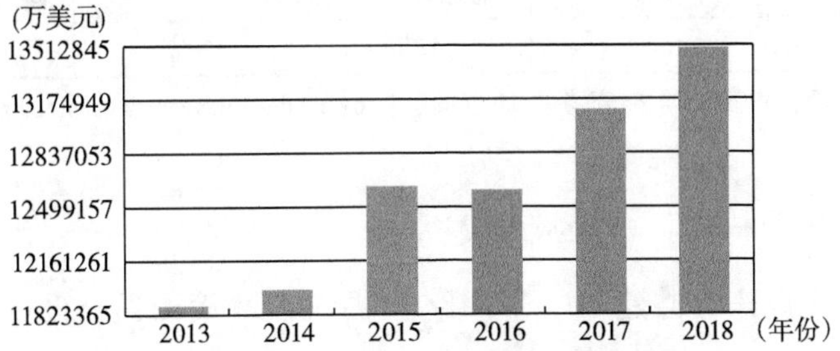

图1－14　2013—2018年我国实际利用外资额

数据来源：国家统计局网站。

（2）对外投资势头迅猛

我国吸引外商直接投资的水平日益提高，外资规模和质量都较为成熟，在此阶段，制约我国经济长足发展的瓶颈已经由"吸引外资"转变为"对外投资"。商务部公开数据显示，2009年我国对外直接投资金额为433亿美元，而2017年我国对外直接投资金额为1200.8亿美元。在短短的9年间，我国对外直接投资规模扩张2.93倍，基本与2017年的吸收外商直接投资金额（1310.40亿美元）持平（见表1－10）。我国对外直接投资的发展已经取得不俗成果，基本达到与吸引外资"齐步走"的状态。

表1－10　2009—2017年我国对外直接投资（非金融类）统计

年份	国家/地区（个）	企业数（家）	金额（亿美元）	同比增长（%）
2009			433	
2010			590	
2011			600.7	
2012	141	4425	772.2	28.6
2013	156	5090	901.7	16.8
2014	156	6128	1028.9	14.1
2015	155	6532	1180.2	14.7
2016	164	7961	1701.1	44.1

续表

年份	国家/地区（个）	企业数（家）	金额（亿美元）	同比增长（%）
2017	174	6236	1200.8	-29.4

数据来源：中国商务部商务数据中心，http：//data.mofcom.gov.cn/tzhz/fordirinvest.shtml.

3. “一带一路”建设成就斐然

2013 年以来，共建“一带一路”倡议以政策沟通、设施联通、贸易畅通、资金融通和民心相通为主要内容扎实推进，取得明显成效，一批具有标志性的早期成果开始显现，参与各国得到了实实在在的好处，对共建“一带一路”的认同感和参与度不断增强。中国政府成立了推进“一带一路”建设工作领导小组，并在国家发展改革委设立领导小组办公室。2015 年 3 月，中国发布《推动共建丝绸之路经济带和 21 世纪海上丝绸之路的愿景与行动》；2017 年 5 月，首届“一带一路”国际合作高峰论坛在北京成功召开。5 年来，共建“一带一路”倡议得到了越来越多国家和国际组织的积极响应，受到国际社会广泛关注，影响力日益扩大。

政策沟通方面，共建“一带一路”倡议及其核心理念已写入联合国、二十国集团、亚太经合组织以及其他区域组织等有关文件中。截至 2019 年 8 月底，中国政府已与 136 个国家和 30 个国际组织签署 195 份合作文件。共建“一带一路”国家已由亚欧延伸至非洲、拉美、南太等区域。

设施联通方面，国际经济合作走廊和通道建设取得明显进展。六大国际经济合作走廊将亚洲经济圈与欧洲经济圈联系在一起；基础设施互联互通水平大幅提升。以中老铁路、中泰铁路、匈塞铁路、雅万高铁等合作项目为重点的铁路、公路、港口、航空、能源、通信设施等取得重大进展。截至 2018 年底，中欧班列已经联通亚欧大陆 16 个国家的 108 个城市，累计开行 1.3 万列。中俄原油管道、中国—中亚天然气管道保持稳定运营，中俄天然气管道东线于 2019 年 12 月部分实现通气，2024

年全线通气。中缅油气管道全线贯通。中缅、中巴、中吉、中俄跨境光缆信息通道建设取得明显进展。

贸易畅通方面，共建“一带一路”促进了沿线国家和地区贸易投资自由化便利化，降低了交易成本和营商成本，释放了发展潜力，进一步提升了各国参与经济全球化的广度和深度。2013—2018 年，中国与沿线国家货物贸易进出口总额超过 6 万亿美元，年均增长率高于同期中国对外贸易增速，占中国货物贸易总额的比重达到 27.4%。跨境电子商务等新业态、新模式正成为推动贸易畅通的重要新生力量。中国进一步放宽外资准入领域，营造高标准的国际营商环境，设立了面向全球开放的 12 个自由贸易试验区，与沿线国家的自由贸易区网络体系逐步形成。

资金融通方面，国际多边金融机构以及各类商业银行不断探索创新投融资模式，积极拓宽多样化融资渠道，为共建“一带一路”提供稳定、透明、高质量的资金支持。中国财政部与阿根廷、俄罗斯、印度尼西亚、英国、新加坡等 27 国财政部核准了《“一带一路”融资指导原则》。金融机构合作水平不断提升，截至 2018 年底，中国出口信用保险公司累计支持对沿线国家的出口和投资超过 6000 亿美元。金融市场体系建设日趋完善，截至 2018 年底，熊猫债发行规模已达 2000 亿元人民币左右。中国进出口银行面向全球投资者发行 20 亿元人民币“债券通”绿色金融债券，金砖国家新开发银行发行首单 30 亿元人民币绿色金融债，支持绿色丝绸之路建设。

民心相通方面，各国开展了形式多样、领域广泛的公共外交和文化交流，增进了相互理解和认同，为共建“一带一路”奠定了坚实的民意基础。丝绸之路沿线民间组织合作网络成员已达 310 家，成为推动民间友好合作的重要平台。教育培训成果丰富，旅游合作逐步扩大，卫生健康合作不断深化，救灾、援助与扶贫持续推进。中国向沿线发展中国家提供 20 亿元人民币紧急粮食援助，向南南合作援助基金增资 10 亿美元，在沿线国家实施了100个“幸福家园”、100个“爱心助困”、100个“康复助医”等项目。

2017年党的十九大顺利召开，进一步为我国经贸投资的发展指明道路。通过不断扩大国内市场开放和加速融入国际市场的进程，我国经贸投资改革开放必将进入历史性新阶段。

（四）改革的制约因素

随着“一带一路”建设的推进，企业影响力不断得到提升，但从整体得分上看，仍有较大提升空间。目前，中国企业参与“一带一路”建设还面临着参与国际标准制定的水平低、企业人才国际化水平不高、企业与国外非政府组织沟通能力弱、风险应对和处置能力不足等问题。

1. 人口老龄化提前到来，降低了社会的活力

相对于15岁至64岁之间的生产性人口，65岁及以上的老龄人口总体是非生产性的，对经济发展的贡献度较低，而且还会加重生产性人口的赡养负担，降低全社会的活力。国家统计局数据表明，我国老年赡养比从1999年的10.2%上升到2010年的11.9%。2011年65岁及以上人口占总人口的9.1%，老年赡养比上升到12.25%。2012年65岁及以上人口占比上升到9.4%，2014年65岁及以上人口占比10.1%，首次突破10%。据联合国2011年5月发布的《世界人口前景2010修订本》预测，到2030年中国65岁及以上人口组占比将为16.47%。有关专家预测，到2050年中国老龄人口将达到总人口的1/3左右。

2. 资源能源日益短缺，要素成本趋于上升

资源能源是经济发展的基本要素，资源能源相对充裕，生产成本较低；反之则较高。若资源能源的对外依存度不断提高，则经济发展的风险加大、稳定性降低。中国经济持续30多年的高速、粗放发展，消耗了大量的资源能源，导致资源能源日益短缺，为未来的经济发展埋下了隐患。2012年中国经济总量占世界的11.6%，但消耗了全世界21.3%

的能源，单位 GDP 能耗是世界平均水平的 2. 5 倍、美国的 3. 3 倍、日本的 7 倍，单位资源产出率只有美国的 1/10 左右。2014 年中国能源消费总量达到 38. 4 亿吨标准煤左右，原油对外依存度为 59. 6%，铁矿石对外依存度达 78. 5%。

3. 环境污染压力加大，对经济发展构成制约

环境污染会从以下方面影响经济发展：一是环境污染治理需要投入，其公益性投资的增加会对其他投资形成挤出效应；二是环境污染治理标准提高会限制部分产业和地区的发展空间；三是环境污染罚款会增加企业的成本；四是环境污染会影响招商引资；五是环境污染会影响身体健康，减少人力资本等。在中国工业化城镇化高速推进的过程中，环境污染形势日趋严峻，对未来的经济发展构成了制约。2010 年全国雾霾日为 29. 8 天，是 1971 年的近 4 倍。2013 年全国平均雾霾日为 35. 9 天，按新标准 74 个监测城市空气质量达标率仅 4. 1%。近几年，华北地区部分城市雾霾日达到全年的 1/3 以上天数。全国十大流域的水质总体为轻度污染。2013 年，全国土壤的点位超标率为 16. 1%，中度、重度污染分别占 1. 5%、1. 1%，全国耕地 10% 以上受到重金属污染。在 474 个监测城市中出现酸雨的城市占比为 44. 4%。

4. 城乡差距和区域差距较大，不利于资源的优化配置

在各地均衡发展或公平发展、全国统一市场的情况下，经济发展会较快、可持续，反之则较慢、不可持续。全国统一市场有利于人口和生产要素的自由流动，有利于资源的优化配置，有利于提高经济的总体竞争力。但实际情况是，迄今为止，中国的城乡差距和区域差距仍然较大，对未来的经济发展形成了制约。从城乡差距来看，城乡居民收入的差距一直较大，从 1978 年的 2. 57 倍，一度下降到 1985 年的 1. 86 倍，然后上升到 1994 年的 2. 61 倍，此后 4 年小幅下降，再自 1999 年的 2. 65 倍一直震荡上升到 2010 年的最高点 3. 33 倍，随后下降到 2013 年

的3.03倍、2014年的2.92倍。而有关资料显示，美国的城乡居民收入差距1940—1950年为1.6～2.0倍，1970—1990年为1.28～1.33倍，到了21世纪初缩小到1.17倍，目前城乡居民收入水平基本持平。

5. 历史包袱较重，拖累了经济的创新发展

中国有悠久的历史，在农业文明时代创造了灿烂的古代华夏文明，但随着人类步入工业文明时代，中国落后了，其中一个重要的原因是适应农业文明时代需要的文化思想不一定适应工业文明时代的需要。近现代以来，虽然中国打开国门，引进了不少现代文明思想，但数千年的封建文化思想仍然扎根于多数国民的意识深处。经济发展关键靠人，特别是企业家，而人靠制度和思想，企业家靠企业家精神，较重的历史包袱可能拖累未来中国经济的创新发展。

6. 体制障碍尚未消除，制约着经济的持续健康发展

经济发展的基本主体是个人和企业，关键在于调动每个人和企业的积极性和创造性，而制度或体制是影响主体行为的核心因素。经过40多年的改革开放，市场化改革已取得了明显的进展，但远未成功，而且在改革中形成的“过渡型扭曲体制”已成为阻碍未来经济发展的新障碍。“过渡型扭曲体制”表现为权力搅入买卖，垄断行业强大，优惠政策广泛影响市场的公正性，城乡户籍、土地、福利制度不统一，教育、医疗、宗教等公共品过度市场化，电力、水、石油、天然气等主要能源资源价格被人为压低等。这些体制具有很强的资源动员和整合能力，能带来明显的短期经济高速增长效果，但也因此带来了不平衡、不协调、不可持续等一系列问题，制约着中国经济的长期持续健康发展。

7. 难以避免的后发劣势，成为经济发展的一大“拦路虎”

作为后发国家，我国既有后发优势，也有后发劣势。后发劣势是美国经济学家沃森首先提出来的。他认为，后发国家模仿发达国家有制度模仿和技术模仿两种形式，由于制度模仿较难，后发国家很可能选择较

容易的技术模仿，不过以技术模仿替代制度模仿，虽然可以在短期内取得较好的发展效果，但会给长期发展留下许多隐患，甚至长期发展可能失败。后发劣势表现在以下方面：一是后发国家在资本和技术上处于依附地位；二是后发国家在市场开拓上比先发国家面临更多的障碍；三是后发国家不得不接受先发国家主导的对自己不利的国际秩序和规则；四是后发国家面临更严重的人口、资源和环境约束。

必须指出的是，制约因素虽客观存在，但内因决定外因，条件是可以转化的。只要我们充分认识到上述制约因素，并尽可能避开它、转化它，它不仅不会成为未来经济发展的障碍，反而有可能成为促进未来经济发展的压力和动力。关键是要针对经济进入新常态的特点，抓紧推进改革、转型、创新，培育经济发展的新动力，充分利用优势条件，转化制约因素，实现经济的持续健康发展。

第二章

兼收并蓄的中国特色经贸投资理论与实践

本章通过梳理比较优势理论等主流国际经贸理论，以及新中国成立70年来对这些理论的实践和应用，论述了中国在应对国际金融危机过程中，对国际经贸理论和实践进行的修正和完善，并最终形成中国特色的经贸投资理论框架及其丰富的内容。

一、主流国际经贸理论概述

主流的国际经贸理论自15世纪产生以来，主要经历了古典、新古典、现代国际贸易理论和马克思主义国际贸易理论体系发展阶段。各理论体系框架经过不断的发展完善，形成各自相应的流派。

（一）西方主流经贸理论

1. 古典国际贸易理论

古典国际贸易理论主要包括重商主义、绝对优势理论、比较优势理论、保护贸易理论、相互需求理论。

（1）重商主义

15世纪末16世纪初的资本主义原始积累时期，出现了重商主义的国际贸易观点，也称贸易差额论，其核心是追求贸易顺差。该理论认为获得财富的主要渠道是国际贸易，通过奖出限入求得顺差，主张在对外贸易中遵循少买多卖的原则，政府应采用法律手段保护国内工商业，为其提供各种便利条件，促其快速发展，扩大对外贸易。代表人物有英国的托马斯·孟（Thomas Mun）。重商主义促进了资本的原始积累，推动了资本主义生产方式的建立与发展。

(2) 绝对优势理论

亚当·斯密(Adam Smith)对重商主义进行了批评，同时提出了绝对优势的国际贸易理论，阐述了比较优势的基本思想。他认为，一国只要专门生产本国成本绝对低于他国的产品，用以交换本国生产成本绝对高于他国的产品，就会使各国的资源得到最有效率的利用，获得总产量增加、消费水平提高及节约劳动时间的利益。该理论不仅论证了国际贸易分工的基础是各国的商品之间存在绝对成本差异，而且指出了存在绝对成本差异的原因。

(3) 比较优势理论

大卫·李嘉图(David Ricardo)继承和发展了斯密的理论。李嘉图认为国际贸易分工的基础不限于绝对成本差异，即使一国所有产品的劳动生产率都处于全面优势或全面劣势的地位，只要有利或不利的程度有所不同，该国就可以通过生产劳动生产率差异较小的产品参加国际贸易，从而获得比较利益。比较优势理论遵循“两优取其重，两劣取其轻”的原则，认为国家间技术水平的相对差异产生了比较成本的差异，该差异构成国际贸易的原因，并决定着国际贸易的模式。

(4) 保护贸易理论

1841年，德国经济学家弗里德里希·李斯特(Friedrich List)提出基于国家主义的贸易保护政策理论，指出保护制度要与国家工业的发展程度相适应，该理论又被称为幼稚产业保护论。李斯特认为，保护贸易的主要手段是关税，主张差别税率。保护制度要分阶段、按步骤渐进实施，第一步是通过保护关税把国外产品从国内市场排挤出去。第二步是通过特惠奖励或补助等措施，配合保护关税，吸引外国工人和资本，刺激国内投资，增强国内工业生产能力。李斯特的幼稚工业保护论在理论上具有合理性，对落后国家制定对外贸易政策具有重要的借鉴意义。它也标志着从重商主义分离出来的西方国际贸易理论两大学派——自由贸易学派和保护贸易学派完全形成。

（5）相互需求理论

该理论由约翰·穆勒（John Stuart Mill）提出。相互需求理论说明的是在比较优势原则下国际贸易的价格决定和利益分配问题。该理论认为国际市场的商品价格是由贸易双方对商品需求的数量比例来决定的。贸易条件决定了贸易利益的分配，并确定了国际需求方程式。两国国内交换比价确定了国际交换比价的变化范围。两国间的商品交换比例是由两国国内商品交换比例决定的，而国内的交换比例是由等量的劳动投入生产出不等量的产品决定的，而实际的国际商品的交换比例是由两国国内交换比例的上下限决定的。穆勒的相互需求理论探讨了国际贸易给双方带来利益的范围，研究了贸易利益分配问题。该理论的缺点是，其假定前提是以货易货下的供给等于需求，在现实中有很大的缺陷。

2. 新古典国际贸易理论

（1）生产要素禀赋理论

1919 年，瑞典经济学家埃利·赫克歇尔（Eli F. Heckscher）提出了要素禀赋论的基本观点。核心内容为：在两国技术水平相等的前提下，比较成本差异的产生有两个原因：一是两国间的要素充裕度不同；二是商品生产的要素密集度不同。各国应该集中生产并出口那些充分利用本国充裕要素的产品，以换取那些密集使用其稀缺要素的产品，使参与国的福利都得到改善。在没有要素跨国流动的条件下，仅通过商品的自由贸易也能实现世界范围内生产和资源的有效配置。这也被称为生产要素价格均等化定理或 H－O－S 定理（赫克歇尔—俄林—萨缪尔森模型）。

生产要素禀赋理论被认为是现代国际贸易理论的基础，用生产要素禀赋差异解释了为什么比较成本有差异，把个体数量分析扩大为总量分析，分析更加接近经济运行的现实，从而增强了理论的实用性，为各国根据生产要素的情况合理使用和分配本国资源、建立符合国情的产业结构、提高经济效率和参与国际分工提供了依据。其不足在于：该理论没有考虑政府在国际贸易中的作用，没有考虑国际生产关系和国际政治环境的影响，忽略了国际国内经济因素的动态变化。

（2）里昂惕夫悖论

按照H－O理论，美国是一个资本丰裕而劳动力相对稀缺的国家，其对外贸易结构应该是出口资本、技术密集型产品，进口劳动密集型产品。20世纪50年代初，俄裔美籍经济学家里昂惕夫（Leontief）根据H－O理论，用美国1947年200个行业的统计数据对其进出口贸易结构进行验证时，结果却得出了与H－O理论完全相反的结论，这一难题称为里昂惕夫悖论。里昂惕夫首次运用投入产出的方法，把经济理论、数学方法和统计三者结合起来，对国际分工和国际贸易商品结构进行了定量分析。

里昂惕夫悖论虽没有形成系统的理论观点，但它对原有国际分工和贸易理论提出了严峻的挑战，引发了对国际贸易主流思想的反思，推动了“二战”后新的国际贸易理论的诞生。对里昂惕夫悖论的解释主要有以下几种：①劳动技能水平的不同。②人力资本的差异。③贸易壁垒的存在。④自然资源因素被忽略。⑤要素密集度逆转。要素密集度逆转有两层含义：一是指同一产品在不同国家要素密集度不同，即同种产品在劳动力丰裕国家是劳动密集型产品，在资本丰裕的国家又是资本密集型产品的情况。二是指同一产品在同一国家不同时期要素密集度不同，原因是技术进步。

（3）国际产品生命周期理论

雷蒙德·弗农（Raymond Vernon）将市场营销学中的产品生命周期理论与技术进步结合起来阐述国际贸易的形成和发展。1966年他在《产品周期中的国际投资与国际贸易》一文中指出，美国企业对外直接投资与产品生命周期有密切关系。产品生命周期理论借用市场学上的产品寿命理论，将产品生命周期划分为三个阶段，即新产品阶段、成熟产品阶段和标准化产品阶段。此理论说明在产品生命周期的不同阶段，各国在国际贸易中地位不同，并把产品的区位选择与海外生产及出口相结合进行考察。同时，该理论将世界各国大致分成三种类型，即发达国家（创新国）、次发达国家和欠发达国家（发展中国家）。

产品生命周期理论是把动态比较优势理论、生产要素禀赋理论与新要素理论结合起来的一种理论，它将比较优势论与资源禀赋论动态化，很好地解释了战后一些国家从某些产品的出口国变为进口国的现象。产品生命周期理论发展至今，与国际投资、技术转让等生产要素的国际移动结合在一起，不仅对国际贸易，而且对国际投资、跨国公司的生产经营战略等有着很大的影响。

但是战后出现的这些新学说与传统的西方国际分工和国际贸易理论一样，只是从产品分工和市场交换的表面现象来分析问题，而不涉及问题实质，也不涉及国际生产关系。从阶级性上看，其掩盖了国际分工和国际贸易的主要性质，抹杀了劳动与资本的界限，掩盖了西方跨国公司技术垄断与对外扩张的事实。

3. 现代国际贸易理论

（1）新生产要素理论

新生产要素理论赋予了生产要素除了土地、劳动和资本以外更丰富的内涵，认为它还包括自然资源、技术、人力资本、研究与开发、信息、管理等新型生产要素，从新要素的角度说明国际贸易的基础和贸易格局的变化。例如，美国学者凡涅克（Jaroslav Vanek）提出了以自然资源稀缺来解释里昂惕夫悖论的观点，认为美国进口自然资源的开发或提炼是耗费大量资本的，会使进口替代产品中的资本密集度上升。扣除资源的影响，美国资本密集型产品的进口就会小于其出口。又如，格鲁伯（W. Gruber）、维农（R. Vernon）提出了研究与开发学说，他们认为研究与开发也是一种生产要素。一个国家出口产品的国际竞争能力和该种产品中的研究与开发要素密集度之间存在着很强的正相关关系。各国研究与开发能力的大小，可以改变它在国际分工中的比较优势，进而改变国际贸易格局。

（2）需求偏好相似理论

1961 年林德（S. B. Linder）在《论贸易和转变》一书中提出了偏好相似理论，第一次从需求方面寻找贸易的原因。他认为，产品出口的可能性取决于它的国内需求；两国的贸易流向、流量取决于两国需求偏好相似的程度，需求结构越相似则贸易量越大；人均收入水平是影响需求结构的最主要因素。尽管需求结构由商品价格、偏好、收入水平等决定，但收入水平是其中最重要的因素。两国经济发展程度越相近，人均收入越接近，需求偏好越相似，贸易可能性就越大。又由于同种制成品之间存在着差异性，故它们之间的贸易多为产业内贸易。由于发展中国家与发达国家之间人均收入是不同的，文化需求是不同的，实际发生贸易的机会较低。

（3）动态贸易理论

动态贸易理论主要是从动态角度分析国际贸易产生与发展的原因，包括技术差距理论、产品生命周期理论、技术外溢学说和动态比较优势等学说。其中，产品生命周期理论已经在上文加以阐述。技术差距理论将技术作为一个独立的生产要素加以分析，侧重从技术进步、创新、传播的角度分析国际分工的基础，扩展了资源禀赋论中要素的范围。“技术外溢”与“干中学”学说认为跨国公司是世界先进技术的主要发明者，是世界先进技术的主要来源，跨国公司通过对外直接投资内部化实现其技术转移。这种技术转让行为会给东道国带来外部经济，即技术溢出。一项技术溢出是一个正的外在性的特定情况，它既不是在经济活动本身内部获得的利益，也不是由该项活动的产品的使用者获得利益。换句话说，这种利益对于经济活动本身是外在的，对社会产生了外部经济。动态比较优势理论认为如果一国的产业和技术结构能够充分利用其资源禀赋的优势，则其生产成本就较低，竞争能力就较强，进而可以创造更多的经济剩余，积累量也就越大。因此，通过发挥比较优势能够较快地实现资源结构的升级，从而加快产业结构升级。

（4）产业内贸易理论

产业内贸易理论又称差异化产品理论，以不完全竞争市场和规模经济为前提，从动态角度出发考虑需求情况更加符合实际。产业内贸易也称为部门内贸易，即一国既进口同时又出口某种同类型制成品。产业内贸易具有三个特点：第一，产品流动具有双向性；第二，产业内贸易的产品具有相似性，消费具有可代替性；第三，产业内贸易的产品在生产过程中使用相似的要素投入。产业内贸易的发展程度可用产业内贸易指数来衡量。从一个国家角度看来，产业内贸易指数由各种产品的产业内贸易指数的加权平均数求得，它表示一国产业内贸易在对外贸易总额中的比重。

产业内贸易理论中所指的产业必须具备两个条件：一是生产投入要素相近；二是产品在用途上可以相互替代。符合上述条件的产品可以分为两类：同质产品和异质产品，也称作相同产品或差异产品。造成产业内贸易现象的主要原因是产品差别、规模经济、消费者偏好差别以及国家之间产品层次结构和消费层次结构的重合。

由于产业内贸易规模的不断扩大，20 世纪 80 年代以来许多经济学家陆续建立模型对这一问题从不同角度进行探讨，具体包括新张伯伦模型、兰卡斯特模型 、布兰德—克鲁格曼模型、垂直差异产业内贸易模型等。

（5）国家竞争优势理论

哈佛大学教授迈克尔·波特（Michel E. Porter）认为，一国的竞争优势就是企业与行业的竞争优势，一国兴衰的根本原因在于它能否在国际市场中取得竞争优势。而竞争优势的形成有赖于主导产业具有优势，关键在于提高劳动生产率，其源泉就是国家具有适宜的创新机制和充分的创新能力。波特提出的“国家竞争优势四基本因素、两辅助因素模型”中，生产要素、需求状况、相关产业和支持产业、企业战略、结构和竞争对手、政府、机遇都是国家竞争优势的影响与决定因素。从发展阶段来看，一个国家优势产业的发展可分为四个不同阶段，即生产要素推动阶段、投资推动阶段、创新推动阶段，财富推动阶段。

该理论对当今世界的经济和贸易格局进行了理论上的归纳总结，在当代国际贸易分工中具有重要的现实意义。一个国家要想促进生产力发展、提高国际竞争力，必须重视科技发展和人力资本投资、重视国内需求、创造公平竞争的环境、大力提倡企业创新。

（6）国家产业政策

19 世纪 40 年代，德国历史学派的代表李斯特（F. Liszt）发表了他的名著《政治经济学的国民体系》，从历史的角度对各国的经济与政策进行了比较分析，并特别对比了英国的自由贸易政策与海外扩张政策，以及美国的关税保护与产业扶植政策，提出国家应在经济发展的不同时期采取不同的经济政策。产业政策理论是产业经济理论中又一个重要的组成部分。产业政策的概念产生于第二次世界大战之后，但在此之前产业政策的思想及其实践就已经出现了。

到目前为止，产业政策理论尚未形成一个完整的体系。不仅如此，对产业政策的必要性和适用性也存在着多种不同的看法。因此，产业政策理论作为一门新兴的应用经济理论还很年轻，一般都偏重于经验研究和实例论证，特别是从日本、德国、新兴发展中国家等一些成功范例的分析研究中寻找规律，进行理论概括和经验总结。

虽然各个国家都在不同程度地推行产业政策，尤其是一些发展中国家更是以产业政策作为促进经济发展的重要手段，但是产业政策所依据的理论观点一直受到来自不同角度的批评。以发展理论作为推行产业政策依据的观点受到批评，意见主要来自对产业结构“可选择性”的怀疑。批评者认为，虽然有一些有关产业结构演变规律的研究成果，但是这些研究是粗线条的，产业的划分非常笼统，对产业政策的制定并没有什么指导意义。

（二）马克思主义国际贸易理论体系

1. 国际分工理论

分工是指劳动分工，即指劳动者从事各种不同而又相互联系的工作。马克思说，分工是指“社会成员在各类生产之间的分配”。在马克思的分工理论中，分工有自然分工和社会分工、工场手工业内部分工和社会内部分工的区别。国际分工是指由各个不同国家和地区组成“国际社会”的“社会内部分工”。马克思与恩格斯还共同指出，各民族之间的相互关系取决于每一个民族的生产力、分工和内部交往的发展程度。这个原理是公认的。然而，不仅一个民族与其他民族的关系，一个民族本身的整个内部结构也都取决于它的生产以及内部和外部交往的发展程度。一个民族的生产力水平，最明显地表现在该民族分工的发展程度上。

由此可见，马克思认为国际分工是国际贸易的基础，国际贸易的发展受国际分工的影响。首先，国际分工水平决定国际贸易水平，一国或地区在国际分工中的地位决定其在国际贸易中的地位。在国际分工格局中处于中心地位的国家或地区，在国际贸易中也占据主导地位。其次，国际分工决定国际贸易商品结构和区域结构，国际贸易只是从交换形式上表现这种国际分工；一国或地区在国际贸易中的地位与其在世界市场上的地位密切相关。最后，国际分工影响一国或地区对外贸易政策的制定与执行，一国或地区在国际分工中的地位是其制定对外贸易政策的重要依据。

2. 国际价值理论

“国际价值”是马克思在《资本论》中首次提出并科学完整地阐述的一个范畴。马克思不仅创立了科学的劳动价值论，而且把它应用到国际方面，提出了国际价值的范畴，揭示了价值规律的国际性质。他详尽地描述了商品的国内价值与国际价值转换的原因和过程，并且明确地提出了“世界劳动的平均单位”这一概念。马克思说：“国家不同，劳动的中等强度也就不同；有的国家高些，有的国家低些。于是各国的平均数形成一个阶梯，它的计量单位是世界劳动的平均单位。”“世界劳动的平均单位”是指在世界现有的一般生产条件下生产某种商品所需要的特殊的社会必要劳动时间。这样，世界市场商品交换的比例就不能以各国的“国民平均水平的强度”为依据。

在国际交换时，如马克思所说：“强度较大的国民劳动比强度较小的国民劳动会在同一时间内生产出更多的价值，而这又表现为更多的货币。”并且“生产效率较高的国民劳动在世界市场上也被算作强度较大劳动”。因此，世界市场商品交换的依据不是各国的国别价值（或国内价值），而是国际价值。由于各国的经济发展水平和劳动生产率不同，在相同时间内所生产的同种商品的数量不同，或者说，生产的同种商品的数量相同但所耗费的劳动时间不同，国别价值就不同。经济发展水平越高，劳动生产率越高，在同一时间内生产同种商品的量就越多，获得的国际价值就越高；反之则反是。马克思的国际价值理论揭示了国际交换规律，为各国和地区发展对外贸易提供了理论依据。

3. 世界市场理论

马克思认为，国际分工、国际贸易、世界市场之间是辩证关系。国际分工是国际贸易和世界市场产生与发展的基础；世界市场是国际货物、服务和技术交换的场所或领域，是国际分工的重要实现手段。没有国际分工就没有国际贸易，也就没有世界市场，国际贸易和世界市场是随着国际分工的发展而发展的，国际贸易的发展和世界市场的扩大也会促进国际分工的深化。马克思指出：“大工业把世界各国人民互相联系起来，把所有地方性的小市场联合成为一个世界市场，到处为文明和进步做好了准备，使各文明国家发生的一切必然影响到其余各国。”从这个意义上讲，世界市场就是以总体形态出现的各国市场的总和。生产和交换的经济条件，在我们的时代，结合于世界市场这一概念之中。世界市场的意义和世界市场理论的地位由此可见一斑。

恩格斯在19世纪90年代的一些著作中谈到了当时世界市场出现的新特点：①交通运输条件的发展，英国工业垄断地位的被打破；②股份公司、交易所和垄断组织的巨大发展；③垄断组织和列强对殖民地和世界市场的瓜分。20世纪初，列宁根据资本主义的最新发展，指出了帝国主义的五个基本经济特征："①生产和资本的集中发展到这样高的程度，以致造成了在经济生活中起决定作用的垄断组织；②银行资本和工业资本已经融合起来，在这个'金融资本'的基础上形成了金融寡头；③和商品输出不同的资本输出具有特别重要的意义；④瓜分世界的资本家国际垄断同盟已经形成；⑤最大资本主义大国已把世界上的领土瓜分完毕。"

第二次世界大战以后，中国等一系列社会主义国家开始在世界上崭露头角，在这种情况下，斯大林提出了关于"统一的世界市场的瓦解与世界资本主义体系危机加深"的理论，即两个平行的世界市场理论。

4. 国际服务贸易理论

在马克思主义经典著作中，有关国际服务贸易的论述主要有：①国际服务贸易会加速传统社会向现代社会的转变。马克思主义国际服务贸易的内容较之货物贸易更加贴近人们的生活，国际服务贸易的发展会使人们的生活更加现代化，"因为对外贸易使它们能够把这种简单的产品变成任何形式的使用价值"。②国际服务贸易能促进国际货物贸易的发展。马克思指出："电报的发明为投入辅助资本开辟了完全新的范围，铁路等等也是这样。"列宁也说过："运输是对外联系的物质手段。"③国际服务贸易能够节约社会劳动和提高利润率。

5. 经济全球化理论

马克思并没有明确地提出"经济全球化"的概念，也没有系统地论述过经济全球化的进程，但是马克思"六册计划"中关于对外贸易和世界市场的论述以及《资本论》等著作都蕴含了丰富的经济全球化思想。马克思、恩格斯在《德意志意识形态》《共产党宣言》等著作中从生产力发展和普遍交往方面论述了当时经济全球化的特征，指出了资本主义全球化的客观趋势。他们说："不断扩大产品销路的需要，驱使资产阶级奔走于全球各地。它必须到处落户、到处开发、到处建立联系。""资产阶级由于开拓了世界市场，使一切国家的生产和消费都成为世界性的了。""正像它迫使乡村从属于城市一样，使未开化和半开化的国家从属于文明的国家、使农民的民族从属于资产阶级的民族、使东方从属于西方。"这三个从属关系揭示了当时资本主义全球化趋势的实质。

恩格斯曾预言，未来社会主义社会将是一个对外更加开放的社会。他说："单是大工业建立了世界市场这一点，就把全球各国的人民，尤其是文明国家的人民，彼此紧紧地联系起来，以至于每一国家的人民都受到另一国家发生的事情的影响。"列宁认为，"人类的整个经济、政治和精神生活在资本主义制度下已经愈来愈国际化了，社会主义社会把这三方面的生活完全国际化"。

6. 对外贸易政策

对外贸易政策属于上层建筑，是为经济基础服务的。它反映了经济发展与当权阶级的利益和要求。追求本国、本民族经济利益和政治利益的最大化，是一国或地区制定对外贸易政策的基本出发点。马克思认为，对外贸易政策主要取决于生产力发展水平，生产力发展水平的变化是影响各国和地区对外贸易政策变化的基本因素。从本质上讲，资本主义对外贸易政策是服务于垄断资本需要的，无论实行哪种贸易政策，都是"在现代资本主义生产制度的范围内兜圈子"。"是实行保护关税制度还是实行自由贸易，对于最终结局是没有什么意义的"。"但总的说来，保护关税制度在现今是保守的，而自由贸易制度却起着破坏的作用。自由贸易制度正在瓦解迄今为止的各个民族，使无产阶级和资产阶级间的对立达到了顶点。总而言之，自由贸易制度加速了社会革命"。

出于这个原因，马克思才赞成自由贸易。十月革命胜利后初期，为了维护苏维埃联邦社会主义共和国对外经济关系的根本利益，列宁提出了对外贸易国家垄断制。苏维埃联邦社会主义共和国的对外贸易一直是在国家垄断的基础上进行的，列宁一再指出，在俄国政权尚未得到完全巩固、经济还不十分发达的情况下，不能搞无计划的自由贸易。他说："没有这种垄断，专靠缴纳'贡款'，我们就不能'摆脱'外国资本的羁绊。"

7. 对外开放理论

马克思虽然没有使用过"对外开放"这个概念，但他在许多著作中都揭示过近现代国际经济关系中发展开放型经济、实行经济对外开放的客观必然性和根本动力以及对一国或地区经济发展的作用等。

列宁在实践对外贸易政策的过程中，从理论上揭示了一条社会主义建设的重要规律，即社会主义国家不能搞闭关锁国，而必须同世界经济发生广泛的联系与合作。列宁反复告诫俄共（布）党员说："如果我们不能恢复我国的经济，那么我们就落在而且将来还要落在资本主义列强的后面，我们就会挨打。"

斯大林强调："以为社会主义经济是一种绝对闭关自守，绝对不依赖周围各国国民经济的东西，这就是愚蠢之至。"

8. 国际贸易的地位和作用

马克思认为，一般来讲，生产决定交换，但在一定的条件下交换对生产也起反作用。他在《〈政治经济学批判〉导言》中说："一定的生产决定一定的消费、分配、交换和这些不同要素相互间的一定关系。当然，生产就其片面形式来说也取决于其他要素。例如，当市场扩大，即交换范围扩大时，生产的规模也就增大，生产也就分得更细。"他指出："奴隶制使殖民地具有了价值，殖民地造成了世界贸易，而世界贸易则是机器大工业必不可少的条件。"马克思还认为，国际贸易可以提高利润率，可以使剩余产品的价值在世界市场上得到实现。他说："投在对外贸易上的资本能提供较高的利润率，首先因为这里是和生产条件较为不利的其他国家所生产的商品进行竞争，所以，比较发达的国家以高于商品的价值出售自己的商品，虽然比它的竞争国家卖得便宜。只要比较发达的国家的劳动在这里作为比重较高的劳动来实现，利润率就会提高，因为这种劳动没有被作为质量较高的劳动来支付报酬，却被作为质量较高的劳动来出售。”

（三）马克思主义国际贸易理论与西方国际贸易理论的比较

1. 研究体系

马克思主义国际贸易理论体系发展经历了以下阶段：第一阶段，马克思和恩格斯论证了国际贸易的产生与发展、国际贸易的地位和作用、资本主义制度下国际贸易（对外贸易）政策演变等。第二阶段，列宁提出了国家垄断制对外贸易政策以及帝国主义商品输出和资本输出理论；斯大林针对苏联和美国两大阵营的存在，提出了“统一世界市场的瓦解与世界资本主义体系危机加深”的理论，即两个平行的世界市场；毛泽东提出了统制对外贸易的政策主张，并在对外开放理论上进行了探索，形成了关于中国对外开放的一些重要思想。第三阶段，邓小平提出了社会主义市场经济理论以及对内对外开放的理论，实现了社会主义国家向对外开放的过渡。第四阶段，习近平总书记提出了共建“一带一路”倡议，为沿线国家互利合作开辟了新的路径，给对外开放理论注入了新的内容。

2. 研究侧重

马克思主义国际贸易理论属于马克思创立的经济学理论体系，该理论体系继承了古典经济学劳动价值论的科学内容并将其发展和创新，从而形成了马克思主义劳动价值论。马克思经济学理论体系侧重于对社会经济活动的本质和规律的研究，能揭示社会经济发展的根本规律和历史趋势。马克思主义国际贸易理论同样侧重于对国际贸易活动的本质和规律的研究，可体现国际贸易发展的根本规律和历史趋势。西方国际贸易理论则是在古典经济学庸俗成分的基础上，侧重于对国际贸易活动的现象与特征的研究，主要通过对经济行为和经济机制的分析去阐述资源在世界范围内的配置和利用问题。

3. 研究方法

马克思主义国际贸易理论坚持唯物辩证法和唯物史观，坚持历史与逻辑相统一的方法，是一种动态的分析方法。历史的就是发展的，发展的就是动态的。国际贸易理论只有深入地研究历史进程，从历史和现实出发才能准确地把握国际贸易和世界市场的一般性规律。马克思主义国际贸易理论主要采用总体的研究方法，对国际贸易问题进行全面、系统的研究，是一个完整的贸易体系。西方国际贸易理论多采用孤立的、静止的和逆历史的研究方法，主要研究资本主义生产方式条件下资源在世界范围内的配置和利用问题，只研究资本主义发展过程中某一阶段的现象。西方国际贸易理论主要采用个体的研究方法，研究个体的经济行为和经济活动，研究的是纯经济技术问题。其理论只局限于两个（或几个）国家、用一种（或几种）要素、生产一种（或几种）产品、一个市场等相对微观的角度，其研究的结论和反映的问题不可能是全面的、系统的，因而不是一个完整的贸易体系。

4. 理论研究对象和内容

马克思主义国际贸易理论的研究对象（内容）包括前资本主义社会的对外贸易、资本主义社会的国际贸易、社会主义国家的对外贸易三大部分，从而揭示了人类历史长河中国际贸易产生、发展、地位和作用的一般规律。而西方国际贸易理论只研究资本主义社会的国际贸易。马克思主义国际贸易理论认为，国际贸易产生的主要原因是资本对利润的追逐；发达国家与不发达国家进行贸易，发达国家可以以高于价值的价格出售其商品，获得超额利润，或者说绝大部分甚至所有利益，而不发达国家则只能以较低的价格出售其商品，获利甚微乃至亏损；发达国家相互间进行贸易，贸易利益的分配取决于各贸易国国内价值与国际价值之间的差异。西方国际贸易理论认为，因为各贸易国都具有自己的比较优势，并且由于各种要素在世界市场上进行配置和利用，其效率得到提高，所以各贸易国都能从国际贸易中获得一定的利益。

二、主流国际经贸理论的借鉴、吸收和本土化

（一）中国对传统贸易理论与新贸易理论的借鉴

1. 新贸易理论与传统贸易理论①的区别

（1）国际贸易形成的根本原因不同

传统贸易理论认为，商品价格差异是贸易产生的最直接的原因，而相对要素禀赋的差异是产生商品价格差异的根本原因。新贸易理论则认为由于规模经济的存在，在考虑两国商品价格差异时必须加入生产技术的因素，相对要素禀赋差异与经济规模的差异的共同作用是贸易的根本原因。

（2）商品的贸易与生产模式不同

传统的贸易理论认为一个国家出口的是该国相对丰饶和便宜要素生产的产品，而进口的是那些本国相对稀缺和昂贵要素生产的产品。新贸易理论突破了这种限制，认为当贸易商品种类多于生产要素种类时，两国商品生产和贸易存在不确定性，一国在一种生产模式下是出口一种商品，在另一种生产模式下则可能是进口该种商品；而生产模式则可能由一些偶然的或历史原因决定，如政府政策等。因此，对一国而言，不同生产模式下，同一商品既可能是出口商品也可能是进口商品。

---

① 新贸易理论是指20世纪80年代初以来，以保罗·克鲁格曼为代表的一批经济学家提出的一系列关于国际贸易的原因、国际分工的决定因素、贸易保护主义的效果以及最优贸易政策的思想和观点。

(3) 贸易结构和数量不同

传统的贸易理论认为两国间只存在产业间贸易，排除了产业内贸易存在的可能性。新贸易理论则引入了差异化产品的概念，认为要素禀赋相对差异和国家相对规模共同决定了贸易结构与数量。

(4) 贸易利益不同

传统的贸易理论认为，通过专业化分工产生的生产效率提高可以带来静态的贸易利益。新贸易理论则指出，在规模经济和不完全竞争市场结构下，开展贸易不仅可以使全世界总体福利水平提高，而且可产生生产效率效益，使得生产更加集中于世界上效率最高的国家，从而导致商品价格下降，继而产生生产区域合理化和产品多样性等潜在得益。通过分析可以看出，新贸易理论的出现并不是对传统的比较优势理论的全盘否定，而是存在着干预主义与自由主义的分歧与争论。

2. 传统贸易理论与新贸易理论在中国的适用性

对这两种贸易理论国内存在两种截然不同的观点：一种认为传统贸易理论更适合我国，战略性贸易政策不切实际；另一种则恰恰相反。下面将结合我国实际来分析这两种理论在我国的适用性问题。

(1) 主张传统贸易理论的主要观点

持该种观点者认为，我国现阶段不具备包括战略性贸易政策在内的新贸易理论赖以实施的条件，新贸易理论在我国不乐观。主要原因如下：

①不具备实施条件。战略性贸易政策实施成功的关键在于行业的不完全竞争特性，至少在国内市场上应具有规模经济。据发达国家经验，战略性贸易政策的实施对象包括商业航空部门、半导体、电信设备部门、汽车部门等。而在我国这些行业企业规模普遍偏小，重复生产，地理集中度偏低，达不到最小有效规模。

②以战略性贸易政策为代表的新贸易理论容易导致新的市场扭曲。首先，将扭曲微观经济主体。我国许多重要行业多属国有企业，在内部

转制过程中仍存在各种问题，还带有一定的行政色彩，不是市场竞争中自然产生的，缺乏竞争力。在这种情况下对其进行扶持，反倒会使其依赖性增强，甚至引起大量的非生产性寻租，造成效率流失。其次，新贸易理论及战略性贸易政策的全面实施必然需要政府的大量补贴或经济支持，这往往过多占用稀缺经济资源，导致过高的机会成本，从而削弱我国比较优势产品的出口。

③外部条件不确定。战略性贸易政策的成功还取决于单方面采取战略性行动，即假定外国没有采取相应报复措施。显然，这种理想状态不可能达到。

④贸易政策制定复杂度和难度高。鉴别战略部门需要大量、及时、充分、可靠的信息，而且政策制定稍有失误都将导致极为严重的后果。

因而，认为传统的贸易理论更适合我国，主要原因如下：

①我国贸易的伙伴国多为发达国家。有资料显示，我国贸易的伙伴国多为与我国资本劳动比率差别大的发达国家或地区，如日本、美国和欧盟是我国的重要贸易伙伴。

②出口市场竞争性高。我国出口商品更多地面临完全竞争的国际市场，我国在国际市场上控制能力差。我国目前出口的工业制成品中，绝大部分是粗加工的轻纺产品和一般机电产品，是低附加值的劳动密集型产品，并且不具备生产资料的独占性、规模收益和专利技术等形成垄断的因素。但是与其他发展中国家相比，还是有相当强的国际竞争力的，这是我们的比较优势。

③贸易全球化和一体化趋势加强。当前世界经济正趋于全球化、一体化，各国的生产、贸易和投资日益融为一体。特别是WTO成立后，各国之间的关税和非关税壁垒正逐步取消，顺应这股国际潮流，才会有更大的经济发展空间。

（2）主张新贸易理论的主要观点

①传统贸易理论会导致我国外贸条件恶化，比较优势陷入低水平循

环的陷阱。比较优势理论虽然在短期有利于世界资源的优化配置，但在长期却导致各国贸易条件的变化。由于发展中国家主要出口初级产品，技术进步慢，需求弹性低，且规模收益递减，完全竞争特征明显；而发达国家主要出口技术产品，需求弹性高，且规模收益递增。这样发展中国家与发达国家的贸易就是一种“不平等贸易”，发展中国家贸易条件将日趋恶化。如果发展中国家一味奉行比较优势理论，将在国际分工中处于越来越不利的地位，落入“贫困陷阱”。我国是一个发展中国家，面对这样的情况应该积极改变外贸条件。

②传统贸易理论不适应世界贸易新发展，无法解释新现象。由于主流贸易理论的诸多基本假设与现实严重不符，它不能解释世界贸易中的如下现象：首先是里昂惕夫悖论展现的美国进出口商品结构的实证分析与该理论不符；其次是国际贸易伙伴结构揭示出的国际贸易主要在发达国家之间而非在要素禀赋不同的发展中国家与发达国家之间进行；最后是国际贸易内容主要是资本品与资本品之间的贸易而非资本品与劳动密集型产品或资源密集型产品之间的贸易。而新贸易理论恰恰可以解释这些现象，从而可以为我国外贸的发展提供更好的理论依据。

因此，认为新贸易理论更适合我国。主要原因如下：

①有利于实现产业高度化。发达国家对于发展中国家（两者的产业结构级别通常不同）的竞争优势是由产业级别决定的，两者间的贸易越自由对发达国越有利，而相同产业结构的发达国家或者发展中国家之间则由于不完全竞争和规模经济的存在并不会使某国自然具有竞争优势，所以政策主张倾向于国家干预。因此，一方面多边贸易体制致力于减少管制，促进自由贸易；另一方面似乎一种所谓“战略贸易理论”的形成正掀起为保护贸易做法正言的逆流。作为发展中国家，我国可以从这两种看似对立的理论得到启示：接受现有国际贸易格局的产业发展政策，会使发展中国家陷入一种低水平增长，并且在国际贸易利益这块日益膨胀的“馅饼”中分得的份额越来越小；国家干预贸易理论与产

业政策结合是发展中国家实现产业高度化的手段。

②有利于控制本国市场，开拓国外市场。首先，“战略性贸易政策”框架内的多种贸易干预措施可以防止或限制外国企业进入国内市场，增加本国企业成本竞争性；其次，出口补贴可降低本国企业的成本，增加其市场份额和利益；最后，通过产业政策和贸易政策紧密结合可以支持具有高度技术机会的外在型产业的发展。

（3）两种贸易理论对中国均具有适用性与借鉴意义

发展自己具有比较优势的行业，出口自身具有相对优势的产品，这是传统贸易理论的核心所在，我国在任何时候都应该遵循这一原则，只有这样才能在国际市场上有竞争优势，也只有这样才能在国际贸易中有利可图。就这方面而言不是新贸易理论可以替代的。但是我们还要看到我国的对外贸易目标不是片面追求量，追求向外度，而是在扩大开放和扩大对外贸易中利用国际资源和国际市场优化国内的产业结构。任何国家的贸易比较优势和贸易比较利益地位都不是一成不变的，其原因是一国的生产结构类型和贸易结构类型在不断发生演变甚至逆转。这种贸易结构类型的变化速度决定了一个国家在国际分工阶梯中的相对位置。如果一个国家不能适时地完成生产结构类型和贸易结构类型的变化，或者贸易结构类型的变化滞后于生产结构类型的发展，那么它将处于贸易比较利益的劣势地位。就我国目前的情况来看，不可能也不应该依靠自身贸易比较利益来改善自身在国际分工和国际贸易中的利益分配地位，更不可能自发地完成动态比较成本优势和贸易比较利益地位与产业结构调整的结合。对此，我国应该正确把握国际经济的变化趋势，积极参与国际分工和国际贸易，运用国家干预力量扶持和促进重点产业发展，开发新的比较优势；同时，利用国际投资并采取相关政策措施，促进自身生产结构和贸易结构类型由劳动密集型向资本、技术密集型转化。这才是在国际贸易中取得比较利益地位的必要条件。

新贸易理论强调贸易利益不仅来自比较利益，而且来自对外开放产生的规模经济和技术外溢效应，这对我国外向型发展战略的确立有着重要的理论启示和政策意义。我们应该积极参与国际经济分工，推进贸易自由化进程。贸易自由化也是传统贸易理论所倡导的。如果企业参与国际贸易，产品面向的市场就会扩大，需求会增加，企业生产规模就会扩大。由于生产处于规模经济阶段，产量的增加能使产品成本降低，从而增强在国际和国内市场上的竞争能力。因此，作为发展中国家，我国必须积极参与国际经济分工，推进贸易的自由化进程，不仅要看到国际贸易带来的直接利益，更应看到参与国际经济分工所能带来的技术外溢和边干边学的效应。不能把扩大进口和开放市场看作“入世”的代价，或是为了获得某种权利而不得不承担的“义务”。

新贸易理论中关于商品生产模式和贸易模式的不确定性可以提供给我们一些借鉴，尤其对我国这样的发展中国家的贸易政策具有指导意义。由于商品生产模式和贸易模式是不确定的，一国政策能够根据自己的经济目标，通过适当的干预，较灵活地调整生产要素的组合，使生产模式向所期望的方向发展，从而达到调整产业结构、保护幼稚产业的目的。例如，我国有 14 亿人口，汽车工业市场潜力很大，发挥规模经济的潜力也很大，政府管制引导产业向规模经济方向发展应是我国保护和发展汽车工业的主导政策措施。

政府干预作用内生化是比较优势形成的关键因素。将政府干预作用作为比较优势内生贸易理论的一个变量，是战略性贸易政策理论的一大进步，而比较优势依然是国际贸易的基础。一方面，技术变量已成为现代企业和国家相对比较优势形成的关键变量，而技术变量的提升，无论是来自“边干边学”还是研究与开发（Research & Design）都与法律、投资激励等形成的经济环境密切相关，均需要政府的支持即取决于政府的干预状况；另一方面，在经济全球化过程中，资源禀赋的内涵发生了变化，相对于“自然资源”而言，“创造型资源”（如信息、知识资本、创新、制度、技术等）的作用越来越重要。企业以及一个国家越来越依靠这类资源来获得比较优势，因而政府干预也被内生为主要因素，成为直接影响这种“创造型资源”比较优势形成的关键变量之一。因此，我们不能妄加断言地说哪种理论好，哪种更适合中国经济发展的需要，而应该结合我国自身实际，从不同的角度来选择和组合。

3. 新贸易理论对我国外贸战略选择的启示

战后国际贸易新理论从不同角度揭示了国际贸易产生的原因，符合当今世界对外贸易的实际情况，对于我国制定对外贸易战略具有重要意义。中国在对外贸易实践中一直主要采取以比较优势为基础的贸易发展战略。随着对外贸易规模的扩大以及国际、国内形势的变化，比较优势战略呈现出了明显的不适应性，而新贸易理论为我们的贸易政策提供了许多新启示。

（1）重视培育和转化国家竞争优势

国际竞争力的大小是一国兴衰的标志，而竞争优势则来自将潜在优势转化为现实优势的综合能力。只有将潜在的比较优势最终转化为竞争优势，才能真正形成出口竞争力。大力发展高科技、优化产业结构是提高我国国家竞争优势的必然选择。我国要创造产业的竞争优势，首先需要对原有的比较优势产业进行科技改造，使其具有竞争优势。其次需要积极开展创新研究，培育新的优势产业，带动全国产业结构的优化升级。使中国由“生产大国”向“生产强国”转化，变“中国制造”为“中国创造”。大力开发拥有自主知识产权、核心技术和自主品牌的产品，提高产品的科技含量。

（2）发挥政府作用，扩大国内市场

我国政府应在科学发展观的指导下，统筹国内发展和对外开放。积极扩大内需，开拓国内市场，充分利用本国资源，实现企业规模经济，增强企业竞争能力。规模经济带来的成本优势可以增强国际竞争能力，但目前我国多数企业规模小，管理模式和运行机制较为陈旧，分工协作不到位，造成平均成本很高，在很大程度上削弱了我国的劳动力成本优势，使国际竞争能力下降。所以，培育我国企业的规模经济势在必行。尤其在世界市场需求动荡的形势下，扩大国内市场同时可以缓解出口不利带来的压力，也可以容纳大量进口商品以免国内产业受到毁灭性冲击。

（3）通过创新、增加产品差异化，实现我国外贸结构转型升级

从我国国情来看，要以产品生命周期理论为指导，增加产品差异化。在当前不完全竞争的市场条件下，我国应以产品差异化作为提高贸易竞争力的着力点。可以通过提出新设计、开发新品种、增加差异性，并通过规模经济效益降低成本，形成自己的竞争优势。同时可以借助外脑、大力引进先进技术、将引进与创新相结合，培育具有自主知识产权的产品。

（4）发展高层次产业内贸易，提高对外贸易竞争力

随着国际经济贸易的发展，产业内贸易加快了科学技术管理经验、企业家精神在不同国家同一行业内的传播和扩散。改革开放以来，我国产业内贸易虽仍处在初级水平，但已得到了较快提升。它不仅降低了我国经济结构的调整成本，减少了失业，同时还促使我国产业结构的优化和升级。由此可见，提高产业内贸易水平是提高国际贸易竞争力的重要手段。目前，我国产业内贸易还较多地体现为垂直型特征，不利于我国创新能力的提升，影响了我国的竞争力。因此，加快发展高科技产业、促进我国与发达国家之间同水平差异产品之间的贸易，是形成国际贸易竞争优势的重要途径。

（5）政府实行适度保护政策，培育竞争优势

根据战略性贸易理论，在不完全竞争和贸易壁垒存在的情况下，一国政府实行偏离自由贸易的政策，可以促进本国产品竞争力提高和经济增长。我国政府应对高科技产业在关税和其他方面给予适度保护和扶持，这将有利于抗击外国进口产品的强大冲击，有利于产业结构的优化提高，有利于培育产业竞争优势和国家竞争优势。同时政府应该转变职

能，为企业提供公平的竞争环境。改革企业绩效评价机制，鼓励企业竞争和创新，建立和完善企业提高产品出口竞争力的政策环境，建立较为完善的政策、法律、知识产权保护与出口促进服务体系。

（6）坚持“引进来”和“走出去”相结合，实现从贸易大国向贸易强国的转变

“走出去”是以中国的公司为主导，服务于中国公司战略的一种跨国整合模式，从中获得更多的利益。当前，无论是开拓市场空间、优化产业结构、获取经济资源、争取技术来源，还是突破贸易保护壁垒、培育中国具有国际竞争力的大型跨国公司，“走出去”都是一种必然选择，也是中国对外开放提高到一个新水平的重要标志。在更加市场化、更加开放、更加相互依存的世界，国家必须考虑通过具有宏观影响力和国家长远发展战略意义的对外投资，提高国家在全球经济中的地位，在国际资源分配中争取一个更加有利的形势并改善与相关国家和地区的关系。在中国成为“世界工厂”，对外贸易依存度超过70%的情况下，国家必须考虑通过提高引进外资质量和扩大对外投资两个“轮子”，主动在更广阔的空间进行产业结构调整和优化资源配置。在保持制造业优势的同时，向产业链的高增值环节迈进，提升中国在国际分工中的作用。

“引进来”即引进国外先进技术，通过消化吸收国外先进技术，并加以改进和完善提高，再创造科技附加值。这样可以节省时间，最快地产生经济效益。实施“引进来”战略是适应经济全球化和加入世贸组织新形势的客观要求。经济全球化是世界经济发展的必然趋势，是一股不可抗拒的历史潮流，主要表现为资本、技术、信息、商品、服务人才的自由流动和优化配置，使各国经济互相依存、相互影响，成为一个有机联系的不可分割的整体。经济全球化一方面给我国带来新的机遇和动力，另一方面也给我国带来严峻的挑战。

我国只有顺应世界经济发展的全球化趋势，顺应我国加入世贸组织以后的新形势，发展开放型经济，实施“引进来”和“走出去”相结

合的战略，才能抓住潜在的机遇，努力去应对现实的挑战。通过参与国际分工、国际交换、国际交流与合作，发挥自己的比较优势，加快政治体制、经济体制改革，促进社会生产力跨越式发展，不断缩短同发达国家的差距，加快现代化建设的进程。在经济全球化迅速发展、全球贸易自由化步伐进一步加快的世界经济大环境下，我国的对外贸易也应按照发展开放型经济的思路加以考虑。要依据国际竞争优势理论，坚持以质取胜战略，提高出口商品和服务竞争力，实施市场多元化战略，开拓新兴市场，努力扩大出口。只有这样，才能使我国尽快从贸易大国转变为贸易强国。

（二）比较优势理论在中国的实践

1. 比较优势理论主要观点及在中国的实践

比较优势理论可以表述为：在两国之间，劳动生产率的差距并不是在任何产品上都是相等的；每个国家都应集中生产并出口具有比较优势的产品，进口具有比较劣势的产品，即“两优相权取其重，两劣相衡取其轻”；双方均可节省劳动力，获得专业化分工提高劳动生产率的好处。

改革开放时期，我国经济基础比较薄弱且资源短缺，优先发展农业和重工业是当时发展的必然选择。随着我国国际地位和经济实力的提升，开始参与越来越多的国际贸易和国际分工，比较优势理论一直在我国产业发展和政策制定方面占有主导地位。劳动力人口众多，劳动力价格较低是我国的比较优势。

在利用自己比较优势和要素禀赋发展产业间贸易的同时，也应该利用国外需求结构的不同、规模经济和产品差异来发展我国产业内的贸易。在不完全竞争的世界中，价格竞争优势不仅来源于比较优势，还来自规模经济、产品差异等。因此，我们要在国际贸易体系中更好地把握自己的比较优势，发展我国产业的规模经济，节约产品生产成本，从而控制产品的出口价格，以扩大出口量，发挥其比较优势。此外，我们也要利用当今世界人们对同一种产品需求的多样性特点，对生产的产品实施差异化策略，如通过广告、包装、售后服务等来满足人们多样化需求。

在国际贸易中，我们既要发挥传统贸易优势，又要发挥新的贸易优势。只有这样，我国才能在国际贸易中充分地利用各种资源和要素，从而使我国的经济持续、快速、健康发展。

2. 比较优势理论在中国的局限性

虽然我国在对外贸易总量增长方面取得骄人的绩效，但这并不意味着比较优势理论在我国没有局限性。我国的比较优势在于高数量和低价格，出口产品大多以劳动密集型为主，出口产业技术含量较低，处在国际分工链条中的低端位置。虽然贸易总量有所增加，但质量上的增长远不及其他国家。尽管近年来我国高技术产业竞争力不断增强，但始终处于加工、装配等价值链低端，并未完全掌握设计、关键技术等核心内容，出口的大多也是劳动密集型产品且其附加值较低。

（三）产业内贸易理论在中国的应用

1. 中国产业内贸易现状及结构分析

（1）我国产业内贸易结构

我国产业结构的优化升级，尤为注重工业结构的调整，以缓解基础产业瓶颈的约束，促进产业结构的调整。自改革开放以来，我国对外贸易迅速发展，利用资源和劳动力优势，发展加工产品出口，带动了我国经济的发展，扩大了同国际市场的交流。然而，由于我国贸易发展水平较低，只能依靠资源的出口和廉价的劳动力进行产品的加工，不能参与中高级产业的发展。因此，我国应重视这一现实，借助开放型经济提供的条件调整产业结构，大力发展和利用产业内贸易推动经济的发展，以获取更多的经济效益。

（2）我国产业内贸易的发展现状

1978 年到 2017 年的发展过程中，我国贸易总额从 206 亿美元增长到4.105 万亿美元，平均每年增长幅度高达14%，进出口份额也获得了较大增长。出口在 GDP 中所占的份额从 1980 年的 6.0% 增长到 2017 年的 18.5%，进口占 GDP 份额从 1980 年的 6.6% 上升到 2017 年的 15%。我国对外贸易从 20 世纪八九十年代开始高速增长。进入 90 年代后，贸易增速基本放缓，并保持相对稳定的态势。20 世纪 90 年代以来，我国和发达国家贸易保持着较高的比重，其中与美国、日本、德国等发达国家的贸易总额比重一直居高不下。2017 年，美国与我国的进出口贸易额居世界第 1 位，为 6379.7 亿美元，日本紧随其后，为 2972.8 美元。我国逐渐发展成为全球制造业中心。与此同时，我国与发展中国家的进出口贸易也保持着相对稳定的增长速度。

2. 中国发展产业内贸易的对策

（1）提高产业集中化发展水平，培养企业核心竞争力

企业规模分散、生产行业混乱、质量规格不达标等问题的出现，导致我国整体产业的不景气，拉低了我国生产能力水平。因此，要促进各地企业间吸收、合并、联盟，并制定统一的标准进行约束，利用统一的品牌进行销售，不仅可以提高产业的集中度，还能够促进规模经济的市场结构发展。另外，我们既要借鉴国外先进技术和经验，又不能完全照搬，要发展自己优势，培养企业的核心竞争力。国家还要注重对创新能力的培养，无论是政策鼓励，还是资金支持，都要加大对人才和科技的扶持力度。

（2）加入跨国公司供应链体系

现阶段，国际经济形势是对生产分工高度分割，跨国公司尤为注重自己公司与外部供应链伙伴的合作关系，供应链的范围从单一公司扩展到整个价值链上的所有企业。如今，经济迅猛发展的形势下，外国跨国公司的供应链已经延伸到了我国，第三方物流也相继出现。这些都为我

国企业加入供应链创造了良好的前提条件。

（3）实施品牌化运营战略

品牌发展对于一个产业的发展有着重要的作用。现代企业越来越重视品牌发展，通过品牌反映其产品和其他企业产品之间的差异。我国产品质量已经不逊于发达国家的产品质量，然而由于缺乏自己特有的品牌及产品知名度和销售渠道，无法在国际贸易中获得应有的经济效益。因此，实施品牌化运营战略是提高我国产业内贸易水平的重要方式。在产品品牌化过程中，通过广告、包装和售后服务等方式，不仅可以提高产品的知名度，还可以增加产品的附加值。

（4）发展国内产业内贸易

面对激烈的市场竞争，我国要提高经济发展的效益，应先在国内实现产业内贸易，发展经济并提高科技水平，才能实现国际产业内贸易。在生产过程中，按照既定的标准，提高生产质量，优化制作工艺，可以在国内发展过程中进行垂直或水平产业贸易的发展，为日后国际贸易的发展提供宝贵经验，进而提高生产效应和消费效应。

与此同时，对于那些不能在国内生产或技术不过关的产品仍然需要进口。积极适度引进一些先进产品，不仅可以给国内同类产品的制造商带来竞争压力，还可以更好地引导国内消费结构和生产结构的调整与升级。特别是目前我国某些产业参与国际贸易活动较少，应抓住机遇，以国内产业内贸易为出发点，进行贸易方式的转变，为将来发展国际产业内贸易奠定基础，这也是发展规模经济的重要方式之一。

（5）实施产品差异化战略

通常情况下，垂直化与水平化的产品差异是由不同因素决定的。由于不同阶层的消费者收入存在较大的差异，可以从垂直结构上对产品的需求进行分层；而对于同等层次的产品，产品的出售完全归结于消费者的偏好。垂直化和水平化差异并不是针对国家经济水平的不同而划分的。不同经济水平的国家均存在贫富差距，即总有一部分人具有高消费的能力，因此产品的需求不会以国家为界限进行划分。由于我国企业所生产的产品差异化较小，产品价格低，且利润较低，因此我国应加强和扩大国际贸易差异化产品的生产。我国一方面与发达国家的国际贸易运作模式相似，另一方面却与发展中国家的贸易方式相同，双重特性决定了我国贸易水平的多层次性。产品差异化战略的实施将大幅提升我国的产品形象，可以产生较高产品价值，这是我国企业占领国际市场的重要战略之一。

（四）马克思主义国际贸易理论在中国的发展

1. 毛泽东关于对外贸易的思想

毛泽东对外开放思想是毛泽东在社会主义革命和社会主义建设年代关于对外开展交流与合作思想的总结，是毛泽东思想的重要组成部分。研究毛泽东对外开放思想对正确认识和评价我国的改革开放历程、深化对毛泽东思想的认识具有重要的意义。

在夺取全国政权之前，毛泽东就富有远见地提出，中国获得独立后要和外国进行经济、技术合作与引进外资，并努力争取把这一主张在解放区付诸实践。1936 年，陕北苏区还是白色海洋中的一个红色孤岛，毛泽东在和美国作家斯诺的谈话中就明确指出："当中国真正获得独立时，那么外国正当贸易利益就可享有比从前更多的机会。四亿五千万人民生产和消费的力量，不是一件能完全由中国人来管的事情，而必须要许多国家来参加。"我们"欢迎外国资本的投资"。

抗日战争爆发后，我党领导的解放区在一定程度上摆脱了与世界隔绝的状态，不少反法西斯国家的友好进步人士曾到延安等地访问、考察和参加抗日战争。毛泽东利用这一有利条件，努力发展解放区和外国之间的经济文化交往。1941 年 5 月 1 日，经毛泽东修改的《陕甘宁边区施政纲领》中规定："在尊重中国主权与遵守政府法令的原则下，允许任何外国人到边区游历、参加抗日工作或在边区开办实业等。"1944 年

8月18日，以毛泽东为首的党中央发出《关于外交工作的指示》，提出："在双方有利的原则下，我们欢迎外国投资与技术合作。"同年7—8月，毛泽东在和美军观察组成员谢伟思的谈话中说："在中国，工业化只能通过自由企业和在外国资本帮助之下才能做到。中国和美国的利益是相同和互相关联的。他们可以在经济上和政治上互相配合。我们可以而且必须合作。""我们并不害怕民主的美国影响，我们欢迎它"，并建议美国在延安建立领事馆。1945年1月9日，毛泽东在和美军观察组负责人包瑞德上校的谈话中提出，如果美国政府同意，他将和周恩来一起或单独访问美国。为了更好地了解外国、学习外国和培养外交人才，在毛泽东提议和支持下，中共中央于20世纪40年代初在延安成立了国际问题研究室、外文书籍编译部和外国语学院。在此前后，还聘请一些外国友好人士担任八路军的电讯、广播技术顾问；在新西兰友人路易·艾黎的支持帮助下，成立了延安工业合作事务所，以发展陕甘宁边区的军用工业和民用工业；聘请英国人乔治·何克在甘肃山丹创办培黎学校，培训工业技术人才，开了中国共产党和西方人士进行经济技术合作的先河。

辽沈、淮海、平津三大战役胜利结束后，中国革命已处于全国胜利的前夜，毛泽东即着手绘制新中国建设的蓝图。在对外关系方面，他主张在平等互利原则下和一切国家建立邦交和进行经济、文化交流。1949年2月，他和苏共中央代表米高扬会谈时就提到，我们不急于解决香港、澳门问题，"利用这两地的原来的地位，特别是香港，对我们发展海外关系、进出口贸易更为有利些"。为我国与西方国家进行贸易和友好交往留下了一个"中介所"。他在党的七届二中全会的报告中明确指出，"我们是愿意按照平等原则同一切国家建立外交关系的"，"我们必须尽可能地首先同社会主义国家和人民民主国家做生意，同时也要同资本主义国家做生意"。由他主持的中国人民政治协商会议第一届全体会议通过的实际上起着临时宪法作用的《共同纲领》中，把"内外交流"列为新中国的一项基本国策。

2. 邓小平社会主义市场经济和对外开放理论

(1) 邓小平与社会主义市场经济体制的建立

20 世纪 80 年代末 90 年代初，面对错综复杂的国际国内环境和改革开放的严峻形势，邓小平同志发表了著名的南方谈话。在谈话中，邓小平同志以伟大政治家的高瞻远瞩和非凡胆略，坚定地肯定了党的十一届三中全会制定的基本路线，有力地回击了对改革开放和发展社会主义市场经济的质疑。他说："计划多一点还是市场多一点，不是社会主义与资本主义的本质区别。计划经济不等于社会主义，资本主义也有计划；市场经济不等于资本主义，社会主义也有市场。计划和市场都是经济手段。社会主义的本质，是解放生产力，发展生产力，消灭剥削，消除两极分化，最终达到共同富裕。"

在社会主义市场经济经过十几年的摸索成长即将瓜熟蒂落却又因各种原因面临极大风险、大多数人思想迷茫、国内外局势错综复杂的关键时刻，邓小平同志坚定清醒，指明改革的方向，为党的十四大的召开创造了良好条件。1992 年 10 月，党的十四大明确提出我国经济体制改革的目标是建立社会主义市场经济体制。之后，党的十四届三中全会通过了《中共中央关于建立社会主义市场经济体制若干问题的决定》，进一步明确了社会主义市场经济体制改革的主要内容。

综观邓小平同志关于经济建设的论述与实践，回顾我国社会主义市场经济的建立和发展，可以体会到邓小平同志关于社会主义市场经济的理论精髓就是在社会主义条件下尊重并发挥市场经济的一般规律。其具体表现是：第一，尊重市场的主体地位。尊重市场的主体地位，是激发市场主体活力和创造力的前提。改革开放以来，农村家庭联产承包责任制、国有企业改革等尊重和恢复市场主体地位的改革，无不有力地促进了经济发展。第二，尊重市场主体的平等地位。只有市场主体处于平等地位，各类要素资源才能按照效率最大化原则在不同市场主体间流动，创造最大的社会财富。30 多年来，非公有制经济地位的不断提高及其发挥的重要作用，就是这方面的典型例证。第三，尊重并发挥价值规律的作用。价值规律是驱动市场经济优胜劣汰、促使市场主体不断创新，进而推动整个经济不断发展的基本规律。1978年12月，邓小平同志在党的十一届三中全会讲话提纲中写道：企业“自主权与国家计划的矛盾，主要从价值法则供求关系（产品质量）来调节”。第四，使市场经济有法治的保障。法治不仅保障市场主体的产权，而且使各类市场主体对纷繁复杂的市场交易有稳定的预期，保障市场经济健康有序发展。在我国社会主义市场经济探索和发展过程中，邓小平同志多次强调法治的重要性。

（2）邓小平对外开放思想的主要内容

邓小平对外开放思想的主要内容可以概括为以下几个方面：第一，建设经济特区的思想。邓小平指出，特区是个窗口，是技术的窗口、管理的窗口、知识的窗口，也是对外政策的窗口。第二，从沿海向内地逐步推进对外开放的思想，具体包括创办经济特区、开放沿海港口城市、建立沿海经济开放区、沿江和内陆地区全方位开放。第三，利用外资的思想。邓小平认为，利用外资是发展社会生产力的有力手段。搞社会主义，中心任务是发展社会生产力。第四，积极发展对外贸易和开展对外经济合作的思想。邓小平认为，生产力水平相对不发达的社会主义国家，应该吸收包括由资本主义创造的所有人类文明成果。资本主义已经有了几百年历史，各国人民在资本主义制度下所发展的科学和技术，所积累的各种有益的知识和经验，都是我们必须继承和学习的。第五，正确处理对外开放和独立自主、自力更生关系的思想。邓小平认为，实行对外开放，有利于增强独立自主、自力更生的能力，在对外开放过程中也必须坚持自力更生。

（3）邓小平对外开放思想的理论意义

第一，邓小平对外开放思想是中国特色社会主义理论的有机组成部分。邓小平有中国特色社会主义理论第一次比较系统地初步回答了在中国这样的经济文化比较落后的国家，如何建设社会主义、如何巩固和发展社会主义等一系列基本问题。在这一理论体系中，邓小平对外开放思想所回答的基本问题是：在建设有中国特色社会主义的新历史条件下，如何正确看待和利用外部经济条件。

第二，邓小平对外开放思想丰富和发展了马克思主义。邓小平强调，对外开放要与社会主义市场经济体制相结合，国家建设要利用两个市场、两种资源，走开放型经济发展道路。这些创新都是对马克思主义理论的重大历史贡献。

第三，邓小平对外开放思想为国家制定经济战略和方针政策提供了指导原则。就国家对外经济政策而言，正是由于邓小平在各种场合立场鲜明地表达了我国长期对外开放的决心，并阐述了我国对外开放的基本原则和要领，也正是由于邓小平将“坚持对外开放”作为党的基本路线的重要内容，才得以在国家管理的不同层次制定和贯彻对外开放的方针策略，才得以大刀阔斧、卓有成效地开展对外开放的实际工作。

第四，邓小平对外开放思想为中国对外开放理论不断发展构建了基础。党和国家在新时期提出的对外开放主张、战略和举措，既坚持了邓小平对外开放思想的基本原则、立场和方法，也与时俱进地将邓小平对外开放思想体系发展到一个新高度。在邓小平对外开放思想指导下，我国对外开放和经济社会发展都取得了长足进步。

3. 习近平“一带一路”倡议

习近平总书记统揽国内国际两个大局，高瞻远瞩、审时度势，提出共同建设“丝绸之路经济带”和“21 世纪海上丝绸之路”的重大倡议，适应了当今国际政治经济格局深刻变化和我国改革开放与经济社会发展的新形势，是实现中华民族伟大复兴中国梦的一项重大战略谋划。“一带一路”倡议规模宏大、地域跨度大、涉及领域广，引起了国内外广泛和高度关注。

“一带一路”建设横跨欧亚非，涉及沿线 60 多个国家、44 亿人口

（约占世界人口的 63%），是我国对外开放的大格局、大战略。“一带一路”建设是在现有双边、多边、次区域和区域合作机制框架基础上的整合优化升级，是推进沿线国家经济发展战略和经贸政策相互协调对接、优势互补、资源共享、互利共赢的合作平台。通过“一带一路”的建设，可进一步加强我国与沿线国家的合作与交流，带动沿线国家发展并辐射到其他国家和地区，有利于深化我国沿海地区开放和促进中西部地区开放发展，加快对国内资源、人才、要素与国外资源、人才、要素的充分开发和利用，实现国内市场与国外市场全面对接，进而全面提升我国对外开放水平，形成多元开放格局，打造出我国全方位对外开放的升级版。

“一带一路”倡议是实现中华民族伟大复兴中国梦的世纪工程。中国的发展离不开世界，“一带一路”倡议需要世界参与。古代丝绸之路秉持和平、开放、包容、互信、互利的精神，开创了中国与国际交流的渠道，成就了中华民族历史上的辉煌。在 21 世纪的今天，在实现中华民族伟大复兴的关键时期，实施“一带一路”倡议，通过不断注入新的时代内涵，开拓新的合作领域，将使古代丝绸之路成为中国与世界密切合作、互利共赢的新通道，为世界的和平与发展和中国的和平崛起发挥更大作用。

改革开放以来，我国经济社会发展取得了巨大的成就，成为世界制造大国、贸易大国和世界第二大经济体，综合国力、国际竞争力和国际影响力大幅提升。但是，国际金融危机爆发以来，国外市场需求持续低迷，经济复苏动力不足，世界局势动荡，各种不确定因素增加，大国之间的博弈激烈，全球经贸规则面临重构；国内劳动力等要素成本不断攀升，经济下行压力加大，改革进入攻坚期和深水区，体制机制弊端和深层次的矛盾与问题凸显，发展面临严峻的挑战。面对国内国外新形势，我国迫切需要加快全面深化改革。开放也是改革，深化对外开放和加快与国际市场对接，有助于推进新常态下我国经济转型升级，培育新的经济增长极。全面建成小康社会、实现“两个一百年”奋斗目标，需要进一步改革开放。通过实施“一带一路”倡议，实现我国与国外的互联互通，有利于统筹国际国内两个大局、打通国内国外两大市场、利用国内国外两大资源，有利于培育我国对外开放新优势，有利于增强我国经济发展新动力，有利于应对来自国内外的新挑战，对我国未来发展将产生重大而深远的影响。

“一带一路”倡议是国际合作模式的重大创新。习近平总书记指出，“一带一路”是互利共赢之路，强调相关各国要打造互利共赢的“利益共同体”和共同发展繁荣的“命运共同体”。“一带一路”倡议不是单向的对外输出，而是本着“亲诚惠容”的精神，坚持共商、共建、共享原则，通过推进政策沟通、道路联通、贸易畅通、货币流通、民心相通，与沿线国家携手推动更大区域、更高水平、更深层次的大开放、大交流、大融合，合力打造平等互利、合作共赢、共同发展的大平台，是对国际合作理念与合作模式的重大创新。

习近平主席在博鳌亚洲论坛 2015 年年会上提出，“一带一路”建设“不是中国一家的独奏，而是沿线国家的合唱”。因此，“一带一路”倡议不是中国的“独角戏”，是沿线国家及更多国家和地区共同参与的合作战略。建设“一带一路”需要取得相关国家的认同和支持，通过国家层面政策的对接，实现互联互通、优势互补、共同参与、合作推进。“一带一路”倡议既是中国发展的需要，也是沿线国家发展的需要，是实现共同发展的互惠战略。正如习近平主席所指出的，“一带一路”建设不是空洞的口号，而是看得见、摸得着的实际举措，将给地区国家带来实实在在的利益。中国经济 30 多年来的快速发展，已成为驱动世界经济发展的重要引擎，通过共同建设“一带一路”，形成利益共同体，使沿线国家能够搭上中国经济发展的快车，分享中国经济发展的红利，从而推动本国和地区经济的发展，达到互利共赢、共同发展的目的。“一带一路”倡议是增进与沿线国家相互理解、尊重、互信、合作，实现长期友好的包容战略。“一带一路”沿线是世界上经济发展水平差距最大、国家类型多样、多民族与多宗教聚集区域。实施“一带一路”倡议，有助于加强人民友好往来，增进相互了解，能交流互鉴，深化友谊。

“一带一路”倡议顺应了时代要求和各国加快发展的愿望，共同建设“一带一路”，使中国的发展与相关国家和地区的发展紧密联系起来，形成共同繁荣的“命运共同体”，有助于推动地区和世界的繁荣、稳定、和平与发展。

三、在实践中创新中国特色经贸投资理论

（一）中国特色社会主义对外开放的发展历程

中国特色社会主义对外开放经历了三个阶段：探索阶段（1948—1977 年）、全面开放阶段（1978—2000 年）和深化开放阶段（2001—2012 年）。通过改革开放，我国比较全面、整体、深入地融入了世界经贸领域和体制。

我国通过对外开放融入世界经济，对社会主义事业大发展起到了极为重要的作用。它极大地调动了中国人民的积极性，使我国成功地实现了从高度集中的计划经济体制转变为充满活力的社会主义市场经济体制，实现了从封闭半封闭到全方位开放的伟大历史转折；开放理念、规则意识、社会责任观念逐步加强；极大地利用了这段时期内经济全球化的机遇，使我们这样一个人口众多的发展中国家以世界上少有的速度持续快速地发展起来，经济实力和综合国力不断增强，基础建设和城乡面貌发生了巨大变化，人民生活总体上达到小康水平；中国日益成为国际经贸舞台上的重要角色，国际地位和影响力显著提高，巍然屹立于世界东方。

（二）构建中国特色社会主义国际经贸理论的必要性

1. 中国对外经贸关系中的重大问题

在中国改革开放、经济与贸易取得举世瞩目的成就的同时，我国在对外经贸领域中也出现了一些需要关注的重大问题，需要在经济贸易的发展过程中从建设具有中国特色社会主义国际经贸理论的角度进行全面和深入的研究。

这些问题包括：①世界市场对我国的影响加大。我国在加大接受经济全球化正传递的同时，负传递的作用也在加大。世界市场不稳定态势日益影响着我国经济的发展。②我国对外经贸发展不稳定。我国对外贸易发展速度经历了中速、高速到中高速的历程，近期因外部因素出现增速放缓。③我国总体贸易结构失衡。服务贸易在我国整体对外贸易中的比重虽有提高，但一直低于 10%，即低于世界平均水平，甚至低于发展中国家水平。④主要依靠数量扩大对外贸易。我国货物价格贸易条件指数与购买力（价格与数量）条件指数呈逆向发展，前者不断降低，后者大大提高。⑤贸易争端不断增多。在世界贸易组织中，我国成为遭受贸易摩擦伤害的主要成员，在国际经贸组织中话语权不强。⑥在国际分工中处于半外围地位。我国在国际分工中尚未进入中心国家，在全球生产价值链中处于低端位置。⑦我国贸易依存度过高。我国对外贸易依存度远远高于美、日等发达国家，表明中国国内市场尚不发达。⑧我国贸易综合竞争力不强。我国成为世界市场中的发达国家和新型国家的主要竞争对手，但综合竞争力不强。⑨国际经贸意识不强。开放理念、规则意识、社会责任观念、大国责任承担等存在程度不同的薄弱情况。⑩尚未形成比较完整的经贸理论体系。改革开放以来，我国的大量国际经贸实践尚未认真总结和上升到理论层面，导致预见性不足，科学发展不够。

2. 影响未来国际贸易发展的重要问题

（1）世界各国贸易本身发展的基础

世界上每个国家或地区的对外贸易均有其赖以生存和发展的基础与因素，主要包括：技术创新、获取和普及，人口数量和构成，投资基础与环境改善，对能源或自然资源枯竭的应对与高效率使用，运输系统的流畅与成本降低，机制和政策的良好融合，以及国内外市场的统一和全球经贸问题的治理等。

（2）国际经贸环境的改善与恶化

国际金融危机的深远影响、世界经济增长不稳定不确定因素增多、全球发展不平衡加剧，导致各种隐蔽性的贸易保护主义增多、地区主义增强、多哈回合久拖不决，对以世界贸易组织为基础的多边贸易体制构成严重挑战。此外，世界局部地区动荡频繁发生，气候环境恶化，粮食安全、能源资源安全、网络安全等全球性问题更加突出。

（3）中国的发展态势对国际贸易的发展作用日益重要

随着中国经济规模与对外贸易的不断发展和快速增长，中国经济的发展在世界经济与贸易中的地位越来越重要，中国对支持和促进国际贸易发展的积极作用也日益显现，无论是出于中国自身经济贸易发展的需要，还是来自世界贸易发展的需要，均要求中国在国际贸易有效增长、全球经贸治理与规则以及经贸理论等方面发挥更加突出和积极的作用。

为此，应重点在以下三个方面做出努力：第一，把国内改革与世界经贸持续发展有机结合起来；第二，与美国、欧盟和日本等经济体合作制定新的全球经贸治理规则，推动以规则为基础的国际经贸秩序建设，为世界营造更加开放、稳定的经贸环境；第三，探索和研究中国特色社会主义国际经贸理论，以指导我国应对出现的机遇和挑战，引导世界经贸的良性发展。

（三）当前国际经贸规则变革的基本态势及其影响

1. 区域经贸规则先行日益明显，使针对新兴国家的壁垒重新增多

虽然在三大国际经济组织的影响下，全球多边协调机制是当前国际经贸规则重塑的主要选择之一，但在多边框架下的国际经贸规则制定过程却显得动力不足。尤其在国际贸易领域，WTO 多哈回合谈判进展缓慢，促使美欧等国家开始大力推进区域贸易协定谈判，如美国与欧盟积极开展的“跨大西洋贸易与投资伙伴协定”（TTIP）谈判、俄罗斯在中亚地区实施欧亚经济联盟战略等，区域经贸规则先于全球经贸规则制定的趋势十分明显，直接导致全球内向型经济发展迅猛。在此趋势下，包括中国在内的新兴国家面对的经贸壁垒和不利规则日益增多，如果不联合更多国家制定适合自己需求的区域经贸规则，新兴国家将会在国际经贸规则协调中被“边缘化”。因此，新兴国家急需加强区域经济合作参与全球经贸规则重塑，打破美欧等区域规则限制，而“一带一路”倡议的提出和迅速发展恰好满足了这一需求。

2. 区域经贸规则的高标准化，使新兴国家的实际利益受损

21 世纪以来，在以 WTO 货物贸易、服务贸易、与贸易有关的投资和知识产权协定为基础的多边治理机制影响下，全球自由贸易虽有进展，但相比发达国家的预期仍较为缓慢。而且其重视发展中国家开放国内市场的实际困难、允许适度保护的贸易规则有利于新兴国家利益，使美欧等国的高标准贸易规则难以在全球加速推行，这些导致美欧等国家正逐步放弃 WTO 多边机制。尤其在美国新总统特朗普上台后，向各国和地区强力推行美国高标准和高质量经贸规则，成为美国重塑国际经贸规则的主要目标，而区域贸易协定成为美国推行其高标准规则的主要方式。例如，虽然 2017 年美国退出了“跨太平洋伙伴关系协定”（TPP），但特朗普政府在最新的北美自由贸易区谈判中，要求加拿大和墨西哥仍

遵守其在TPP中对高标准贸易规则的承诺。美欧等国将规则重塑向高标准和高质量偏离的行为，使原有的WTO多边贸易规则逐步被区域经贸协议“腐蚀”，并使以“金砖五国”为代表的新兴国家因其承受规则能力低而在规则重塑中被“边缘化”，导致实际利益受损。因此新兴国家需要构建适合自身能力要求的区域经贸协议，而“一带一路”倡议以其开放、包容、互利共赢和兼顾各方实际的特点，成为新兴国家重塑区域经贸规则和参与全球经贸规则谈判的重要支撑。

3. 规则重塑向金融领域偏移，使新兴国家金融发展劣势进一步突出

在贸易规则重塑竞争的同时，发达国家与新兴国家在金融和投资领域规则上的竞争也日益明显。美欧等国一直十分重视在金融和投资领域占据规则制定的主导权。一方面，美国通过控制国际货币基金组织（IMF）和世界银行（World Bank，WB）的投票权，牢牢地掌控全球金融规则的制定权和重大金融事务的决策权。最突出表现在美国通过控制IMF的15%投票权，利用“重大金融决策应由85%以上的多数同意才能通过”的投票规则，使包括拥有第二大投票权的中国在内的新兴国家难以真正影响国际金融规则修订。另一方面，在投资领域美国也力求通过双边投资协定方式推行其高标准规则。如在中美双边投资协定谈判、美欧双边投资协定谈判中，美国就利用其负面清单准入规则，要求实施对外来投资者的高标准保护，提升各国在投资和服务领域的准入水平。对金融和投资领域的规则控制，使新兴国家金融劣势日趋明显，利益分配不均日益严重。为了增加新兴国家的实际金融获益，“金砖五国”成立了金砖国家开发银行，并在IMF和WB的金融决策中以一个声音回应，中国更是通过“一带一路”倡议设立丝路基金，联合新兴国家共同成立亚洲基础设施投资银行。这些措施都对增加新兴国家的话语权和谈判力产生重大意义和深远影响。

4. 规则重塑向非传统领域不断拓展，使新兴国家国内压力倍增

虽然 2017 年美国退出了 TPP，但从其主导的经贸规则修订过程看，知识产权、竞争和劳工标准等非传统领域的规则谈判一直是其关注的焦点。尤其是近年来国有企业议题、电子商务、竞争力和供应链问题、中小企业生存及规则一致等边境内议题，已成为发达国家重塑国际经贸规则的新重点。但由于在这些非传统议题上，各国还未形成统一标准和跨部门规则，而新兴国家在这些领域的发展水平相对偏低，难以承受高标准的规则限制，使国家间极易爆发国际经贸争端，一定程度上降低了新兴国家参与发达国家发起的区域经贸协定的意愿。

（四）中国特色社会主义国际经贸理论体系的内容

1. 中国特色社会主义国际经贸的产生与作用

世界历史证明，对外贸易的扩大是资本主义生产方式建立的前提，随着资本主义生产方式的确立与发展，对外贸易又成为资本主义的结果。对外贸易与中国特色社会主义生产方式的关系是什么？中国特色社会主义不是马克思、恩格斯预见的社会主义，也不是列宁创建或斯大林建设的社会主义，它是新中国成立后社会主义的继承与发展，面临的是冷战末期和冷战结束后，得到强化的资本主义体系。如何与资本主义体系建立合作共处的关系，成为中国特色社会主义的发展关键。中国特色社会主义根本特点是改革开放，经济体制从计划经济体制转变为社会主义市场经济体制，从比较封闭转变为对外开放，与已有资本主义企业、经济贸易金融体制进行全面接触、共存，在合作竞争中谋求发展与壮大，以赢得社会主义的优势。中国作为大国必须建立全面和整体的经济结构，与世界经贸体系发生全面的接触和交往，并逐步全面参与全球经贸治理。

因此，国际经贸关系的确立与发展成为中国特色社会主义形成的基础之一；同时随着中国特色社会主义的发展和壮大，国际经贸关系又成

为它的产物。由于意识形态、政治国体和经济体制上的差异，中国在建立和发展国际经贸关系过程中，与已有的国际经贸体制产生密切关系的同时，将伴随着各种纠结、摩擦和冲突。二者对立统一关系的妥善处理关系到中国特色社会主义的发展和壮大，需要从已有理论高度和中国对外开放实践来探索它们之间的辩证关系。

2. 中国特色社会主义国家对外经济关系职能

在资本主义生产方式下，国家的对外经贸关系职能与机制不断加强。其职能主要有：确定和实施对外贸易政策、开拓殖民地、发动商业战争、进行奴隶贸易、签订国际贸易条约、确定国际货币、建立商业信用、鼓励和限制资本输出、支持企业进行市场开拓、维护和垄断市场、化解经济危机等。第一次世界大战和第二次世界大战后，敌视、围堵、阻截、瓦解社会主义国家和“社会主义阵营”成为资本主义国家对外职能的重要部分。新中国成立后，遭遇以美国为首的发达国家通过单边、多边和巴黎统筹委员会等机构的封锁、禁运。冷战结束后，随着全球经济一体化大潮的涌起和中国特色社会主义的建立，它们一方面鼓励资本进入中国，把中国纳入以它们为主的国际经贸体系；另一方面加强与中国的竞争，对中国设立公开和隐蔽的贸易壁垒，管制高科技产品对中国的出口。在此背景下，建立反映中国特色社会主义国家的对外经贸关系职能，建立相应的国家机制，需要构建开放型经济新体制运作的理论。

3. 中国特色社会主义国际经贸政策与措施

资本主义对外经贸政策与理论大致分为自由、保护和混合三种。第二次世界大战后，随着经济全球化发展，自由贸易政策和理论成为主流。在发展不平衡规律作用下，贸易保护主义政策与理论仍然存在且向纵深发展。经济周期、经济全球化和竞争力的变化成为各国制定贸易政策和理论演化的重要依据。苏联和改革开放前的新中国根据当时世情和国情，采取国家统制下的保护贸易政策，实施国际贸易政策的措施因领域不同而有所差异。货物贸易领域的政策措施主要是关税和非关税，贸易自由和保护的区别是上述措施的少与多。服务业领域的政策措施主要是控股权、经营管理权和国民待遇的给予，贸易自由与保护的区别在于三个方面的让出程度。知识产权领域的措施是加强保护和防止保护的滥用。

我国改革开放以后，在经济自主体制基础上，建立起社会主义市场经济体制，逐步摒弃保护贸易政策走向自由贸易政策。中国加入世界贸易组织后，确立了与世界贸易组织相符的自由贸易型政策，其结果是使我国的比较优势得到发挥，激发了市场活力，加速了现代化企业的建立，利用外资能力大大提高，法规意识得到加强，社会福利提高，促进了国内改革。但同时，也带来一些负面影响，如贸易依存度过高、易受国外市场影响、生态环境恶化、出现自由贸易理想化和不要或弱化政府管理的思想。我国是个发展中大国，面对的是发达国家非纯粹的自由贸易政策和世界贸易组织的节制性自由贸易。因此，我国应根据发展的战略和趋势，建立具有中国特色的自由贸易政策或协调管理型的自由贸易政策。

4. 中国特色社会主义国际分工的构成与利益

国际分工是国际贸易的基础，国际贸易决定分工的实现。名副其实的国际分工出现在资本主义生产方式中，它依靠殖民统治、商业战争、先进生产力和交通运输的发展建立起来。在资本主义生产方式纵深发展的基础上形成世界性分工。国际分工形式决定产品的生产类型，分工格局决定着国际分工中的地位和利益多寡。当今国际贸易中，国际分工形式大致有垂直型、水平型、混合型和网络型。分工格局分为中心、外围和介中三个层次。发达资本主义国家一直处于国际分工的中心，发展中国家一直处于国际分工的外围，新兴工业化国家处于中心与外围的介中。分工格局的不同，决定了发展中国家和新兴工业化国家来自分工的利益少于发达国家。随着跨国公司的发展，形成了产品价值链，出现了产业内部与国家交融的世界分工。在国际分工的形成与发展中，出现了国际分工学说，如地域分工说、比较成本说、要素禀赋说、竞争优势说、自然社会混合说、马克思主义生产方式说等。当今世界，产业价值链的构成、服务贸易的扩大、特殊贸易优惠协定加大了对国际分工形式和格局的影响。

改革开放前，我国参与国际分工的形式是垂直型，在国际分工格局中处于外围。改革开放后，我国参与国际分工形式从垂直型向混合型和水平型发展，分工格局从外围向中心国家迈进，开始构筑中国式的世界分工。在分工学说中，从拒绝比较成本说到接受其“合理内核”，以要素禀赋说划分贸易商品，以竞争优势说形成参与国际分工的竞争力，对马克思主义国际分工说从片面理解到整体运用。当前，我国应在上述理论和参与国际分工实践的基础上，构建中国特色社会主义的国际分工模式与理论。

5. 中国特色社会主义对世界市场的开拓与维护

在国家存在前提下，市场分为国内市场和世界市场。各国和企业在世界市场上的地位取决于该国经济实力和企业竞争能力、地缘优势和开拓本领。迄今为止，发达国家一直居于世界市场主导地位，发展中国家居于次要地位。其原因是：发达国家以殖民统治和价值规律作用居于国际分工的中心地位，国内市场发育程度高，企业和商品竞争能力强，通过分工和投资建立起稳定和垄断的生产和销售渠道，能够充分利用价值规律，有比较健全的经贸法规，善于整体营销和维护。

在中国特色社会主义的建立与发展中，通过以下途径开拓世界市场：以社会主义市场经济体制与世界市场经济体制对接；确立两个市场衔接、利用两种资源，学会两套本领的战略；通过外向型经济和开放型经济体系，实现国内外市场有机结合；通过“引进来”积极大胆利用外资，大力发展加工贸易；通过“走出去”扩大对外投资，构建中国在世界市场的生产、资源、销售网络；通过优惠贸易协定构建地区性经济合作组织，扩大地区市场和进入世界市场；在经济特区基础上扩大地域开放，最后加入世界贸易组织，进行整体和全面的对外开放，构筑市场便利化的经贸法规体系。

6. 中国特色社会主义国际金融体制的确立与运行

20 世纪 90 年代以来，各国国内金融日益开放，它们相互影响、相互促进，逐步形成一个以全球金融一体化、自由化为标志的国际金融市场，为各国和世界经济发展带来许多积极效应。

第一，有利于国际资本的流入。弥补国内资金缺口，使国内企业能够以更加灵活的方式和渠道筹资和融资。第二，有利于缩小各国金融市场的时空距离，降低国际借贷资金的成本。第三，有利于引进现代化金融技术工具和金融产品，促使东道国国内金融行业改进经营管理，提高服务质量，加快金融创新。第四，有利于增加外汇收入和外汇储备。第五，有利于调节东道国的国际收支，稳定国际经济金融秩序。

与此同时，国际金融市场的形成也带来一些负面影响。首先，给各国央行实施货币政策带来困难，削弱货币政策的自主性，降低各国金融货币政策的效果。其次，增强国际资本的流动性，容易形成金融经济与实体经济的分离，加剧资产价格过度波动，加大市场风险，增加国际金融体系不稳定性，导致金融事件频发。最后，拓宽“传导”渠道，容易产生“多米诺骨牌”效应。改革开放以来，我国金融在调节经济运行和服务社会方面的作用显著增强，金融体制改革也取得了突破性的进展。

随着中国经济的崛起，外汇储备增加，人民币开始走向国际化。但我国的金融体制尚不健全，应对国际金融危机能力不强。为了加大金融对我国经济发展的积极效应，化解国际金融危机的负面作用，加快人民币国际化，我国亟须根据本国国情，依据新型国际金融市场的形成，探索金融发展规律，确立具有中国特色的国际金融理论。

7. 中国特色社会主义对外直接投资和跨国公司运行机制

20世纪80年代以来，随着经济全球化的加速，国际资本流动大大加强，其中直接投资与间接投资均在增长。对外直接投资直接带来跨国转移影响，包括货币资本、设备、技术、原材料、组织、管理和人员的转移。在对外直接投资中，跨国公司成为主体，影响巨大。首先，它们促进了东道国的经济发展，构建起全球产业价值链，促进全球范围内资源的有效配置，加强了世界各国间的经贸联系和相互依存，促进了经济全球化的深入发展。其次，它们逐渐控制了东道国的市场。跨国公司为了实现利润最大化，尽其所能扩大市场，以获取更多资源、控制当地经济、垄断市场和科技成果，进行价格转移和“避税”，干预东道国的决策等。最后，对母国产生双重作用。一方面，可以推动本国产业优化，推行本国价值观，提高软实力；另一方面，也会导致产业空心化，减少就业机会。

改革开放以来，我国成为全球利用外资的第二大国家，成为跨国公司看重的投资地，对我国的经济发展起了巨大促进作用，但也带来了一些负面影响。伴随着跨国公司的发展，出现了涉及跨国公司的发展、规范和责任的理论，如垄断优势理论、内部化理论、国际生产折衷理论、战略联盟理论、社会责任理论和产业价值链理论。改革开放以来，我国在利用外资的同时，也逐步加大对国外的直接投资，已成为第三大对外投资国，对外投资与货物贸易一同成为我国对外经贸关系的支柱，但在规模、管理、战略方面与世界知名跨国公司仍有显著差距。为使我国“走出去”的企业从跨国经营企业发展成为具有中国特色的跨国公司，我国亟须把已有跨国公司理论与中国跨国企业经营实践密切结合，吸收西方跨国公司的优点，剔除其缺点，构建中国特色社会主义对外投资和跨国公司理论。

8. 中国特色社会主义与国际经贸法规和国际经贸组织的关系

随着国家间经贸往来的扩大与深化，出现了国际经贸法规和国际经贸组织，它们成为贸易国家经贸权益的维护和保障机制。第二次世界大战后，这些法规和组织逐渐向纵深发展。第一，以主权国家为主体的世界性经贸法规和国际经贸组织有世界复兴与开发银行、国际货币基金组织、关贸总协定及后来的世界贸易组织等，仅世界贸易组织负责实施管理的贸易协定与协议就有近 30 个。第二，以主权国家和地区为主体组成的地区性经贸法规和经贸组织众多。截至 2013 年 7 月 1 日，向世界贸易组织通报的地区优惠贸易协议已达 575 个，其中生效的有 397 个，其中 70% 是近 10 年出现的。第三，还有众多与经贸活动有关的行业规则，如认证和标准化。第四，非政府组织通过游说、论坛和舆论影响政府间经贸协议及其实施。通常，发达国家是国际经贸法规的谋划者和制定者，是国际经贸组织的发起者和主导者；而发展中国家处于接受和参与者的地位，国际贸易谈判权与话语权都比较低微。随着新兴国家的兴起，上述情况有所改观，但未出现实质变化。

改革开放以来，我国参加了全部世界性经贸金融组织，逐步参与和构建地区性经济合作组织，接受和参加重要的认证和标准化组织，与国际非政府组织进行交往，国内有关法规逐步与其趋同和合规，国内也组建了非政府组织。已有国际组织和法规有其先进的一面，也有落后和滞后于世界经贸发展的一面。我国应在继承和保留已有国际组织和法规先进方面的同时，摒弃其不合理和落后的方面，确立中国特色国际经贸组织和法规理论体系。

9. 中国特色社会主义国际经贸关系中的双向传递机制

20 世纪 80 年代以来，经济全球化加速发展。当代经济全球化的表现形式是贸易、生产、金融、投资活动全球化，企业作用全球化，消费活动和经贸文化全球化，其结果是世界各国相互依存性增强，经济周期活动的传递效应增强。把经济发展传播到他国，称为正传递；把经济衰退或危机传播到他国，称为负传递。

当代国际传递具有以下特点：第一，发达国家是两种传递的发源地。一方面，它们通过广泛的贸易活动、国际分工网络、世界范围的金融和投资活动把其经济繁荣和高涨传递和扩散到发展中国家，促进了发展中国家的经济发展；另一方面，发达国家在出现经济衰退和危机时，也会通过上述渠道将其传播到发展中国家。第二，随着经济全球化的深化和新兴国家的出现，发展中国家向发达国家的反向传递开始出现。第三，金融传递作用加大。2008 年的美国金融危机急速传导至全世界，至今尚未完全恢复。第四，不受管理的正传递可能演变为负传递，如通过贸易输出垃圾、伤害生态的物种、不良社会文化等。我国在改革开放以前，通过市场隔绝和经贸垄断，遏制国际负传递，同时抑制了正传递。改革开放以后，随着社会主义市场经济体制确立和垄断破除，扩大了接收传递的能力和渠道，激发了市场活力，促进了中国经贸的高速发展；同时负传递也在加大，导致经济的波动性和不稳定性加大，生态环境恶化，形成不良的社会风气。为此，我国应根据中国特色社会主义构建的目标，确立接受正传递、抑制和化解负传递的灵活高效的应对机制和理论。

10. 中国特色社会主义如何参与全球经贸问题的治理

20 世纪 80 年代以后，在中国特色社会主义发展的同时，经济全球化大潮涌起，新兴国家和中国开始崛起，世界经济结构发生重大变化。一方面，各国经济相互依存程度加强，形成“地球村”；另一方面，矛盾和斗争复杂化。进入 21 世纪后，出现了严重的国际金融危机，导致全球贸易失衡、新贸易保护主义兴起、世界贸易组织多哈回合久拖不决、地区主义大行其道、国际货币基金组织作用令人失望。

与此同时，出现了困扰世界经贸可持续发展的问题，如环境恶化、气候变暖、碳排放量增多、资源枯竭、贫困加剧、粮食短缺等。这些涉及经贸发展的国际性问题，一个国家、一个集团和已有国际经贸组织难以独立进行治理，必须全球联合起来共同治理。但它遇到几大难题：首先，谁来参与治理？随着经济全球化的发展，参与全球经济活动的角色增多，除去已有的国际经贸组织，还有各国政府、国际企业和非政府组织。它们本身代表的利益层面不同，诉求也不一致。它们在全球经贸问题治理中，地位如何确定？其次，权益如何协调？世界各国进行对外经贸活动，其出发点都是维护本国利益和争取更大利益。加上经济发展阶段不同，国家大小不一，所以协调好各国核心利益及主权让渡，寻找到全球治理共同利益的交汇点并不容易。最后，治理怎样进行？全球经贸治理必须确定一定的、大家可以接受的共同规则，规章制定本身就是一个重大难题。

改革开放以后，随着综合国力的提升，我国在国际经贸治理中的话语权和影响力不断加大，各方在重大国际和地区问题上更加关注中国的立场，更加注重对我国的借重和合作。同时，我国被加速推向国际事务前台，一些发达国家在全球经贸再平衡、应对气候变化、人民币汇率、知识产权保护、市场开放等方面对我国要求越来越高，一些发展中国家对我国的期望越来越多。我国仍处在并将长期处于社会主义初级阶段的基本国情没变，作为世界最大发展中国家的国际地位未变。外界认知同我国实际情况的落差给我国参与全球经贸治理带来复杂的影响。作为崛起的中国，参与全球经贸治理责无旁贷，要有所作为，同时也亟须依据世情和国情，探索具有中国特色的参与全球经贸治理的理论。

（五）“一带一路”倡议与国际经贸规则创新

1. “一带一路”倡议对中国参与国际经贸规则重塑的重要性

2015 年 3 月 28 日，中国正式发布《推动共建丝绸之路经济带和 21 世纪海上丝绸之路的愿景与行动》。“一带一路”倡议的提出，是中国面临新的国际经贸规则重塑形势的现实选择，它为中国对外经贸交往提供了更多合作伙伴，也为增强中国对外经济影响力创造了可能，更为参与重塑适合中国利益的国际经贸规则提供了具体路径，对中国未来参与全球经济治理、改善现有国际经贸规则具有十分重要的战略意义。

（1）“一带一路”倡议是提升中国在全球经济治理体系中地位的关键路径

2010 年以来，受国际金融危机的影响，发达国家在全球经济格局中的作用逐步下降，以“金砖五国”为代表的新兴国家在全球经济中的影响力不断上升。原有发达国家经济集团（如 G7 与 OECD）在全球治理框架中的主导地位逐步被由发达国家和新兴国家组成的二十国集团（G20）取代，中国在全球经济治理中的地位和影响力也随之日益上升。“一带一路”倡议提出的“亲、诚、惠、容”区域合作新理念能够将更多的国家联合起来，满足当前新兴国家参与变革现有全球治理机制的利益需求，缩小发达国家与新兴国家的经济差距，逐步实现全球经济再平衡。

（2）“一带一路”倡议为中国主动弥补现有经贸规则不足提供了有效机制

现有的国际经贸规则重塑本质上仍是由发达国家主导，主要为其政治和经济利益服务。“一带一路”倡议的实施，通过中蒙俄经济走廊、中印缅经济走廊等建设，吸引更多国家自愿参与和主动进行经济融合，帮助其掌握对外经贸合作的主控权，制定适合新兴国家利益需求的区域性经贸规则。同时在国际金融领域，“一带一路”倡议设立的亚洲基础设施投资银行和丝路基金，在基础设施建设和互联互通资金支持机制、亚投行投票权机制和业务运营机制上的创新，可以作为 IMF 和 WB 等现有国际金融机制的有效“补充”，使新兴国家有能力主动迎接发达国家主导的金融规则修订的挑战。

（3）“一带一路”倡议是中国协调与沿线国家规则冲突的重要载体

“一带一路”地区是一个多宗教、多民族和多政党聚集的地区，许多国家的投资和贸易保护法规与中国并不一致，规则机制化建设也相对滞后。尤其是“一带一路”沿线许多国家的法律制度仍有大量空白，加大了区域内的投资风险。因此中国要参与重塑经贸规则，首先需要实现自身与“一带一路”沿线国家的规则设计的协调和统一。目前在“一带一路”倡议推动下，中国已经与包括东盟和中亚国家在内的许多国家进行了区域贸易协定（RTA）谈判。

（4）“一带一路”倡议是中国争取国际争端解决规则修订主导权的现实手段

在WTO自由贸易框架下，争端解决机制是处理国家间贸易冲突的重要规则。然而随着区域贸易协定影响的提升，争端解决机制的效用不断降低，区域贸易规则也开始逐步凌驾于WTO全球贸易规则之上，WTO争端解决机制面临高标准区域贸易协定的挑战。为了在争端解决规则修订中占据主动，中国需要通过“一带一路”倡议加强地区合作和规则协调。一方面，强化“一带一路”沿线国家内部的争端解决机制协调，如中国推进“一带一路”倡议势必在中亚地区与传统大国俄罗斯发生利益交叉，然而中俄两国至今没有达成任何区域一体化协定，相互间的争端解决机制差异显著存在。这就需要加强与俄罗斯在争端解决机制方面的对接、沟通和协调。另一方面，“一带一路”倡议可以增强中国在与欧盟、北美自由贸易区及未来的TTIP协定的规则谈判中的话语权，最终通过集体力量获取在国际争端解决机制重塑中的主动权和影响力。

2. 以“一带一路”倡议参与国际经贸规则重塑的难点与重点

在TTIP等区域贸易协定谈判推动下，国际经贸规则的高标准和高质量重塑进程已经开始。为了维护新兴国家利益，避免被排除在新的国际经贸规则之外，中国需要以“一带一路”倡议实施为契机，在沿线地区重塑符合中国利益并兼顾各方利益的经贸规则。但目前在“一带一路”倡议下推进规则重塑仍存在一些难点，需要有重点地进行“一带一路”范围内的经贸规则重塑。

（1）以“一带一路”倡议参与国际经贸规则重塑的主要难点

在美欧主导的现行国际经贸规则下，中国承受了来自美欧等国的不公平待遇及其利用国际规则进行的打压，经贸规则的内外差异是中国与美欧等发生争端的重要原因。而在“一带一路”倡议下，中国如何与其他国家公平、公正、合理地统一内部经贸规则，吸引更多国家修改和遵守统一规则，进而参与全球经贸规则重塑，是当前的首要难点。尤其是在与“一带一路”沿线小国的规则制定协调中，包括中国在内的各方均需做到规则重塑的公平合理，充分考虑中国自身及各新兴国家的经济发展实际和利益需求，兼蓄包容，使更多国家愿意参与“一带一路”倡议下的国际规则修订和制度安排。

同时，“一带一路”倡议不仅需要协调中国与沿线小国在宗教、民族、文化、制度、政治和经济发展模式等方面的不同而带来的规则争议，更需要与其背后大国进行规则谈判和制度协调。尤其需要中国与在中亚和印度洋地区有传统影响力的俄罗斯和印度等国，加强制度性磋商。原有经贸规则和标准的改变，势必需要受影响大国为之付出巨大经济成本，并需要其对国内政治和法律规则进行适当调整，这将极大抑制各大国参与规则修订的积极性。因此，协调大国参与区域内经贸规则统一是中国推进规则重塑的第二个难点。最后，中国在具体规则修订中需要为语言等关系专用性投资付出巨额交易成本。长期以来，对唯一超级大国——美国的过度重视，使中国对英语的重视程度远超过世界其他国家语言，导致对“一带一路”沿线国家官方语言学习和认知水平相对偏低，进而对其国内法律和已有规则的直接认知偏少，极易导致双方对是否违反国际规则产生认识差异。同时，近年来汉语在对外传播时更多集中于英语类国家，而在“一带一路”沿线国家的传播明显偏少，如根据国家汉办对孔子学院在国外设立情况的统计，截至2015年中国仅在美国就建立了109所孔子学院，远超在俄罗斯设立的孔子学院总数（17所）。这进一步加剧了中国与“一带一路”沿线国家的人文交流困难，需要中国在“一带一路”倡议实施时为语言交流投入大量成本。此外，在“一带一路”域内规则重塑中，还需大量专业人才对沿线国家的法律和规则进行研究及开展协调机构的日常管理，这也需要中国付出巨大代价。

(2) 以“一带一路”倡议参与国际经贸规则重塑的重心

“一带一路”倡议对中国参与国际经贸规则重塑具有重要现实意义，但为了避免与发达国家组成的区域经济组织出现对抗，中国需要选择重点领域进行域内规则修订，而非对规则进行全面重塑。首先，应实现“一带一路”沿线国家的某些领域的域内规则统一，再以“一带一路”地区为集体一致对外，共同参与全球经贸规则重塑。“一带一路”建设相关国家多数是发展中国家，其承受外部经济冲击能力普遍较弱，国内受宗教和民族因素影响较深，法律建设相对落后且与中国差异较大，这些极易造成“一带一路”沿线国家国内法与国际法冲突，最终影响中国与“一带一路”国家的可持续经济往来。目前需重点建立“一带一路”国家间统一规则争端仲裁机构，根据新兴国家实际签订国家间统一的仲裁协定，确定统一的争端解决机制及规则，逐步实现“一带一路”内部经贸规则的相对统一。

其次，在“一带一路”倡议下实现区域内货物贸易和金融规则的率先统一。在当前的国际贸易和金融规则重塑中，以中国为代表的新兴国家虽努力参与，但话语权和影响力还相对偏弱。此时，包括中国在内的新兴国家应像美欧等一样加大力度关注区域合作，增强集体谈判力量。“一带一路”倡议下的域内规则重塑应实现货物贸易和金融规则的统一。一方面，“一带一路”倡议需要通过 RTA 构建推进货物贸易规则统一。目前中国与“一带一路”沿线国家的 RTA 建设主要集中在“一路”地区的区域全面合作伙伴关系协定（RCEP）、中国—海合会贸易协定谈判、中国—东盟自由贸易区、中国—新加坡 RTA，以及“一带”地区的中国—巴基斯坦货物贸易谈判等。这些 RTA 协定均主要集中在货物贸易领域，但由于这些协定的一体化程度不同，仅涉及很少一部分“一带一路”国家，使其制定的规则难以适用所有“一带一路”国家。因此，中国需要在“一带一路”倡议中有意识地推进不同 RTA 的货物贸易规则统一，同时加快RTA的网络化建设，逐步过渡到服务贸易规则协调。另一方面，“一带一路”倡议在金融规则一体化上虽有基础但进展相对缓慢。虽然在“一带一路”国际合作高峰论坛高级别会议“促进资金融通”平行会议上，各国签署了《“一带一路”融资指导原则》，为“一带一路”融资体系一体化打下坚实基础，但“一带一路”倡议在跨境基础设施建设的开发性金融支持标准和规则、为商业性金融机构提供保护的机制设计、跨境金融监管协调规则、保护融资项目债权人和投资人权益的机制规则上，还需进一步实现统一。

最后，“一带一路”倡议应渐进式推进非传统领域的规则一体化。作为发展中国家聚集区的“一带一路”，在知识产权、投资保护、环境保护、电子商务、竞争力和供应链、中小企业等非传统领域，沿线国家相对发达国家有比较劣势。随着中国与美欧等开展双边投资协定谈判，“一带一路”倡议在这些领域的规则标准将不断提高；同时，作为“一带一路”的主要投资方，为了保护国内企业利益，中国也需加强该地区这些领域的投资规则一体化建设，最终在“一带一路”形成更高质量和更高标准的合作模式，使之与发达国家的TPP和TTIP高质量规则能够逐步对接和融合。

3. 以“一带一路”倡议参与国际经贸规则变革的对策

“一带一路”倡议是提升中国参与全球经济治理话语权和竞争力的有效路径，其提出之始就崇尚用“亲、诚、惠、容”的区域合作新理念，实现所有参与方的互利共赢与共同繁荣，这也将成为中国以“一带一路”倡议推动域内经贸规则重塑的指导原则。因此，中国应遵循规则统一的包容、共享和互利共赢原则，针对现有难点和重心，采取有效策略，逐步推进“一带一路”倡议下的国际经贸规则重塑。

（1）建立“一带一路”高级别多边磋商机制，形成稳定的沟通渠道

“一带一路”倡议在推进国际规则重塑时，需在考虑自身利益基础

上，兼顾沿线国家利益诉求，寻求利益的契合点。首先建立“一带一路”框架下的国家首脑和部长级的定期磋商机制。可借鉴二十国集团（G20）首脑峰会和央行行长及财政部部长及会议机制的成功经验，构建“一带一路”首脑峰会及部长级会议机制，并由成员方轮流举办“一带一路”高峰论坛，使之成为一种制度和惯例。尤其是当前可以在“一带一路”沿线国家的央行行长和财政部部长级会议基础上，增加各国的商务部部长级会议和海关总署署长级协调会，推进各方在贸易自由化和便利化规则制定上达成一致。同时，在“一带一路”沿线国家首脑和部长级会议框架下，主动制定与域外大国的定期协调机制，尤其是邀请美欧等国加入“一带一路”框架下的多边协调，如可以借助欧洲主要国家是亚洲基础设施投资银行创始成员国的机会，邀请美国进行区域金融协调制度安排和合作机制建设的沟通，包括推动“一带一路”的亚洲基础设施投资银行和丝路基金与美国主导的 IMF 和世界银行的规则接轨和机制合作等。

（2）以上海自贸区已有规则为基础，进行内外经贸规则的对接

“一带一路”倡议下的国际经贸规则重塑既不是制定 TPP 式的高标准和高质量规则体系，也不是让渡中国自身利益实现区内规则统一，而应是在保证中国利益基础上实现互利共赢的规则重塑。但需注意的是，中国仍需在规则重塑中占据主导权和话语权，不应为了达成更大范围的规则统一付出过大代价，应鼓励“一带一路”国家主动参与，以利益共享推进整体利益最大化。尤其是在中国 FTA 经贸规则水平普遍高于“一带一路”国家的背景下，应以国内自贸试验区在规则修订上的已有经验，结合“一带一路”国家发展实际，确定中国经贸规则修订底线。目前，上海自贸区在以贸易便利化为内容的贸易监管、以金融服务业开放为基础的金融合作、以负面清单为核心的外商投资管理上已积累了大量成功经验，可以进行与“一带一路”国家的内外规则对接，将其应用在“一带一路”的区域经贸规则重塑中。

（3）以金融规则重塑为突破口，逐步实现“一带一路”域内规则统一

2014年，中国发起建立了亚洲基础设施投资银行（AIIB，简称“亚投行”），并在引入英、法、德、意等欧洲国家为创始成员方的基础上，建立了区别于IMF的新投票制度。利用GDP份额方式建立了兼顾中国影响力和成员方发言权的投票机制和“协商一致”的谈判方式，使亚投行决策规则相比IMF的美国“一票否决权”规则更具公平性和可接受性，极大地增强了中国在国际金融规则制定中的影响力和话语权，初步突破了IMF和WB主导的现行国际金融规则限制。应以这一进展为契机，继续推进亚投行在多边金融治理规则的标准高度、标准落实、标准实施效果量化评估、标准例外及违反标准后的争端与惩罚机制上的规则统一，最终建立一套符合新兴国家利益，同时兼顾发达国家利益的区域金融合作规则和实施标准，为未来新兴国家参与国际金融规则重塑打下基础。

（4）加强对“一带一路”国家的语言学习投入，深化对其国内法律规则的认识

在“一带一路”的背景下，中国应适当控制英语学习的投入规模和重视程度，加强与“一带一路”沿线国家的语言学习交流。一方面，主动适当调整新建孔子学院的国别选择，增加在“一带一路”国家的语言类关系专用性资产的投资，加大汉语在该地区的传播力度，尤其是适当利用政策激励，鼓励各级高校和社会科学院增设“一带一路”关键国家相关语言专业，增加对“一带一路”主要国家语言人才的培养，并组织高校教师前往“一带一路”国家访学。另一方面，继续加大对“一带一路”国家留学人员来中国学习汉语的资金资助，并由政府相关机构提供必要的信息指引，推动“一带一路”国家教师来中国交流和开展语言培训合作。最终在缩小语言差异的基础上，培养熟悉“一带一路”国家法律规章制度的管理人才，翻译学习“一带一路”关键国家的法律法规文件，深化对其经贸法律规则的认识。

（5）由简入难分批推进规则重塑，适当关注新兴领域的规则一体化

"一带一路"倡议下的经贸规则重塑不仅涉及贸易、金融和投资领域的规则一体化，更涉及环境、国有企业、电子商务等非传统规则的修订。而"一带一路"国家在政治、经济、文化和民族等方面均存在一定差异，对规则修订的接受度也不同。因此，在提升区域内经贸标准的同时关注各国实际困难，是"一带一路"域内规则重塑成功的关键。中国应区别对待不同类型的规则重塑：短期重点推进易实现的与"一带一路"国家的货物贸易便利化和自由化规则谈判；中期重点推进服务贸易自由化和部分新兴领域，如电子商务、竞争力和供应链、环境等规则一体化谈判；长期逐步解决新兴领域中较难达成一致的规则谈判，实现"一带一路"倡议下的域内规则相对统一，从而依靠集体力量参与国际经贸规则重塑。

第三章

中国经贸投资变革与政府职能转变

以政府管理体制改革和政府职能转变为核心的政治体制改革，与经济体制改革的纵深发展相伴前行、相互推动，成为中国政府70年治国富民进程中不断“自我革命”的原动力。

新中国成立至改革开放以前的30年，中央政府从《共同纲领》走向《五四宪法》，组织架构不断完善，并迅速建立起与高度集中的计划经济相匹配的行政层级和职能分工。20世纪50年代末，曾经有过一段中央向地方放权的尝试。对政府机构构成和职能分工进行了精简，试图建立更符合中国特色的社会主义计划经济体制和行政体制。然而，1958年的“大跃进”很快把初具规模的国民经济拖得遍体鳞伤，放权也很快被叫停，重回到高度集中的计划经济体制。“文化大革命”前期，中央政府又发动了一次向地方下放权力的运动，但随着阶级斗争成为社会政治生活的主题，“抓革命、促生产”变成了“以革命代替生产”。政府机构正常的行政职能被不断蚕食，国务院近乎瘫痪，大部分下属部委和机构由“中央文革小组”和军队管理。“以阶级斗争为纲”的错误指导，最终导致国民经济濒于崩溃，改革势在必行。

党的十一届三中全会确立了将党和政府的工作重心由阶级斗争转移到社会主义现代化建设上来，并开始探索与实施市场化取向的经济体制改革，试图通过改革传统的计划经济体制，释放和发展生产力，从而达到促进经济与社会发展水平提高的目标。同时，在实施经济体制改革伊始，中国政府高度重视政治体制改革对于经济体制改革的重要意义。邓小平同志明确指出：“不改革政治体制，就不能保障经济体制改革的成果，不能使经济体制改革继续前进，就会阻碍生产力的发展，阻碍四个现代化的实现。”①

本章将从政府规制的角度，梳理中国经贸投资领域的国务院管理机构组成及政府职能演变的过程，进而阐述和分析中国政府在计划经济和市场经济的实践中，通过对上层建筑的自我革命，转变和调整政府经济管理职能的界限及分工，逐步根据内外部环境的变化调整改革方向和目标，以推动和深化贸易流通体制改革和投资管理体制改革，并实现从单个经济部门的独立改革演进到经贸投资一体化的新型经济开放战略。

一、计划经济时期的行政管理体制变迁

（一）1949—1954 年：新中国成立过渡期

新中国成立之初，以《共同纲领》和《中央人民政府组织法》两个纲领性文件为基础和框架，中国建立并实行了中央人民政府下辖政务院的二级政府体制。《共同纲领》时期的中央人民政府是由中央人民政府委员会及其下属的政务院、人民革命军事委员会、最高人民法院以及最高人民检察署共同组成的集合体。政务院作为最高国家行政机关，统管全国政务。中国共产党作为执政党，对国家政权的领导主要表现为政治领导，党政职责和各自权力相对分离。1949 年 10 月政务院设立时，共有 4 个综合委员会和 25 个部、6 个办事机构。到 1953 年底，部委数增加到 38 个，机构总数达到 42 个。

面对满目疮痍的国民经济，周恩来主持的政务院牵头了迅速恢复和发展国民经济的严峻任务，包括稳定通货和物价，统一财经。采纳了陈云提出的“实行财政、税收、公粮、贸易及各主要经济部门管理的基本统一”，即实行财政经济基本统一管理。1950 年 1 月 31 日和 3 月 3 日，政务院先后发布了《关于统一全国税政的决定》和《关于统一国家

① 邓小平文选（第 3 卷）[M]. 北京：人民出版社，1993.

财政经济工作的决定》，统一了全国的财政收支、物资调度和现金管理。

在此过渡期，一方面通过没收官僚资本，国家掌握了重要的经济命脉，迅速确立起全民所有制的国营经济领导地位。另一方面通过土地改革，恢复和发展了农业生产。此外，统一财政经济，国家财政状况得以根本好转。据统计，到1952年底，工农业生产均创造了历史最高水平，农业总产值比1949年增长了48.4%，工业总产值增长了77.5%，比抗日战争前最高水平的1936年增长了23%[①]，为即将进行的大规模计划经济奠定了基础。1954年《五四宪法》颁布后，正式确立国务院为中央人民政府的一级政府体制。

（二）1954—1956年：建立中央集权的计划经济

1953年4月28日，为配合加大中央集权，以大规模推行计划经济，中共中央做出《关于加强对中央人民政府财政经济部门工作领导的决定》，指出为完成国家经济建设计划，全党进一步加强对于财政经济工作的领导。此时，进一步加强对于中央人民政府各财政经济部门工作的领导就十分必要。中共中央加强对中央政府财政部门工作领导的一个重要措施，就是将此前由政务院财政经济委员会统一领导国家财经工作的方式，改为由政府五个方面的领导人分别领导，时称“五口通商”。农业、手工业和资本主义工商业的社会主义改造，则为建立中央集权的计划经济制度奠定了基础。按照“和平赎买”政策对资本主义工商业实行改造，通过国家资本主义的形式，将其转变为社会主义公有制企业。农业方面，通过实行土地集体所有制，强制实施农产品统购统销政策和农业合作化运动。到1956年底，全国90%以上的手工业者加入了合作社。“三大改造”的完成，为计划经济体制下的国家工业化开辟了道路，第一个五年计划得以顺利实施。

1954年《五四宪法》的颁布及同年9月国务院的正式成立，标志

① 胡鞍钢. 中国政治经济史论（1949—1976）[M]. 北京：清华大学出版社，2008.

着中国政权组织形式的确定，各级政府机构设置开始步入正轨。与此同时，为了大规模地推动和实施计划经济，需要强化中央对地方的统一领导。从当年底开始，用了一年多的时间，对中央和地方各级机关进行了一次较大规模的调整，以配合建立与计划经济体制相适应的行政管理体制。大区一级的行政机构被撤销，权限向中央集中。国务院各部门对各自所管辖事务实行垂直领导，“一竿子插到底”。国务院在部门设置的数量上比之前的政务院明显增加了很多。经过此轮改革，国务院设置部委 35 个，机构总数增加到 64 个。各级地方政府则比照中央政府设置相应的工作部门。改革后，中央掌握了关系经济发展和行政管理命脉的产、供、销、人、财、物大权，地方成为中央计划的执行者和中央向企业发布指令的中介，与计划经济相一致的高度集权的行政管理体制模式由此建立起来。

此后，随着社会主义改造速度的加快和第一个五年计划建设进程的超预期推进，以及为确保计划经济体制有效运行的内在驱动，新的经济管理部门不断增设。到 1956 年，国务院设置的部委数量从成立时的 35 个增加到了 48 个，机构总数从 64 个增加到 81 个，形成了新中国成立以来政府机构数量的第一次高峰。

（三）1956—1959 年：尝试央地分权

在高度集中的计划经济体制下，为了更加精确地做好计划，国务院经济管理部门分工越来越细，机构也越增越多。行政机构臃肿庞大，效率低下，严重影响到地方积极性的发挥。1956 年下半年，中央提出了《关于改进国家行政体制的决议（草案）》。这是第二次较大规模的体制改革和机构改革，也是新中国成立以来首次中央向地方下放权力，主要是扩大企业管理权、地方财政权、地方计划管理权及物资统配权。此外，在政府机构和职能设置上，通过国务院精简所属工作部门，很多原本属于中央管理的企业和事业单位被下放给地方管理，以达到扩大地方自主权的目的。央地关系从之前的中央收权、集权转变为中央向地方分权、让权。这次改革一直持续到1960年。1958年，撤销合并了国家建设委员会等10多个单位。经过调整，国务院部委减少8个，直属机构减少5个。到同年底，国务院设68个工作部门。1959年，国务院工作部门又做了进一步调整和撤并，到同年底，国务院设39个部委，21个直属机构和办事机构，机构总数为60个，比1956年减少21个。

1958年“大跃进”开始后，中央又开始了第二次放权。企业管理权、计划权、基建投资权、物资分配权的大幅度下放，导致地方随意提高经济计划指标，投资过热，很快造成了经济秩序的混乱，物资匮乏，资金紧张，国民经济比例严重失调。

（四）1960—1965年：重归中央集权

针对“大跃进”造成的国民经济严重困难，1960年到1964年，中央贯彻了国民经济调整的方针，进行了新中国成立后的第三次较大规模的机构改革。一是先后在中央和地方各级机关进行了两次比较集中的干部精减运动。第一次是1960年7月至1961年9月，主要集中在中央一级机关。这次干部精减以事业单位为重点，对行政部门和事业单位同时进行精减。经过一年多的努力，在机构方面，中央各部门司局级机关减少15%，事业单位减少26%；行政机关精减1.6万余人，事业单位精减6.5万余人。第二次精减从1962年2月至1964年，范围包括中央和地方各级机关。经过近两年时间的努力，中央国家机关在1961年精减的基础上，又精减了1万人。全国共精减81万人。精减下来的干部大多数充实到基层和生产第一线。二是加强中央的集中统一管理，搞好综合平衡。中央收回了20世纪50年代后期下放给地方的权力，并恢复被撤销的机构。到1965年底，国务院的机构数为79个，达到新中国成立后的第二次高峰。

（五）1966—1975年：失落的十年

“文化大革命”期间，政府机构发生非正常的大变动。1970年，国务院的79个部门撤销合并为32个。同时，32个中的13个部门由部队管理。国务院部门达到新中国成立以来中央政府机构数的最低点，国务院的日常行政工作基本处于瘫痪状态。1975年，邓小平主持国务院工作，并对各领域进行整顿，部委逐渐恢复到29个，国务院工作部门总数恢复到52个。

“文化大革命”前期，中央还曾经实施了一次向地方的放权运动。一是企业大下放；二是物资分配大包干；三是发展地方“五小”工业[①]与财政收支的大包干；四是发展地方“五小”工业与基本建设投资的大包干。这次放权非但没有促进经济增长，反而使国民经济持续走向崩溃。首先，放权让地方发展的“五小”工业都是高投入、高能耗、污染重的行业或者产品。由于缺乏规模经济，缺乏规划论证，全国一哄而上、遍地开花，导致成本高、消耗大、质量差、产品积压过剩。“五小”工业过猛过多的发展，也使地方政府在此后的相当长时间里，习惯于这种粗放型的增长方式。其次，以“备战备荒”为目的的三线建设总投资1300亿元，占1966—1976年全国基本建设投资的42%，却提出“六不要”，即不要计划、不要设计、不要配套、不要检验、不要质量、不要生产管理，许多投资有去无回，经济损失严重。在政治运动的冲击下，国民经济衰退严重。“三五”时期的1967年，工农业总产值2104亿元，仅完成计划的80.2%，比上年下降9.6%；国民收入完成1487亿元，比上年减少99亿元，下降6.2%；财政收入只有419.4亿元，仅完成计划的68.8%，比上年减少24.9亿元，出现22.5亿元的赤字。“四五”时期的1974年，尽管已经调低了计划目标，仍然有大部分计划没有完成。主要工业产品，如钢产量仅完成计划的78.2%，比上年减少16.3%；原煤产量完成计划的96%，比上年减少400万吨；

① “五小”工业是指1970年的第四个五年计划中，中央政府要求各省区发展小煤矿、小钢铁厂、小化肥厂、小水泥厂和小机械厂，并决定中央财政5年内拨出专项资金80亿元用于发展地方“五小”工业。

棉纱完成计划的 86.4%，比上年减少 8.4%；铁路运输量完成计划的 92%，比上年减少 5.3%。

二、改革开放以来的行政管理体制变迁

改革开放以来，国家先后进行了 8 次重大的政府行政管理体制改革。根据不同时期支撑改革路径的政治经济学理论基础的变化和调整，根据不同时期党和政府所面临的社会经济突出矛盾的不断转移和变迁，中国政府的工作重心大致可以分为四个阶段：1982—1988 年以解决政府与国有企业关系为主线的改革，1993—1998 年以解决政府与市场关系为主线的改革，2003—2008 年以规范政府行政审批行为、调整政府与社会关系为主线的改革，以及 2013—2018 年以全面提高政府效能、实现治理能力现代化为主线的改革。

由于中央和地方政府组成机构的大幅度调整是其主要表象，有时也被简称为政府机构改革或机构改革。的确，“机构改革”或者“政府机构改革”这样的文字是更容易被普通大众所接受的表述。但如此简述的弊端也是显而易见的：“机构改革”或者“政府机构改革”容易让人认为改革的关键在于把政府机构组成部门进行这样或者那样的拆并调整。

而事实上，政府机构组成部门的拆并调整只是直观可见的表象。改革的核心和亮点在于对政府职能边界进行有计划的收缩和扩张，对行政管理方式和手段进行调整，最终对行政管理文化的演变产生深远的影响。因此，在党的十六大后，更倾向于用“行政管理体制改革”这个内涵更丰富的术语表达此项改革所覆盖的政府机构组成、政府机构职能、行政管理方式以及行政管理文化等多个维度，而避免用“机构改革”这个比较狭隘的语义。为保持行文前后的一致性，本书对这两个概念不具体进行区别，行文中予以通用。

（一）1982—1988年：向国有企业简政放权

1. 1982年：精简，精简，再精简

“精简”是1982年机构改革的关键词。改革开放后首次机构改革的任务是精简机构、精减人员、精干领导班子。此外，1978年开始的经济体制改革的初步实践使中央政府迅速注意到，经济体制改革的进一步发展将对传统计划经济模式下的政府机构设置提出新的要求，因而在改革中明确提出“机构调整应当为经济体制改革的深化提供有利条件”。这次改革从中央开始，各省市县乡逐级展开，历时3年，是新中国成立以来规模较大、目的性较强的一次改革。改革的内容包括：一是改革领导体制，减少副总理的人数，设置国务委员职位，由国务院总理、副总理、国务委员和秘书长组成国务院常务会议。二是裁并工作部门。将国务院工作机构由100个裁并为61个，尤其是较大幅度地撤并了经济和行业管理部门，作为中央政府自我职能调整的一项重要配套措施，以支持同期向国有企业、地方政府的简政放权。三是精干领导班子。部委的正副职配备3~5人，司局的正副职配备2~3人。四是紧缩编制。将国务院各部门机关人员由51000人核减为38300人，减少12700人，精减25%。

尽管当时的经济体制改革重点在农村，但为了实现大力发展对外贸易、增加外汇收入的工作目标，以及配合外贸体制向地方和国有企业下放权限的改革措施，在经贸投资的行政管理体制方面，也做了一些有针对性的改革：一是设立国务委员，其职位相当于副总理级别，受总理或国务院常务会议委托负责某些方面的工作和重要的专项任务。同时特别指出，在对外事务中，经总理委托可代表总理进行重大活动。二是整合进出口管理委员会、对外贸易部和对外经济联络部，成立对外经贸部，协调各地方和各部门的外贸活动，加强对全国外贸工作的业务指导。

2. 1988年：转变政府职能是机构改革的关键

“转变政府职能”是1988年机构改革的关键词。这一命题的提出背

景是“商品经济”的概念正式被党和中央政府所认同。1984 年 10 月，中国共产党第十二届中央委员会第三次全体会议通过了《中共中央关于经济体制改革的决定》，提出要按照为人民服务和精简、统一、效能的原则，改革“组织机构”，改造“机关作风，扫除机构重叠、人浮于事、职责不明、互相扯皮的官僚主义积弊”①。经济基础决定上层建筑，1986 年中国共产党第十三次全国代表大会在论述政府机构改革的任务时，首次提出了“转变政府职能是机构改革的关键”这一命题。明确提出了社会主义经济是公有制基础上的有计划的商品经济，新的经济运行机制总体上应当是“国家调控市场、市场引导企业”的机制，首次提出了“政企分开”的理念。在这一原则指引下，1988 年第七届全国人民代表大会第一次会议通过了《国务院机构改革方案》，指出这次改革的任务是转变职能、下放权力、调整结构、精减人员，政府的经济管理部门要从以直接管理为主转变为以间接管理为主，强化宏观管理职能，淡化微观管理职能。改革的内容主要是合理配置职能，科学划分职责分工，调整机构设置，转变职能，改变工作方式，提高行政效率，完善运行机制，加速行政立法。改革的重点是那些与经济体制改革关系密切的经济管理部门。

这次改革按照经济体制改革和政企分开的要求，合并裁减专业管理部门和综合部门内部的专业机构，弱化专业经济部门分钱、分物、直接干预企业经营活动的职能。将国家计委和国家经委合并，重新组建国家计委；撤销煤炭、石油、核工业、机械、电子等一批专业经济部门，以达到增强政府宏观调控能力和转向行业管理的目的。

3. 小结：转变政府经济管理职能

1981—1988 年两次机构改革都采取自上而下、先中央政府后地方政府、分步实施的方式进行，由于治理、整顿工作的需要，原定于 1989 年开展的地方机构改革暂缓进行。从整体来看，这一阶段改革开

① 十二大以来重要文献选编（中）［M］. 北京：人民出版社，1986.

放的重点，包括设立经济特区，都是以向国有企业简政放权、搞活企业、提高人民生活水平、改善短缺经济状况的微观改革为主，政府机构改革主要是对经济体制改革的配合和跟进。从中央层面看，对主要管理经贸投资事务的国务院工作部门进行了大幅度的裁减和归并。由表3－1可知，两次改革后，政府对按“条”状向具体经济行业实施微观式管理的部门做了“腰斩式”的拆并，如取消了七个机械工业部，与电子工业部合并组成一个机械电子工业部，使“条”的管理更趋近行业的概念，从而落实向地方和企业放权，以及走向宏观式的管理。同时，按经济行业的功能对综合式“块”状管理的部门也进行了整合，如1988年的商业部将1981年的商业部、粮食部、全国供销合作总社进行了整合，对外经济贸易部将原外国投资管理委员会、进出口管理委员会、对外贸易部、对外经济联络部的部分职能进行了整合。这样的整合使“块”状管理部门从行业的边界层面上升到统筹宏观全局的高度。

表3－1　1981年、1982年、1988年国务院经济管理职能部门变化表

部门	1981年	1982年	1988年
部委机构	国家计划委员会	国家计划委员会	国家计划委员会
	国家经济委员会	国家经济委员会	国家经济体制改革委员会
	国家基本建设委员会	冶金工业部	财政部
	外国投资管理委员会	机械工业部	中国人民银行
	进出口管理委员会	核工业部	商业部
	国家机械工业委员会	航空工业部	对外经济贸易部
	国家能源委员会	电子工业部	冶金工业部
	对外贸易部	兵器工业部	机械电子工业部
	对外经济联络部	航天工业部	航空航天工业部
	冶金工业部	煤炭工业部	能源部
	第一机械工业部	石油工业部	化学工业部
	第二机械工业部	化学工业部	纺织工业部
	第三机械工业部	纺织工业部	轻工业部
	第四机械工业部	轻工业部	

续表

部门	1981 年	1982 年	1988 年
部委机构	第五机械工业部	财政部	
	第六机械工业部	中国人民银行	
	第七机械工业部	商业部	
	农业机械部	国家经济体制改革委员会	
	煤炭工业部	对外经济贸易部	
	石油工业部		
	化学工业部		
	电力工业部		
	建筑材料工业部		
	纺织品工业部		
	轻工业部		
	财政部		
	中国人民银行		
	商业部		
	粮食部		
	全国供销合作总社		
办公机构	国务院财贸小组		
直属机构	国家物资总局	国家物资局	国家物价局
	国家物价总局	国家物价局	国家工商行政管理局
	海关总署	海关总署	海关总署
	进出口商品检验总局		
	国家外汇管理总局		
	工商行政管理总局	国家工商行政管理局	
部委管理的国家局			国家税务局
			国家国有资产管理局
			国家烟草专卖局
			国家黄金管理局
			国家进出口商品检验局
			国家外汇管理局

资料来源：笔者根据中国网（http：//www. China. org. cn）发布的国务院历次机构改革的组织机构图整理而得。

（二）1993—1998年：调整政府与市场的关系

1. 1993年：建立适应社会主义市场经济体制的政府管理架构

苏联解体，东欧剧变，引发国内对姓“资”姓“社”的争论，改革一度停滞。直到1992年邓小平南方谈话，明确“计划和市场都是经济手段，不是社会主义与资本主义的本质区别”，提出要加快改革的步伐，坚持“一个中心，两个基本点”这一基本路线一百年不动摇。邓小平的南方谈话深刻总结了十多年改革开放的经验教训，使中国的社会主义建设重新回到经济建设这个中心，排除“左”“右”两种倾向的干扰，打破了改革的僵局。同年10月，中国共产党第十四次全国代表大会正式确定了经济体制改革的目标是“建立社会主义市场经济体制，使市场在国家宏观调控下对资源配置起基础性作用”。如果说1984年的“有计划的商品经济”还在计划经济和市场经济之间摇摆，那么1992年的“社会主义市场经济体制”概念的正式提出，则标志着中国的经济体制改革更坚定了市场经济的改革方向。

以邓小平南方谈话和党的十四大为标志，中国的改革开放和现代化建设进入了一个新阶段，掀起第二次浪潮。在此背景下，1993年3月，中国共产党第十四届中央委员会第二次全体会议审议通过了党政机构改革方案。同年召开的第八届全国人民代表大会第一次会议审议并通过了《国务院机构改革方案》。由于困扰改革前进方向的疑虑和干扰已消除，1993年的机构改革抛弃了用计划经济的思维和办法改革政府管理架构的方式，而是依据1992年党的十四大确立的市场经济体制改革目标，更彻底地改革政府管理架构，使得上层建筑和经济基础更好地协同配合。

这次机构改革是在确立社会主义市场经济体制的背景下进行的，它的核心任务是：在推进经济体制改革、建立市场经济的同时，建立起有中国特色的、适应社会主义市场经济体制的行政管理体制。改革进一步厘清了政府行政管理职能，将其集中到统筹规划、掌握政策、信息引导、组织协调、提供服务和检查监督方面。明确了按照政企职责分开和精简、统一、效能的原则推动政府职能转变，以适应建立社会主义市场经济体制的要求。重点包括：一是转变职能。加强宏观调控和部门监督，强化社会管理职能部门，减少具体审批事务和对企业的直接管理。国家计划委员会、财政部、中国人民银行以及新组建的国家经济贸易委员会、更名的对外贸易经济合作部等综合经济部门，把工作重点转到搞好宏观管理上来，集中精力搞好国民经济发展战略、发展规划和经济总量的平衡，制定产业政策，培育与发展市场，有效调控社会经济活动。二是理顺关系。尤其是理顺综合经济部门之间以及综合经济部门与专业经济部门之间的关系，合理划分职责权限，避免交叉重复。理顺中央与地方的关系，合理划分中央与地方的管理权限，充分发挥中央与地方两个积极性，使地方在中央方针政策的指导下，因地制宜地发展本地区经济和各项社会事业。

2. 1998 年：打破条块分割，消除政企不分的组织基础

党的十四大从理论的高度明确了中国的经济体制改革方向是建立社会主义市场经济体制。但政府机构配置、职能转变如何适应这一新生事物，还缺乏实践的过程。在此背景下开展的 1993 年机构改革尽管在指导思想和战略高度上雄心勃勃，但长期习惯于埋头在微观管理事务中的各级政府很难迅速调整既有的工作方式和方法，适应“退出微观，转向宏观管理”的改革要求，只能摸索前行。同时，中央政府在组织机构架构改革上的一些折中策略和保守作风，使得偏宏观的综合管理部门和偏微观的专业经济管理部门之间的协调异常困难。例如，国家计划委员会、国家经济贸易委员会等综合经济管理部门，在实际工作中与电力工业部、冶金工业部等专业经济管理部门，在管理职能、管理深度上有很多交叉、重叠的设置。这些交叉和重叠被形象地称为“条块分割”。地方政府和国有企业被中央政府“条块分割”式的行政管理体制挤压得喘不过气，要求消除条块分割的呼声日益高涨。中央政府很快意识

到，长期条块分割的行政管理体制已经成为建设社会主义市场经济体制不得不除的“拦路虎”。因此，1998 年又进行了一次机构改革。本次改革首先是明确政府职能。国家发展计划委员会、国家经济贸易委员会、财政部、中国人民银行等宏观调控部门的主要职能是：保持经济总量平衡，抑制通货膨胀，优化经济结构，实现经济持续快速健康发展；健全宏观调控体系，完善经济、法律手段，改善宏观调控机制。专业经济管理部门的主要职责是：制定行业规划和行业政策，进行行业管理；引导本行业产品结构的调整；维护行业平等竞争秩序。部委机构大幅瘦身，专业经济管理部门大部分转为部委管理的二级局。其次是调整各部门的职能分工，相同或相近的职能尽可能交由一个部门承担。对个别一时难以分清的职能交叉问题，也明确了各自的责任。特别是重新将经济体制改革的职能上收到国务院，成立国务院经济体制改革办公室，由总理兼任主任，有关部长任成员，以加强国务院对经济体制改革工作的领导，协调各部委在推进经济体制改革中的各种冲突。

本轮改革明确提出推进社会主义市场经济发展是目的，结束专业经济部门直接管理企业的体制是目标。1998 年改革大刀阔斧地撤销了几乎所有的工业专业经济部门（10 个），国务院组成部门由 40 个精简为 29 个。改革消除了政企不分的组织基础，推翻了经济运行中条块分割的组织格局，基本完成了适应市场经济体制、精简高效的政府经济管理职能部门框架，夯实和加强了政府宏观经济管理的职能，显著削弱了政府干预微观事务的组织基础，使政府宏观经济管理的职能界限逐渐清晰。

3. 小结：加强和改善宏观调控职能

回顾 1993 年和 1998 年两次机构改革历程，可以清晰地看到，厘清政府与市场的关系替代简政放权成为改革的重心。这是由于随着对外开放的逐步深入、社会主义市场经济体制的确立、现代企业制度的建立和推行、政企分开的深入人心、多种所有制企业的蓬勃发展，政府机构改革的服务对象不再仅限于调整政府与国有企业的关系，还包括调整政府与非国有企业的关系，即政府与市场的关系。

由于非国有经济不属于原计划经济体制下政府直接控制的范畴，因此，建立社会主义市场经济体制，不能仅仅关注中央政府对地方政府的简政放权、政府对国有企业的简政放权，还涉及政府职能的重塑与调整。政府职能转变也要根据市场经济运行的基本原理，从宏观的角度厘清政府与市场的边界。按照这一改革目标，两次机构改革中，经贸投资领域的政府职能转变集中体现为弱化专业经济管理部门对行业和具体企业的直接行政干预，转而通过颁布国内产业政策和利用外资产业政策，加强对经济贸易活动的宏观调控和指导。对比表 3－2 改革前后主要管理经贸投资事务的国务院工作部门组成可以清晰地看到，两次改革政府机构组成结构是为适应政府职能转变做出的根本性调整，宏观经济管理部门的职能不断得到充实和加强；专业经济管理部门则不断被裁减、归并，降为二级局。1998 年机构改革后，基本实现了精简机构、转变职能和理顺关系三个目标，并为下一步的深化改革奠定了坚实的基础。

表 3－2 1988 年、1993 年、1998 年国务院经济管理职能部门变化表

部门	1988 年	1993 年	1998 年
部委机构	国家计划委员会	国家计划委员会	国家发展计划委员会
	国家经济体制改革委员会	国家经济贸易委员会	国家经济贸易委员会
	财政部	国家经济体制改革委员会	财政部
	中国人民银行	财政部	对外贸易经济合作部
	商业部	电力工业部	中国人民银行
	对外经济贸易部	煤炭工业部	
	冶金工业部	电子工业部	
	机械电子工业部	冶金工业部	
	航空航天工业部	化学工业部	
	能源部	国内贸易部	
	化学工业部	对外贸易经济合作部	
	纺织工业部	中国人民银行	
	轻工业部		

续表

部门	1988 年	1993 年	1998 年
直属机构	国家物价局	国家税务总局	国家税务总局
	国家工商行政管理局	国家工商行政管理局	国家工商行政管理局
	海关总署	海关总署	海关总署
办事机构			国务院经济体制改革办公室
部委管理的国家局	国家税务局	国家国有资产管理局	国家粮食储备局
	国家国有资产管理局	国家进出口商品检验局	国家冶金工业局
	国家烟草专卖局	国家外汇管理局	国家纺织工业局
	国家黄金管理局	国家粮食储备局	国家国内贸易局
	国家进出口商品检验局		国家煤炭工业局
	国家外汇管理局		国家石油和化学工业局
			国家有色金属工业局
			国家建筑材料工业局
			国家烟草专卖局
			国家外汇管理局
			国家出入境检验检疫局

资料来源：笔者根据中国网（http：//www.China.org.cn）发布的国务院历次机构改革的组织机构图整理而得。

（三）2003—2008 年：调整政府与社会的关系

1. 2003 年：政府职能的有进有退

我国加入世界贸易组织后，中国经济更加深入地融入全球经济一体化的进程，同时也要求政府的行政职能和出台的政策不能只解决国内经济问题，还要兼顾对贸易投资合作伙伴国的影响；政策措施和标准不能只向内看齐，也要向世界看齐。在此大背景下，2003 年机构改革注定在中国 40 年改革开放史上是浓墨重彩的一笔。此次机构改革是政府职能转变的一次重大转折，改革的思路和重点从主要重视量的要求转向寻求质的突破，从强调机构精简整合、分列的表象形式转向强调重塑机构职能内容；改革追求的目标也从机构改革的表面层次转向政府职能转变的深度层次。2003 年 10 月，党的十六届三中全会明确提出科学发展观，并将其基本内涵概括为“坚持以人为本，树立全面、协调、可持续的发展观，促进经济社会和人的全面发展”，坚持“统筹城乡发展、统筹区域发展、统筹经济社会发展、统筹人与自然和谐发展、统筹国内发展和对外开放的要求”。

2003 年机构改革的任务突出了对政府职能更加精确的定位和定义，并统筹了经济体制改革和社会管理体制改革。改革的重点是强调政府职能的有抓有放、有退有进，加强宏观调控和执法监管，建立和完善国有资产管理体系，强化市场监管机构体系，建立内外贸统一的大商务管理机构体系、健全金融监管体制。通过对政府组织机构的分转并合，精细化政府职能的有机构成，解决行政管理体制中存在的一些突出矛盾和问题，提高政府管理能效，为促进改革开放和现代化建设提供组织保障。其中，对于宏观调控、国有资产管理、金融监管、流通体制和安全生产等领域改革的一些开创性做法，可视为后续改革的热身。

（1）完善宏观调控体系

将国家发展计划委员会改组为国家发展和改革委员会（简称“国家发展改革委”）。为综合协调各方面改革，使改革更好地为促进发展服务，将国务院体改办的职能并入国家发展改革委。为减少职能交叉重复，提高工作效率，加强和完善宏观调控，将国家经贸委的行业规划、产业政策、经济运行调节、技术改造投资管理、多种所有制企业的宏观指导、促进中小企业发展以及重要工业品、原材料进出口计划等职能划归国家发展改革委。国家发展改革委是综合研究拟订经济和社会发展政策，进行总量平衡，指导总体经济体制改革的宏观调控部门。其主要职责是：拟订并组织实施国民经济和社会发展战略、长期规划、年度计划、产业政策和价格政策，监测和调节国民经济运行，搞好经济总量平衡，优化重大经济结构，安排国家重大建设项目，指导和推进经济体制改革。国家发展改革委受国务院委托向全国人大作国民经济和社会发展计划的报告。

（2）深化国有资产管理体制改革

设立国务院国有资产监督管理委员会（简称“国资委”），进一步推动国有经济布局和结构的战略性调整，发展和壮大国有经济，更好地坚持政企分开，实行所有权和经营权分离，真正使企业自主经营、自负盈亏，实现国有资产保值增值。

（3）健全金融监管体制

设立中国银行业监督管理委员会（简称“银监会”）。为加强金融监管，确保金融机构安全、稳健、高效运行，提高防范和化解金融风险的能力，将中国人民银行对银行、资产管理公司、信托投资公司及其他存款类金融机构的监管职能分离出来，并和中央金融工委的相关职能进行整合，设立银监会，作为国务院直属的正部级事业单位。银监会根据授权，统一监督管理银行、资产管理公司、信托投资公司及其他存款类金融机构。其主要职责是：拟订有关银行业监管的政策法规，负责市场准入和运行监督，依法查处违法违规行为等。形成一行三会（中国人民银行、中国银行业监督管理委员会、中国证券监督管理委员会、中国保险监督管理委员会）的金融分业监管格局。

（4）构建内外贸易大一统的流通体制改革

组建商务部。为适应内外贸易业务相互融合的发展趋势和加入世界贸易组织的新形势，促进现代市场体系的形成，将国家经贸委的内贸管理、对外经济协调和重要工业品、原材料进出口计划的组织实施等职能，国家计委的农产品进出口计划的组织实施等职能，以及外经贸部的职能等整合起来，组建商务部。

（5）加强食品安全和安全生产监管体系建设

为保障人民群众身体健康和生命安全，加强对食品安全的监管，在国家药品监督管理局的基础上组建国家食品药品监督管理局，作为国务院直属机构。其主要职责是：继续行使药品监督管理职能，负责对食品、保健品、化妆品安全管理的综合监督和组织协调，依法组织开展对重大事故的查处。为进一步强化对安全生产的监管，将国家经贸委管理的国家安全生产监督管理局改为国务院直属机构，负责安全生产的综合监督管理和对煤矿的安全监察。

2003年的机构改革形成了国家发展改革委主管宏观调控、商务部主管商贸流通、人民银行主管金融的格局，为下一步政府职能定位的精准化、规范化奠定了组织基础，也为2008年的大部制改革构建了雏形。

2. 2008年：大部制改革

在从计划经济体制转型到市场经济体制的过程中，尽管经过多轮的行政体制改革，仍然存在以部门为单位，高度聚集包括政策、人力、物力、财力、技术、信息在内的行政资源，阻碍了中央和地方之间的行政协调、地区之间的发展统筹、系统行业之间的改革兼顾。① 2008年大部制改革前，国务院66个部门中，农业的产前、产中、产后管理就涉及14个部委。行政职能的错位和交叉，除了过多经济资源被行政部门消耗掉外，政府宏观经济管理、市场监管和社会管理的职能也无法有效履行。政府行政运行机制成为改革开放最大的阻力。

2007年10月召开的中国共产党第十七次全国代表大会提出要加大机构整合力度，“探索实行职能有机统一的大部门体制”。“大部制”改革于2008年启动，进一步明确了国务院机构改革是深化行政管理体制改革的重要组成部分，改革要按照精简、统一、效能的原则和决策权、执行权、监督权既相互制约又相互协调的要求，着力优化组织结构，规范机构设置，完善运行机制，为全面建设小康社会提供组织保障。大部制改革通过将职能相近、业务范围趋同的部门集中到一个部门统一管理，简化行政审批，提高政策执行效能，降低行政成本，使政府职能更符合市场经济宏观管理和公共服务的角色定位。通过大部制改革消除行政资源割据；政府不再越位，为市场留出自由发展的空间；提升部门协同效

① 石亚军. 推进实现三个根本转变的内涵式大部制改革 [J]. 中国行政管理，2013 (1).

率，政府主动补位，改进社会服务水平，为社会稳定提供坚实后盾。

这次改革突出了三个重点：一是加强和改善宏观调控，促进科学发展，尤其是强调了国家发展改革委、财政部、中国人民银行等三个宏观调控的主要部门要建立健全协调机制，形成更加完善的宏观调控体系；二是着眼于保障和改善民生，加强社会管理和公共服务，组建人力资源和社会保障部、环境保护部；三是按照探索职能有机统一的大部门体制要求，对一些职能相近的部门进行整合，实行综合设置，理顺部门职责关系，包括组建能源局、工业和信息化部、交通运输部、住房和城乡建设部，国家食品药品监督管理局改由卫生部管理。

3. 小结：建设统筹经济社会发展的服务型政府

2003—2008年的行政管理体制改革，尽管仍然沿用了“机构改革”的名称，但从改革的实质上更侧重于内涵式的调整。从表3－3中可以看出，在2003年和2008年两次改革中，机构的简单撤并不再是改革的重点，从表象上可以很容易地看到机构调整的幅度越来越小。随着理论界对政府公共政策范畴和边界的讨论逐步深入，在完成向国有企业放权、确立市场在资源配置中的基础性作用后，中国政府对自身的改革转向了建设“服务型政府”这一新的目标。两次改革都不是单纯地强调政府对市场和社会的简政放权，同时也强调了政府对于公共服务提供的增责。一方面通过行政审批制度改革规范和限制政府行政权力，避免将所有社会变革的可能性都掌握在自己手中，从而为产业创新、社会进步提供富饶的土壤，提升经济活力；另一方面通过强化以保障和改善民生为重心的社会管理和公共服务，强化政府经济调节和市场监管的职能，推进一批事关长远的基础性制度建设，如取消农业税、建立覆盖城乡居民的最低生活保障制度、建立不动产登记制度、建立以居民身份证号码和组织代码为基础的统一社会信用代码制度、金融账户等的实名登记等，为社会经济的平稳运行和经济发展积蓄潜力。

这一阶段，中国经济因加入WTO而持续迅速增长，市场经济初具规模，机构改革通过重新定位政府的管理、监督、服务职能，理顺和调整了政府与社会的关系，中国政府的国防外交、宏观调控、市场监管、社会管理和公共服务的职能框架基本成形，实现了全能型政府向有限型政府的转变、管制型政府向服务型政府的转变，进而为改革开放的持续深入保驾护航。

表 3－3　1998 年、2003 年、2008 年国务院经济管理职能部门变化表

部门	1998 年	2003 年	2008 年
部委机构	国家发展计划委员会	国家发展改革委	国家发展改革委
	国家经济贸易委员会	财政部	财政部
	财政部	商务部	工业和信息化部
	对外贸易经济合作部	中国人民银行	商务部
	中国人民银行		中国人民银行
直属机构	国家税务总局	国家税务总局	国家税务总局
	国家工商行政管理局	国家工商行政管理局	国家工商行政管理局
	海关总署	海关总署	海关总署
直属特设机构		国务院国有资产监督管理委员会	国务院国有资产监督管理委员会
部委管理的国家局	国家粮食储备局	国家烟草专卖局（国家发展改革委）	国家粮食局（国家发展改革委）
	国家冶金工业局	国家粮食局（国家发展改革委）	国家能源局（国家发展改革委）
	国家纺织工业局	国家外汇管理局（人民银行）	国家外汇管理局（人民银行）
	国家国内贸易局		国防科技工业局（工业和信息化部）
	国家煤炭工业局		国家烟草专卖局（工业和信息化部）
	国家石油和化学工业局		
	国家有色金属工业局		
	国家建筑材料工业局		
	国家外汇管理局		
	国家出入境检验检疫局		

续表

部门	1998 年	2003 年	2008 年
办事机构	国务院经济体制改革办公室		
事业单位	中国证券监督管理委员会	中国银行业监督管理委员会	中国银行业监督管理委员会
		中国证券监督管理委员会	中国证券监督管理委员会
		中国保险监督管理委员会	中国保险监督管理委员会
		国家电力监管委员会	国家电力监管委员会

资料来源：笔者根据中国网（http：//www. China. org. cn）发布的国务院历次机构改革的组织机构图整理而得。

（四）2013—2018 年：治理能力现代化

1. 2013 年：发挥市场在资源配置中的决定性作用

2013 年之前的改革，强调的是“发挥市场在资源配置中的基础性作用”。2013 年则正式明确了市场对于资源配置的决定性作用。这次的改革，在机构整合的力度上着力不多，基本延续了 2008 年大部制改革的思路，重点按照“放管服”——简政放权、放管结合、优化服务的理念，主要是以深化行政审批制度改革、减少微观事务管理为职能转变的突破口和抓手，减少政府对市场的各种干预，该取消的取消、该下放的下放、该整合的整合，减少政府对社会的各种干预，发挥市场在资源配置中的决定性作用。一个主要体现是行政审批许可大规模减少，5 年总计减少 900 多项行政审批许可。同时，大量审批、社会管理职能从部委下放到地方政府。

一是减少和下放中央投资审批事项至地方政府。除涉及国家安全、公共安全、需全国统筹的重大项目外，按照“谁投资、谁决策、谁收益、谁承担风险”的原则，最大限度地缩小审批、核准、备案范围，切实落实企业和个人投资自主权，而且一律下放由地方政府审批。抓紧修订政府核准投资项目目录。对确需审批、核准、备案的项目，要简化程序、限时办结。

二是减少和下放生产经营活动审批事项。按照市场主体能够自主决定、市场机制能够有效调节、行业组织能够自律管理、行政机关采用事后监督能够解决的事项不设立审批的原则，最大限度地减少对生产经营活动和产品物品的许可，最大限度地减少对各类机构及其活动的认定等非许可审批，凡直接面向基层、量大面广或由地方实施更方便有效的审批事项，一律下放地方。

三是减少资质资格许可和认定。除依照《行政许可法》要求具备特殊信誉、特殊条件或特殊技能的职业、行业需要设立的资质资格许可外，其他资质资格许可一律予以取消。按规定需要对企事业单位和个人进行水平评价的，国务院部门依法制定职业标准或评价规范，由有关行业协会、学会具体认定。

四是改革工商登记制度。对按照法律、行政法规和国务院决定需要取得前置许可的事项，除涉及国家安全、公民生命财产安全等外，不再实行先主管部门审批、再工商登记的制度，商事主体向工商部门申请登记，取得营业执照后即可从事一般生产经营活动；对从事需要许可的生产经营活动，商事主体持营业执照和有关材料向主管部门申请许可。将注册资本实缴登记制改为认缴登记制，并放宽工商登记其他条件。

此外，此次改革还包括：进一步完善财政转移支付制度，减少专项转移支付和收费；理顺和减少部门职责交叉和分散；改革社会组织管理制度；等等。

根据2013年机构改革后的成果，以及在推进改革的工作中出现的问题，2015年5月国务院印发了《2015年推进简政放权放管结合转变政府职能工作方案》（以下简称《工作方案》）。《工作方案》按照打造“双引擎”、实现“双中高”、主动适应和引领经济发展新常态的要求，重点围绕阻碍创新发展的“堵点”、影响干事创业的“痛点”和市场监管的“盲点”，在放权上求实效、在监管上求创新、在服务上求提升，进一步深化行政管理体制改革，促进政府治理能力现代化。

《工作方案》提出了转变政府职能，推进简政放权、放管结合，要从重数量向提高含金量转变，从“给群众端菜”向“让群众点菜”转变，从分头分层推进向纵横联动、协同并进转变，从减少审批向放权、监管、服务并重转变，统筹推进行政审批、投资审批、职业资格、收费管理、商事制度、教科文卫体等领域改革，着力解决跨领域、跨部门、跨层级的重大问题。彻底取消非行政许可审批类别，大力简化投资审批，年内实现“三证合一”“一照一码”，全面清理并取消一批收费项目和资质资格认定，出台一批规范行政权力运行、提高行政审批效率的制度和措施，推出一批创新监管、改进服务的举措，为企业松绑减负，为创业创新清障搭台，为稳增长、促改革、调结构、惠民生提供有力支撑，培育经济社会发展新动力。切实落实党的十八届三中全会提出的“发挥市场在资源配置中的决定性作用”的改革目标。

2. 2018年：以功能导向优化政府职能

2018年3月13日，国务院机构改革方案公布。根据该方案，改革后，国务院正部级机构减少8个，副部级机构减少7个，除国务院办公厅外，国务院设置组成部门26个。本轮政府机构改革方案是推进国家治理体系和治理能力现代化的一场深刻变革，改革的重点仍然是转变政府职能。《关于国务院机构改革涉及行政法规规定的行政机关职责调整问题的决定》中关于此项改革工作的表述是“转变政府职能，加强和完善政府经济调节、市场监管、社会管理、公共服务、生态环境保护职能，调整优化政府机构职能，全面提高政府效能”。通过对机构职责的整合，重点解决部分领域权力运行制约和监督机制不够完善等问题，提高行政效率，全面提高政府效能。

从改革涉及的部门调整来看，呈现以下显著特色：一是体现了三大攻坚战的要求。如自然资源部和生态环境部对应污染防治的“大环保”机制和对“山、水、林、田、湖”国有自然资源的统一管理，农业农村部对应精准扶贫，银监会和保监会合并对应防范系统性金融风险。二是体现了高质量发展的要求。如科学技术部、知识产权局的职能归并，加强和优化科技管理和服务职能，助力“大科技”战略。三是体现了社会治理体系的完善。如国防、安全、监察、司法、审计、市场监督等部门的组建或重组，实施“大市场”监管。四是注重大民生战略。如农业农村部的重组对应“乡村振兴”战略，文化旅游、广电、医疗等部门的重组对应服务业的发展和解决中国人口老龄化问题。五是顺应进一步改革开放的需要。如财税体制、金融监管体制、医疗体制的改革；自然资源部的重组对应推进土地改革和房地产长效机制建设；新成立国际发展合作署和移民管理局，服务外交总体布局和共建“一带一路”倡议等。

3. 小结：全面提高政府效能

2013 年以来的政府行政体制改革，进一步延续了大部制改革、简政放权、转变职能，建设服务型政府的思路。在具体改革方案上，则体现出任务的具体化、措施的精细化的特征，确保政府效能提高的改革目标能够实现。与历次机构改革相比，2018 年的机构改革更突出了对内服务改革开放、对外创建开放融合的外部环境的新治理理念。

2013 年以来的机构改革，无论是以限制政府权力为特征的审批制度改革、负面清单制度的倡导和实施，还是以提升政府公共服务能力为特征的国务院部委机构的拆并重组和职能整合，都是为了实现一个目标，即推进国家治理体系和治理能力现代化，全面提升政府效能。一方面，政府要把个人、市场和社会能够做的事情，把政府不适宜做的事情，拆分出政府，只做适合政府做的事情。另一方面，即使适合政府做的事情，也要尽可能纵向立体拆分到适当的层次，尽量靠近乃至直接面向服务和管理对象，形成中央、省和市县比较合理的职责分工体系。政府对这类公共服务的重心要放在实体性的市县政府这一级；省作为区域性政府，主要负责区域协调和转移支付；中央负责外交和国防，以及国家层面的区域协调和对外经济协调、转移支付等。

三、贸易管理体制从内外分治到内外合一

1949年新中国成立后，通过革新私营进出口业、没收官僚资本、建设公营对外贸易企业，我国迅速仿照苏联模式，建立起内外贸分割的流通体制。同时，对外贸易中强调实施进口替代的发展战略。党的十一届三中全会以后，出口导向发展战略迅速取代了进口替代发展战略，贸易管理体制也逐步从内外分治走向内外合一。我国的对外贸易经历了从无到有、从小到大，再到成为“世界工厂”的发展进程。作为历届政府机构改革的重要内容之一，贸易管理体制从分到合的演变过程，不仅契合了对外贸易在中国经济体制改革不同历史阶段的功能和作用，还反映了中国政府对经贸流通的管理模式从具体到微观经营层面的干预，逐步过渡到对行业中观层面的指导和调控，最后到宏观层面的监督管理以及向市场提供公共服务的改革路径。以2001年中国加入世界贸易组织、2003年正式组建商务部为标志节点，中国贸易管理体制实现了从内外分治走向内外合一的转变。

（一）内外贸易管理体制分治

1. 分而治之的历史选择

1949年新中国成立时，国家经济“百废待兴”，很多工业制成品、原材料和民众生活必需品都需要从国外进口。缺乏建设社会主义经济经验的新中国政府只能基本照抄苏联的做法，实行高度集中的计划经济。对内贸易严格集中，统购统销，基本上消灭了市场和竞争。进出口贸易也高度统一集中到公营的对外贸易企业中，并强调实施进口替代的发展战略，以实现国家利益最大化。高度集中又相互隔离的内外贸体制符合计划经济的运行模式，同时也走向了僵化和故步自封。按照苏联模式推行的计划经济体制蹒跚走了30年，在一场政治运动的推波助澜下，很快就走到了尽头。邓小平曾经对改革开放前的国内政治经济环境做出如

下总结："就整个政治局面来说，是一个混乱状态；就整个经济情况来说，实际上是处于缓慢发展和停滞状态。"

党的十一届三中全会后，全国上下都发自内心地发出"不改革就没有出路，不发展经济就没有出路"的呐喊。然而改革的路要如何走？方向怎么定？从上到下实际上并不清楚。在改革开放初期，中央政府实际上主要对改革的方向提出指导意见和要求，具体操作上还是鼓励大家在实践中探索，并没有触及任何经济理论的调整。

因此，改革开放初期并没有清晰的"顶层设计"蓝图，更不可能以整体推进的方式进行改革，而是按照木桶原理（Cannikin Law），从最容易突破的短板入手。事实上，对内改革的先锋便是由处于中国社会最底层的安徽省凤阳县小岗村的 18 位村民自发建立的"分田到户、自负盈亏"的家庭联产承包责任制。经贸投资领域的改革亦是如此。在百废待兴的国民经济调整时期，国内经济积重难返，中央政府认识到过去那种全民炼钢的自力更生的土办法注定不可能推动经济发展，必须向发达国家引进技术。而引进技术需要外汇支撑，因而中国经贸投资领域的改革开放便从大力发展对外贸易增加外汇收入这一单一目标开始，单兵突破。

为了服务于"出口创汇"这一鲜明的改革目标，1982 年的机构改革整合进出口管理委员会、对外贸易部、对外经济联络部，成立对外经济贸易部，承担对外贸易流通管理职责，牵头统筹发展对外贸易，以增加外汇收入。当年中国的外贸进出口总额为 416.1 亿美元，其中出口 223.2 亿美元，进口 192.9 亿美元，中国在世界贸易中排第 20 位，年末国家外储备余额为 69.9 亿美元。

2. "奖入限出"的开放型贸易保护政策

1979 年 8 月 13 日，国务院颁发《关于大力发展对外贸易增加外汇收入若干问题的规定通知》，明确提出要"在不太长的时间内，把对外贸易搞上去，把旅游事业搞上去，把一切能增加外汇收入的工作搞上去”，主要内容是扩大地方和企业的外贸权限，鼓励增加出口，办好出口特区。在出口导向发展战略的总体思路下，改革采取了各种“奖出限入”的政策，主要包括：一是改革高度集中的各专业外贸公司统一经营体制，增设对外贸易口岸，下放外贸经营权，显著扩大了省级外贸自主权，各省及下属外贸组织逐步成为外贸活动的主力军；二是改革高度集中的单一的指令性计划管理体制，将指令性计划、指导性计划和市场调节相结合，打破统负盈亏；三是完善外贸管理，重新实行进出口许可证制度，建立外贸经营权审批制度，授予有条件的企业外贸经营权，壮大外贸队伍；四是探索促进工贸（技贸、农贸）结合的途径；五是采取鼓励出口的政策，实行外贸减亏增盈分成制度和地区差别的外汇分成制度，对出口商品实行退税等，并在外贸管理上实行中央统一领导、统一政策、统一规划，中央和省两级管理。这些改革措施对调动中央与地方、各行业各企业各方面的积极性产生了明显实效，为外贸企业自主经营创造了外部环境，为对外贸易的市场化改革奠定了基础。1988 年全国进出口总额达到 805 亿美元，是 1978 年的 3.9 倍，10 年间，对外贸易平均年增长速度达到 14.6%。外贸进出口商品结构发生了显著变化，基本实现了由主要出口初级产品向出口制成品的转变。对外贸易在国民经济中的地位不断上升，出口额占国民生产总值的比重由 1978 年的 4.7% 上升到 1988 年的 10.8%。

“奖出限入”的政策思路倡导的仍然是国家统制下的开放型贸易保护政策，通过关税、进口许可证、外汇管制、商品分类经营和国营贸易等贸易保护政策措施，大力促进国内工业发展。同时鼓励和扶持一批出口型企业，通过引进先进的技术设备和大批工业项目，建立我国的出口生产体系，形成出口劳动密集型商品与进口资本和技术密集型商品的贸易结构。这与当时我国经济发展基础和对外开放面临的外部环境是相适应的，也符合国际贸易幼稚产业保护理论以及发展中国家对外贸易发展的“中心—外围”理论的观点。

3. 以分治做大增量，明晰改革方向

从短板入手的另一个好处是，改革是做“增量”蛋糕，这意味着改革以帕累托最优的形式推进，触及最小的利益集团，确保改革目标得以实现。在改革开放初期，经济体制改革相对于政治体制改革，表现出比较强的引领和先行的特征，即市场推着政府走、政策推着体制走。毕竟，30 年计划经济体制在相当程度上固化了政治体制、行政体制以及思维模式，这也是为何 1982 年国务院政府机构改革中特别指出“机构调整应当为经济体制改革的深化提供有利条件”。通过此次机构改革，经贸投资管理体制的变化主要体现在三个方面：一是取消全国供销合作社和粮食部，统一由商业部负责管理；二是将进出口管理委员会、对外贸易部、对外经济联络部整合，成立对外经济贸易部，承担对外贸易流通管理职责，由此形成商业部承担国内贸易流通管理职能、对外经济贸易部承担国外贸易流通管理职能的内外贸易“条状”分治的格局；三是由国家计委牵头统筹，冶金、化工、机械、电子、轻工等各专业经济部门负责各自行业领域的经济、贸易和产业投资及发展格局，形成“块状”管理，与商业部、对外经济贸易部的“条状”管理相互制约。这一阶段的国务院机构管理架构完全是按照内外贸分治、商业流通和产业发展分治来布局的。1988 年的机构改革进一步合并了各专业经济部门，但继续保留了内外贸分治和条块化相互制约的格局。

尽管不少人诟病20 世纪80 年代的改革形成的“条块分割”格局造成了“九龙治水”后续问题，但条块分割和内外贸管理分治在当时经济体制改革总体方向并不清晰、商品经济概念刚刚得到初步认可、市场经济理念还远未得到普及的年代起到了积极的作用。特别需要指出的是，在短缺经济的 80 年代，产品不愁没有销路，企业亏损极少，当时改革的主要思路是从调节分配结构入手，搞活企业，增加产出、增加收入、增加出口。分权和分治的模式使地方和企业在“摸着石头过河”的改革实践中，拥有相当的灵活性，确保了在较长的时期内改革成果和

红利都能以同时增加中央、地方、企业、个人多方净利益的方式普遍被分享。此外，部委对同一事务的分权和分治使得各部委之间形成竞争，一些冲突和争论得以浮出水面。对这些具体冲突和争论的筛选和思考，以及理论界对各国宏观经济管理的比较研究，为后续改革方向厘清了思路。

1998 年机构改革将国内贸易部划归国家经济贸易委员会主管，大幅度划转了各专业经济管理部门对各行业贸易和投资的块状指导职能，基本上打破了“条块分割”的桎梏，并在对内贸易与投资的一体化上实现了统一管理。

（二）内外贸易管理体制合一

1. 整合符合市场经济发展的客观需要

十年“入世”之路，使中国政府意识到，国内贸易与国际贸易管理体系融合不仅仅是争取“入世”的重要承诺，更是应对“入世”后透明、非歧视国际市场环境的现实需求，是政府改变计划经济体制下微观管理为主，更多地向以经济和法律等间接宏观手段为主管理市场经济转型的客观要求。这就要求不能再将商品流通领域作为行业来管理。中国“入世”之后，国家经济实力进一步增强，社会主义市场经济体制基本确立，所有制结构也发生了重大变化，不再是国有独大。2002 年中国外贸进出口总额首次突破 6000 亿美元，达到 6208 亿美元，在世界贸易中的排名由 2001 年的第 6 位上升到第 5 位。年末国家外汇储备金额达到 2864 亿美元。国内与国际市场逐步相互融合，境内外贸企业逐渐通过合资并购涉足内贸零售流通领域，外资零售企业在从事国内商贸流通业务之外，也进行跨国采购和出口。因此，内外贸分割、国内外市场分割的管理体制，已经不能适应市场经济发展的要求。

2. 整合解决了多头管理的弊端

如前所述，这种将内外贸分开作为两个不同行业来管理的体制是多年计划经济体制下的产物。多头管理的体制，必然导致主管部门交叉重叠，环节多、手续多、效率低。这种低效率在封闭的经济体内并不会造成太大的问题，但随着中国经济日益融入国际经济，在对外进行双边或者多边谈判的时候，低效率就带来了大问题。尤其是在“入世”谈判过程中，中国至少需要协调 3 个部委：外经贸部管理涉外贸易和工业品出口，国家经贸委管理国内贸易，而涉及农产品出口的则由国家发展计划委员会管理，还有其他专业部委负责产业政策。而美国则仅需派出商务部、日本则由通产省一个口子对外谈判。又如反倾销，加入 WTO 以前，中国应对反倾销的工作程序是：首先到外经贸部申请立案，由外经贸部移交国家经贸委负责调查，然后再由外经贸部根据调查结果制定具体的惩罚措施。这样在部委之间来回协调的过程，导致反倾销工作效率降低。内外部条件的变化，使中国政府认识到，只有实现内外贸管理体制的合一，完善内外经济融通一体化的综合管理体系，才能打破条块分割，提升管理效率，建立统一的大市场体系，形成连续性和继承性相统一的贸易政策，为各类型企业平等参与国内和国际竞争创造条件。

3. 整合不是“1 + 1 = 2”

2003 年机构改革将对外贸易经济合作部和国家经济贸易委员会这两个部门取消，同时新成立主管国际经济合作和国内外贸易的商务部。其主要职责是：研究拟订规范市场运行和流通秩序的政策法规，促进市场体系的建立和完善，深化流通体制改革，监测分析市场运行和商品供求状况，组织开展国际经济合作，负责组织协调反倾销、反补贴的有关事宜和组织产业损害调查等。虽然从名称上看，商务部的管理范围似乎是对外贸易经济合作部和国家经济贸易委员会的叠加，但机构改革的重点在于强调政府职能的有抓有放、有退有进，首次从“全能政府”转变到“有限政府”“服务政府”。因而商务部对内的职责是监管市场秩序，对外的职责是为中国企业进行国际竞争创造一个良好的外部环境。商务部也通过完全放开外经贸的审批权，从事前准入监管后移到事后对市场秩序的监管。企业具体的商业投资行为，则完全由企业自行负责。因此，商务部是在职能创新、合并和划分过程中经过多次机构重组而出现的，是政府职能优化和全新角色定位的结果。

四、投资管理体制从审批制转为负面清单管理

尽管在 20 世纪 50 年代末和 70 年代高度计划经济时期，中央政府曾经有过两轮向地方放权的尝试，但这两轮放权实际上都是不成功的。其负面影响在改革开放多年后仍难以消除。尽管如此，改革开放以来，中央政府仍然将简政放权作为政府推动改革开放的核心主线之一。只是，改革开放 40 年来的简政放权，结合了经济制度的调整，随着改革开放的进程不断深入，政府职能和权力的边界不断厘清，简政放权也一次次被赋予了新的含义，并从政策化的推进方式逐步过渡到制度化的推进方式，从重事前审批监管逐步过渡到重事后合规监管。

（一）严格的事前审批制

改革开放之初到 2003 年机构改革之前，简政主要体现在通过对过去计划经济时代的政府管理架构从数量上逐步进行精简和归并，按照适应社会主义市场经济体制的政府管理架构的要求，将应当由市场和社会自行主导和约束的职能归还给市场和社会，特别是将一些行业管理的职能，逐步交由非政府架构体系的行业协会和社会中介组织来实行。放权主要体现在将原来集中在中央政府的对投资贸易消费流通等计划分配的权力，逐步下放给地方政府、下放给国有企业。总的来说，与计划经济相比，上述简政放权规范了中央政府的职能，极大地激发了地方政府、国有企业以及其他所有制企业的活力。但中央和地方两级政府仍然对社会经济活动进行全面的“指导”，其重要的表现形式就是政府各职能部门对同一经济活动的层层前置性审批。虽然在这一阶段的后期，为增强政府行政的透明度和决策的公开、民主和科学化，在经济投资活动领域

陆续出台了内外资或者特殊地区适用的产业目录，以公开的目录作为行政审批的依据，限制了各级政府和各政府职能部门的自由裁量权，提升了审批的行政透明度，但审批覆盖了社会经济活动的方方面面，不论是国有企业，还是民营和外资企业在国内的投资项目，以及我国企业在境外投资的项目，都要根据投资规模和性质，分别由各级政府主管部门进行层层审批。一般要经过项目建议书、可行性研究报告和开工报告审批三个程序。这种审批把应该由企业自主做出的投资决策变成了政府决策，剥夺了企业投资主体的地位，并往往使企业的投资项目错过最佳的市场机会，影响投资效益。

实行事前审批制实际上仍然是以计划经济的思维模式在进行管理，政府对所有投资项目和经济活动负责，对全社会资源进行配置，仅仅把“年度计划”和“计划内配额”的资源配置模式改成了以逐项“审批”的形式对资源进行配置。因此，审批制与市场经济体制由市场发挥配置资源作用的原则是完全背离的。由于各职能部门各自为政，通过部门规章和政府规章设立的层层审批，也导致审批过程中的权力寻租现象层出不穷，群众普遍反映政府机关“门难进、脸难看、事难办”。同时，审批制也导致政府对事后监管职能的选择性弱化。在政府规模增长整体受控和逐年精简机构的背景下，各职能部门人力资源配置有限，自然地根据路径依赖的原则，选择把简单易控的事前审批放在更重要的位置，而将把控更难、尚没有经验可循的事中和事后监管等工作放在次要的位置。

（二）正面清单管理

从 1996 年全国人大常委会法工委着手调研起草，形成《行政许可法（征求意见稿）》，到 2003 年 8 月 27 日由十届全国人大常委会第四次会议审议通过，《行政许可法》的制定历时七年，历经全国人大常委会先后四次审议，其历时之长、讨论次数之多、改动幅度之大、参与面之广，无不说明此法在我国行政法立法中的地位。这部法律的实施，从法理的高度阐明了政府管理经济和社会事务的行为边界，厘清了政府与市场、政府与社会的关系。这部法律不仅为2003年政府机构改革进行了法律制度的配套，也为2004年《国务院关于投资体制改革的决定》（国发〔2004〕20号）和后续各部委的行政审批制度改革奠定了法律基础。

随着《行政许可法》和《国务院关于投资体制改革的决定》的实施，行政审批被严格限制在政府投资及关系国家安全和生态安全、涉及全国重大生产力布局、战略性资源开发和重大公共利益的范畴。此外，凡是公民、法人或其他组织能够自主决定，市场竞争机制能够有效调节，行业组织或者中介组织能够自律管理，行政机关采用事后监督等其他行政管理方式能够解决的，都交由市场和企业自主决策，彻底还权于民。提出要"建立市场引导投资、企业自主决策、银行独立审贷、融资方式多样、中介服务规范、宏观调控有效的新型投资体制"。改革提出的"谁投资、谁决策、谁收益、谁承担风险"的原则，打破了长期以来政府在投资领域统管一切的状况，确保了投资、出口、消费三驾马车共同驱动经济社会发展。

与严格的事前审批制相比，此次改革首先是大幅度缩小了审批的范围，其次是以正面清单的形式对核准和备案制的范畴进行了规范。以历次发布的《外商投资产业指导目录》为例，均以具体列举的方式，列明了鼓励、允许、限制和禁止类的行业范畴，列举不完全的用兜底条款概括规定。

采用正面清单管理的优点在于：一是行政管理部门仍然保留了较强的事前审查权，可以全面掌握投资方向和经济活动信息。二是通过每3~4年调整一次产业目录，可以根据发展的实际需求修订国家固定资产投资指导目录、外商投资产业指导目录等，具有较好的灵活性和主动性。但这种管理方式仍然延续了"政府主导"而不是"市场主导"的发展模式，强调由投资主管机构牵头编制有关领域的发展建设规划，引导社会投资。尽管审批、核准和备案的流程极大透明化和公开化，但政府仍然对经济投资活动干预过多、介入过早，造成市场准入限制过多或者限制不当，制约了市场对资源配置作用的发挥。同时，产业目录所能列举的范围仍然是极为有限的。尤其是随着科技进步和技术革新，一些新的产业领域、商业模式、企业组织形式不断涌现，而产业目录的调整有一定周期，有严格的专家会审和审查流程，往往是产业目录刚更新完毕，又面临落后于经济社会发展的状态。对于这些“灰色”地带，在正面清单的模式下，市场主体仍然需要取得行政主管部门对于新事物的认可和许可，才能进行投资，往往会错过最佳时机。

（三）负面清单管理

经过多年大力推进简政放权、放管结合、优化服务的改革，投资项目审批范围大幅度缩小，投资管理工作重心逐步从事前审批转向过程服务和事中事后监管，企业投资自主权进一步落实，调动了社会资本积极性。但仍然存在以下问题：简政放权不协同、不到位，企业投资主体地位有待进一步确立；投资项目融资难融资贵问题较为突出，融资渠道需要进一步畅通；政府投资管理亟须创新，引导和带动作用有待进一步发挥；权力下放与配套制度建设不同步，事中事后监管和过程服务仍需加强；投资法制建设滞后，投资监管法治化水平亟待提高；等等。中央政府认识到，正面清单的管理模式已经无法解决上述矛盾，需要启动新的改革思路。

2013 年 9 月 30 日，中国（上海）自由贸易试验区第一次尝试采用负面清单的管理模式，正式推出了《中国（上海）自由贸易试验区外商投资准入特别管理措施（负面清单）（2013 年）》。上海自贸区开创性地实行负面清单制度，是从制度上深层推进简政放权，极大地促进了我国市场准入制度的改革，对于我国政府规制和经济社会发展产生了深远的影响。

负面清单的管理模式，遵循“法无禁止即可为”的私法自治原则，除了法律法规明确禁止或限制的领域，市场主体均可自主进入。这意味着政府将其行政管理的重心从事前审查调整到事后监测，以及针对市场主体进行监管，将对新事物、新产业、新模式的创新完全交给市场主体去试错，彻底从不该管、管不了、管不好的领域中退出来，减少行政权力对经济领域的干预。负面清单模式促使政府回归本位，即只是运用政府的“有形之手”去纠正“市场失灵”，而不随意设置市场准入障碍，干涉市场主体的自主决策行为。

负面清单管理，不仅仅在于列出禁止的清单，更重要的在于将非歧视、市场化、贸易投资自由化等确立为原则，从而极大地增强了市场的透明度和开放度，保障各类市场主体能够依法平等进入清单之外的领域，公平参与市场竞争。实行这一模式对政府治理能力提出了更高的要求。从 2004 年建设服务型政府理念的提出，到 2008 年、2013 年以及 2018 年的历次机构改革，政府经济调节、市场监管、社会管理、公共服务、生态环境保护的职能逐步完善，实施负面清单管理的条件逐步成熟：一是形成了清晰、完善、可操作的发展规划、产业政策、技术标准、安全标准等准入性政策条件；二是形成了比较健全的社会信用体系，政府职能部门能够对失信企业实行联合惩戒、对守信企业实行联合激励；三是形成了全面、高效、有约束的监管、处罚制度。

2013 年上海自贸区走出负面清单制度第一步后，李克强总理在博鳌亚洲论坛 2014 年年会上提出要在全国范围内探索负面清单管理，明确提出“我们将继续加大简政放权力度，建立政府权力清单制度，探索实行负面清单管理模式，通过中国（上海）自由贸易试验区等建设，形成有益经验，并复制与推广到其他地区”。党的十八届三中全会审议通过的《中共中央关于全面深化改革若干重大问题的决定》指出，在上海自贸区基础上，探索对外商投资实行准入前国民待遇加负面清单的管理模式。明确提出“建立公平开放透明的市场规则。实行统一的市场准入制度，在制定负面清单的基础上，各类市场主体可依法平等进入清单之外的领域”。2015 年，国务院发布了《国务院关于实行市场准入负面清单制度的意见》（国发〔2015〕55 号）（以下简称《意见》）。《意见》指出，实行市场准入负面清单制度既是发挥市场在资源配置中的决定性作用的重要基础，也是更好发挥政府作用的内在要求，更是构建开放型经济新体制的必要措施。负面清单主要包括市场准入负面清单和外商投资负面清单。按照先行先试、逐步推开的原则，从 2015 年 12 月 1 日至 2017 年 12 月 31 日，在部分地区试行市场准入负面清单制度，积累经验、逐步完善，探索形成全国统一的市场准入负面清单及相应的体制机制，从 2018 年起正式实行全国统一的市场准入负面清单制度。

2016 年 7 月 5 日《中共中央、国务院关于深化投融资体制改革的意见》进一步明确：一是坚持企业投资核准范围最小化的原则。二是建立投资项目“三个清单”管理制度，即建立企业投资项目管理负面清单制度，除目录范围内的项目外，一律实行备案制；建立企业投资项目管理权力清单制度，将各级政府部门行使的企业投资项目管理职权以清单形式明确下来，严格遵循职权法定原则，规范职权行使，优化管理流程；建立企业投资项目管理责任清单制度，厘清各级政府部门企业投资项目管理职权所对应的责任事项，明确责任主体，健全问责机制。三是加强审批行为的监督管理，提升服务品质，包括推行投资项目审批首问负责制，推进建设投资项目在线审批监管平台，以及建立多评合一的中介服务新模式等。

2018 年 5 月 30 日国务院常务会议进一步提出要对标国际标准提升投资便利化水平，修订出台外商投资准入负面清单工作，将清单内投资总额 10 亿美元以下的外资企业的设立及变更下放至省级政府审批和管理。至此，外商投资准入负面清单管理模式全面推开。

五、从经贸投资独立发展到经贸投融资一体化战略

计划经济时代的经贸投资，是僵化的指令性要求。由于不存在市场竞争，所有经济活动，包括贸易、投资、融资活动，都是中央一盘棋。党的十一届三中全会以来，虽然在各次出台的重大改革政策和措施上仍然保持了“一盘棋”的形式，即一份政策文件中，总是会同时涉及贸易、投资、融资各方面的工作，但无论是在行文体例，还是在历次政府机构改革、政府职能转变的组织配套上，仍然体现了鲜明的贸易先行、投资贸易并重、产投融结合的渐进式发展特点。即：首先通过大力发展对外贸易，增加外汇收入，增强国家和经营实体的经济实力；其次通过市场换技术，吸引外商直接投资，夯实一二三次产业体系；再次实施“引进来”与“走出去”并重的以市场换市场战略，深度参与国际竞争和国际产业布局；最后走向以“一带一路”为引领的经贸投融资一体化开放融合的新阶段。

（一）对外贸易引领经贸投资

改革开放之初，由于外汇极度匮缺，对外贸易成为对外开放的急先锋。千方百计扩大对外贸易、增加外汇收入的出口导向型战略影响了很长一段时期国内投资（包括政府投资、企业投资、利用外债以及利用外商直接投资）和境外投资的政策导向。简言之，凡是政府鼓励的投资，无不服务于扩大出口贸易、增加外汇收入这个总方针，具有鲜明的“奖出限入”的烙印。如在1979年7月《关于大力发展对外贸易增加外汇收入若干问题的规定通知》（以下简称《通知》）中，就明确技术和设备引进后的产品，均优先用于出口，并可享受免缴利润和税收等优惠政策；对以进养出的物资，实行优惠税制；对不需要国家平衡外汇和燃料动力的加工装配、补偿贸易、合资企业和引进基础设备，均下放权力给省级政府。《通知》第十三条明确提出，“……可以到国外投资办

企业……各项营业所得的外汇盈利，在开办三年内，原则上归地方掌握使用。派出人员寄回的赡家汇款，视同华侨汇款，按侨汇六成比例分给地方”。1986 年 10 月 11 日《国务院关于鼓励外商投资的规定》中继续强调：国家鼓励在中国境内举办中外合资经营企业、中外合作经营企业和外资企业，并对产品主要用于出口，且年度外汇有结余的产品出口型企业，以及提供先进技术、实现产品升级换代，从而增加出口创汇或替代进口的先进技术企业给予特别优惠。

（二）外贸外资互相促进、并重发展

以 1992 年党的十四大正式确立社会主义市场经济体制为标志，1993 年建立现代企业制度为分水岭，传统计划经济体制下高度集中的投资管理模式已经无法适应时代的需要。国家相继出台了一系列政策措施，对原有的投资体制进行了一系列改革，初步形成了投资主体多元化、资金来源多渠道、投资方式多样化、项目建设市场化的新格局，对外贸易和利用外商直接投资成为对外开放的主力军，呈现飞跃式发展。

1. 对外贸易体制与国际通行规则接轨

1994 年 1 月 11 日，国务院颁布《关于进一步深化对外贸易体制改革的决定》，提出统一政策、开放经营、平等竞争、自负盈亏、工贸结合、推行代理制，建立适应国际经济通行规则的外贸运行新机制。同年，外汇管理体制改革取得重大进展。推进汇率并轨及人民币经常项目下的有条件可兑换，取消外汇留成制和上交外汇任务，建立指定银行间的外汇交易市场等，极大地促进了对外贸易改革的进程，进一步释放了对外贸易的活力。2001 年 11 月 10 日，中国正式加入世界贸易组织。对外贸易体制与国际通行规则实现了接轨。我国外贸出口总额从 1992 年的 849.4 亿美元增长到 2001 年的 2661 亿美元，增长了 3 倍多；世界排名从第 11 位上升到第 6 位。

2. 产业政策推动利用外资稳定增长

1993 年的机构改革明确提出要加强宏观调控和部门监督，国家计

划委员会、财政部、中国人民银行以及新组建的国家经济贸易委员会等综合经济部门均把工作重点转到搞好宏观管理上来，集中主要精力搞好国民经济发展战略、发展规划和经济总量的平衡，制定产业政策，培育与发展市场，有效调控经济社会活动。经国务院批准，1995 年 6 月国家计划委员会、国家经济贸易委员会、对外贸易经济合作部联合发布了首个《指导外商投资方向暂行规定》，明确由国家计划委员会主导、定期编制和适时修订《外商投资产业指导目录》，作为指导审批外商投资项目的依据。该目录将外商投资项目分为鼓励、允许、限制和禁止四类。这是借鉴国际通行做法，首次以产业政策形式对外商直接投资的投向进行规范，同时也大大提升了政府行政审批的透明度和规范性。2000 年，又根据《国务院关于进一步推进西部大开发的若干意见》，结合利用外资产业政策和区域发展战略，出台了《中西部地区外商投资优势产业目录》。这些政策的实施，使利用外商直接投资得到了爆发式的增长。从 1994 年到 2001 年，中国连续 7 年成为全球仅次于美国的第二大外资流入国，利用外资呈现出多年持续稳定增长的局面。

《外商投资产业指导目录》与 1994 年国务院批准发布的《90 年代国家产业政策纲要》、1998 年国家计委发布的《国家重点鼓励发展的产业、产品和技术目录》一脉相承，成为指导企业投资和政府审批决策的重要指南。国家鼓励发展的产业项目涵盖了农业新技术、农业综合开发、能源、交通、高新技术、资源综合利用和防止环境污染的新技术、新设备等，“以市场换技术”战略使利用外商直接投资不再仅仅作为扩大对外贸易的附属品，而是与对外贸易并驾齐驱，共同成为推动和完善中国市场经济体制建设、促进经济增长方式从粗放型向集约型转变的动力。

3. 对外直接投资蹒跚起步

这一阶段的对外直接投资比 20 世纪 80 年代有了明显进展，由于基数较小，年均增长率比较高，2001 年达到 7.08 亿美元，是 1992 年

1.95 亿美元的 3.6 倍，但与同一时期的对外贸易总额和利用外商直接投资总额相比，仍然微不足道，投资领域也主要限于由国有企业主导的初级加工制造和资源开发等领域。其间，国家计委、外经贸部、海关总署、外汇管理局等也开始针对一些对外直接投资中暴露出来的问题，通过部门规章的形式进行规范，但还缺乏整体性的政策措施体系。

（三）一手抓“引进来”，一手抓“走出去”

随着加入世贸组织后对外贸易体制改革的基本到位，“中国制造”的优势得到了最大限度的发挥，对外贸易基本进入了完全由市场导向的良性自我发展阶段，连续多年以 20% 以上的速度增长。2004 年对外贸易进出口规模突破 1 万亿美元，稳居世界前三强，外汇储备达到 6000 亿美元，国家经济实力大大增强。在中国成为名副其实的“世界工厂”、对外贸易依存度超过 70% 的情况下，如何在保持制造业优势的同时，向产业链高端迈进，提升中国在国际分工中的地位，如何在国内市场趋于饱和的情况下，转移过剩生产能力、调整产业结构、突破非关税壁垒并在全球范围战略性配置资金、技术、市场和人才资源，成为下一阶段改革开放需要重点推动的方向。

为适应经济全球化新形势和国民经济发展新阶段的内在需求，党中央决定通过提高引进外资质量和扩大对外投资，将以“量的扩张”为主导的出口战略转变为“以质取胜”的“引进来”和“走出去”相结合战略。2002 年，党的十六大报告首次明确提出“坚持‘走出去’与‘引进来’相结合的方针，全面提高对外开放水平”，以便更主动地在更广阔的空间进行产业结构调整和优化资源配置。2007 年党的十七大报告进一步明确：“坚持对外开放的基本国策，把‘引进来’和‘走出去’更好地结合起来，扩大开放领域，优化开放结构，提高开放质量，完善内外联动、互利共赢、安全高效的开放型经济体系，形成经济全球化条件下参与国际经济合作和竞争的新优势。”2012 年《国务院办公厅转发国家发展改革委等部门关于加快培育国际合作和竞争新优势指导意见的通知》中指出："……实施更加积极主动和互利共赢的开放战略……实现由出口和利用外资为主向进口和出口、利用外资和对外投资并重转变。"

为实施"引进来"和"走出去"战略，首先，通过 2003 年机构改革为此战略创造组织机构条件。改革后国家发展改革委主管投资、商务部主管流通、人民银行主管金融的格局使得牵头部门职责明晰，部际协调比较融洽。其次，第十届全国人民代表大会常务委员会第四次会议通过《中华人民共和国行政许可法》，为行政审批制度改革提供了法律基础，使在实施"引进来"和"走出去"战略中落实企业投资决策权获得法律保障。最后，2008 年的大部制改革，进一步优化了行政体制和政府结构，理顺了中央和地方政府、政府职能部门之间的关系，使退出微观经济事务管理的政府得以向提供优质公共服务、创造良好发展环境的服务型政府转变，更好地统筹和兼顾"引进来"和"走出去"。

有了组织机构和法律保障的基础，具体政策层面则以 2004 年国务院发布《国务院关于投资体制改革的决定》（国发〔2004〕20 号）（以下简称《决定》）为标志。《决定》明确提出确立企业投资主体地位，规范政府投资行为，同时加强和改善投资的宏观调控和监督管理，并颁布了首个《政府核准的投资项目目录（2004 年版）》。按照完善社会主义市场经济体制的要求，《决定》主要在三个方面对旧的投资体制进行改革：一是按照"谁投资、谁决策、谁收益、谁承担风险"的原则，取消新中国成立以来实施了 55 年的"审批制"，对于企业自主投资项目，一律改为"核准制"或"备案制"，明确和落实企业的投资决策权，充分发挥市场配置资源的基础性作用。二是合理界定政府投资职能，提升政府投资决策的科学化、民主化水平；理顺政府职能分工，国家发展改革委负责对政府投资、各种所有制企业的境内外固定资产投资项目进行审批、核准或备案，商务部负责对外商投资企业的设立和变更、国内企业在境外投资开办企业（金融企业除外）进行审核或备案管理。三是配合落实企业投资自主权，进一步拓宽企业投资项目的融资渠道，允许各类企业以股权融资方式筹集投资资金，逐步建立起多种募集方式相互补充的多层次资本市场。

根据上述改革精神，按照建立服务型政府的要求，各级政府在推进和实施“引进来”和“走出去”战略中，积极转变职能，服务企业、市场，上下左右形成合力，为更好地利用外资和更稳健地开展境外投资提供服务支持。主要经贸投资和外汇管理部门分别对前期利用外资政策进行了梳理，国家发展改革委发布了《外商投资项目核准暂行管理办法》《境外投资项目核准暂行管理办法》，并于2014年进行了修订；商务部发布《关于境外投资开办企业核准事项的规定》。2005年，国家外汇管理局将境外投资外汇管理改革试点扩大到全国。部际合作方面，国家发展改革委、商务部两部委联合更新了利用外资和境外投资产业政策，共同发布《外商投资产业指导目录（2004年版）》，并于2007年、2011年、2015年、2017年进行了四次修订；发布《中西部地区外商投资优势产业目录（2004年版）》，并于2008年、2013年、2017年进行了三次修订。商务部与外交部2004年发布了《对外投资国别产业导向目录》(2008年进行了修订)，为企业开展境外投资提供方向性的指导。国家发展改革委与中国进出口银行、国家开发银行、中国出口信用保险公司等共同建立境外投资信贷支持机制，对国家鼓励的境外投资重点项目给予信贷支持，提供大额、稳定的中长期非股本贷款等[①]。

需要注意的是，这一时期实施的金融体系和资本市场的一些基础性改革，为下一阶段产投融一体化和“一带一路”的开放融合战略奠定

① 《关于对国家鼓励的境外投资重点项目给予信贷支持政策的通知》（发改外资〔2004〕2345号）；《关于进一步加强对境外投资重点项目融资支持有关问题的通知》（发改外资〔2005〕1838号）；《关于建立境外投资重点项目风险保障机制有关问题的通知》（发改外资〔2005〕113号）。

了坚实基础。特别引人注目的是，2004 年推进资本市场发展的“国九条”——《国务院关于推进资本市场改革开放和稳定发展的若干意见》和同年启动推进的国有商业银行的股份制改革。

（四）构建产投融齐驱并进的开放型经济新体制

根据对国际政治经济新形势、新趋势、新挑战、新任务的研判，2015 年 5 月，中共中央、国务院发布《关于构建开放型经济新体制的若干意见》，提出在经济发展新常态下，要继续坚定地将对外开放作为我国的一项基本国策，按照经贸投融资一体化的思路统筹开放型经济顶层设计，加快构建开放型经济新体制。

该意见指出，构建互利共赢、多元平衡、安全高效的开放型经济新体制，需要对内对外开放相互促进，“引进来”与“走出去”更好结合。要更加积极地促进内需和外需平衡、进口和出口平衡、引进外资和对外投资平衡，逐步实现国际收支基本平衡，形成全方位开放新格局，实现开放型经济治理体系和政府治理能力的现代化。要以开放促改革、促发展、促创新，积极探索对外经济合作新模式、新路径、新体制，通过加快实施“一带一路”倡议和国家外交战略，选准突破口和切入点，以对外开放的主动赢得经济发展和国际竞争的主动。在建设开放型经济强国、加快培育国际合作和竞争新优势中，要坚持与世界融合和保持中国特色相统一，坚持统筹国内发展和参与全球治理相互促进，在扩大开放中切实维护国家利益、保障国家安全，推动我国与世界各国共同发展。

在措施上，一是明确提出改革外商投资审批和产业指导的管理方式，向准入前国民待遇加负面清单的管理模式转变。二是明确提出统一内外资法律法规。三是提出构建外贸可持续发展新机制，健全贸易摩擦应对机制。四是提出以政策沟通、设施联通、贸易畅通、资金融通、民心相通为主要内容，全方位推进与“一带一路”沿线国家合作，构建利益共同体、命运共同体和责任共同体。五是明确提出要主动积极参与全球经济治理，推进全球经济治理体系改革，全面参与国际经济体系变革和规则制定，在全球性议题上，主动提出新主张、新倡议和新行动方案，增强我国在国际经贸规则和标准制定中的话语权。支持联合国、二十国集团等发挥全球经济治理主要平台作用，发挥金砖国家合作机制作用，共同提高新兴市场和发展中国家在全球经济治理领域的发言权和代表性。六是提出构建开放安全的金融体系，扩大金融业对外开放和资本市场双向开放，稳步推进人民币国际化，扩大人民币跨境使用范围、方式和规模，加快实现人民币资本项目可兑换。

2016 年 7 月 5 日，中共中央、国务院发布《关于深化投融资体制改革的意见》，集成了改革开放 30 多年的经验，秉承了在《关于构建开放型经济新体制的若干意见》的精神，提出以“创新、协调、绿色、开放、共享的新发展理念”为主导，统筹投融资领域改革，形成新形势下投融资体制改革的顶层设计方案，着力推进结构性改革，尤其是供给侧结构性改革，充分发挥市场在资源配置中的决定性作用，充分发挥投资对稳增长、调结构、惠民生的关键作用，提出“进一步转变政府职能，深入推进简政放权、放管结合、优化服务改革，建立完善企业自主决策、融资渠道畅通，职能转变到位、政府行为规范，宏观调控有效、法治保障健全的新型投融资体制”。改革要点包括：

一是企业为主，政府引导。科学界定并严格控制政府投资范围，建立投资项目“三个清单”管理制度及相应的动态管理机制，平等对待各类投资主体，确立企业投资主体地位，放宽放活社会投资，激发民间投资潜力和创新活力。充分发挥政府投资的引导作用和放大效应，完善政府和社会资本合作模式。

二是放管结合，优化服务。将投资管理工作的立足点放到为企业投资活动做好服务上，在服务中实施管理，在管理中实现服务。更加注重事前政策引导、事中事后监管约束和过程服务，创新服务方式，简化服务流程，提高综合服务能力，做到依法、公开、透明。

三是创新机制，畅通渠道。大力发展直接融资。依托多层次资本市场体系，拓宽投融资渠道，优化金融资源配置，更好地服务于投资兴业。充分挖掘社会资金潜力，创新有利于深化对外合作的投融资机制，为国内企业“走出去”和重点合作项目提供更多投融资支持。加强与国际金融机构和各国政府、企业、金融机构之间的多层次投融资合作。

四是统筹兼顾，协同推进。投融资体制改革要与供给侧结构性改革以及财税、金融、国有企业等领域改革有机衔接、整体推进，建立上下联动、横向协同的工作机制，形成改革合力。

第四章

中国经贸投资开放与国际合作

70年来，中国经历了从新中国成立初游离于国际规则之外，到改革开放后被动适应和接纳国际经济秩序，再到推进国际合作和构建开放型经济新体制，在区域和全球经济一体化的政治交锋和经济对话中更加积极主动，成为国际经济秩序改革方案的推动者和建设者之一的过程。

重温“二战”后的国际经济秩序，不仅有助于理解1949年新中国成立初期“一边倒”外交方针，也有助于理解改革开放以来，中国如何学习规则、利用规则，在短短40年里，跃升为全球第二大经济体。“二战”后的国际经济秩序基本上由“怀特计划”构建，即美国凭借战后绝对的经济实力（掌握全世界大部分的黄金储备）构建了国际金融体系——布雷顿森林体系，通过将美元与黄金挂钩，形成事实上的美元本位制；主导创建了分别统管国际金融、国际贸易和发展援助问题的三大国际经济组织——国际货币基金组织（IMF）、关贸总协定（GATT，1995年为WTO所取代）和国际复兴开发银行（又称世界银行），确立起美国主导的国际经济格局。其中，IMF和世界银行根据“华盛顿共识”，通过协助完善金融体系和提供开发性贷款援助，支持受到战火重创的西欧和欠发达第三世界国家，并通过以自由贸易理念为主导的GATT支持美国的产品输出和经济发展。从新中国成立到重新恢复联合国席位之前，由于采取“一边倒”外交方针，作为冷战时期亲苏阵营的一员，中国一直被美国等西方发达国家施以贸易管制，游离于这一体系之外。20世纪70年代及以后的历次经济危机以及冷战的结束、美元与黄金脱钩、欧盟复兴以及日本崛起，国际政治经济秩序进行了多次结构性的重组，美国不再拥有绝对话语权，国际经济秩序基本上由美国、欧盟及英国等传统发达经济体共同掌握，相互制衡。近 20 多年来茁壮发展的新兴经济体①，包括中国在内，在国际经济秩序中主要以跟随者的角色出现，直到 2008 年下半年金融危机爆发后，随着由发达国家与新兴经济体共同参与的 G20 峰会②的召开，新兴经济体才第一次正式参与到全球经济治理之中。

本章从国际合作的视角，回顾新中国成立 70 年来，经贸投资领域国际合作的发展路径。

从历史的脉络看，1978 年之前，经贸投资领域的国际合作主要是 20 世纪 50 年代中苏友好阶段的互相支持、共同发展。这种对外开放合作具有鲜明的阶级斗争烙印。1978 年改革开放之后，中国经贸投资领域的国际合作从适应规则起步，过渡到接受规则，再到融入规则，最后参与改进规则，具有鲜明的渐进式演进特征。然而，每个阶段又并非完全孤立地存在。例如，改革开放之初尽管主要以适应规则为主线，但无论是学界、商界还是政界，对于现有国际规则的有效性、合理性、适应性的反思从未间断。对于全盘还是部分地接受现有规则，以及如何通过对国内的体制机制改革，实现以最小的代价进行最高效的改革，一直是决策者权衡政策利弊的核心。这些前瞻性的思考和政策试验，为形成具有中国特色的国际治理方案奠定了坚实基础。

本章没有蹈循编年体的形式来介绍新中国成立 70 年来国际合作的主要内容、成果和特点，而是按游离规则、适应规则、接受规则、融入规则、改进规则五种不同的角色定位，来阐述中国经贸投资领域改革开放如何与中国自身在国际经济秩序中的角色转变相适应。

---

① 新兴经济体，又可称为新兴市场经济体。其主要特征是能在一个较长的时期内保持经济的高速增长，并在全球分工体系中逐步实现由低端产业向高端产业的转移，因而均有一定的对外技术输出能力。《成立新开发银行的协议》中把新兴经济体单列开来以区别其他发展中国家。

② G20 由七国集团财长会议于 1999 年倡议成立，最初为财长和央行行长会议机制，2008 年国际金融危机后，升格为领导人峰会。2009 年 9 月举行的匹兹堡峰会将 G20 确定为国际经济合作主要论坛。

一、游离规则

新中国成立初期到改革开放前，我国主要接受了来自苏联的援助。援助形式包括有偿贷款、创办中苏股份公司、通过派遣专家和共管铁路等给予技术援助等。援助主要集中在新中国经济起步的三年恢复期和第一个五年计划期间。时任国务院副总理陈云在1981年中苏关系尚未好转之时就指出："第一个五年计划中的156项，那确实是援助，表现了苏联工人阶级和苏联人民对我们的情谊。"① 邓小平在1989年也指出："我们从来没有忘记在中国第一个五年计划时期苏联帮我们搞了一个工业基础。"②

1950年2月14日苏联政府向中国提供12亿卢布（约合4亿美元）协定贷款，年息1%，期限5年，用于购买苏联交付给中国的机器设备与器材。在三年恢复时期，中央政府总投资的62.99亿元中，苏联贷款占比14.3%。同时，苏联政府全方面帮助援建恢复国民经济急需的煤炭、电力、钢铁、有色金属、化工、机械和军工部门50个重点项目，实际建成47个。援助从地质勘探、选择厂址、设计图纸、供应设备，到派遣专家来华指导建筑安装，培训中国技术人员和熟练工人，部分项目已达到当时世界先进水平。著名的"156项工程"实际完成量达到150项，其中在"一五"时期完成了145项，是"一五"计划工业建设的重心，几乎吸纳了"一五"计划时期全部工业投资的一半。赫鲁晓夫还力排众议，向中国提供帮助制造核弹、导弹的生产企业和相应技术。20世纪50年代，苏联向中国贷款13笔，总计56.76亿卢布，其中

① 对起草《关于建国以来党的若干历史问题的决议》的几点意见（1981年3月）——陈云文选（1956—1985）［M］. 北京：人民出版社，1986.

② 结束过去，开辟未来（1989年5月16日）——邓小平文选第三卷［M］. 北京：人民出版社，1993.

援助经济建设的贷款共 4 笔，总计 12.5 亿卢布①。

50 年代中苏之间的经济互助具有极强的互补性，中方主要用大量农副产品和工矿产品换回苏联的成套机器设备。中国对苏联出口的商品中 32.7% 是工矿产品，48.4% 是农副产品。② 工矿产品中的大部分是苏联发展尖端科学必不可少的战略物资，如钨砂、钼砂、锂砂、硼砂、铍砂等。这些基本工矿和农副产品的对苏输送，极大地帮助了苏联抵制西方阵营的贸易封锁。

中苏决裂后，苏联对中国的援助也大幅减少，直至终止。

二、适应规则

“二战”结束后，美国推行“杜鲁门主义”“马歇尔计划”，并筹建了北大西洋公约组织，以期从政治、经济、军事上三管齐下，对苏联及其盟国实行政治上的孤立、经济上的封锁和军事上的包围。苏联也采取了相应的对策，制订了与马歇尔计划类似的莫洛托夫计划来援助东欧经济。20 世纪 60 年代末，世界进入美苏两级对阵的冷战时期，直至 1991 年。冷战开始之初，中国对苏联实行了“一边倒”的对外交往战略，把美国推行并建立的国际政治经济秩序看作西方国家特别是美国维护其霸权、剥削弱小国家的工具，因此对国际机制采取了抵制态度。20 世纪 60 年代末至 70 年代末，随着中苏关系破裂，以及苏联在美苏对峙中逐步转守为攻，中美两国领导人认识到，中美关系缓和符合中美两国彼时的共同利益。1971 年中国逐步恢复了在联合国、世界银行、国际货币基金组织等国际机构的席位。恢复席位后的中国不仅逐渐得到国际社会，尤其是西方发达国家的认可，也通过接受开发性援助贷款，在做大做强自身经济发展基础的同时，深入学习和了解了美国主导的国际经

① 王泰平. 中华人民共和国外交史（第二卷）［M］. 北京：世界知识出版社，1998.

② 沈觉人. 当代中国对外贸易（上卷）［M］. 北京：当代中国出版社，1992.

济秩序的游戏规则。这一时期中国在参与国际机制的过程中扮演的是“被动参与者”的角色。20 世纪 70 年代，实施改革开放战略后，中国开始全方位融入国际社会，接受国际贷款援助。

（一）国际合作的主要内容和成果

1. 主要内容

改革开放后，中国国际合作的主要方式是在以美国为主导的国际经济格局下，接受各类国际经济、金融和技术援助，尤以利率条件优厚（IDA 贷款利率为零）、贷款期限长（IDA 贷款可长达 50 年）的官方发展援助为主，包括多边援助和双边援助两大类。与其他发展中国家和欠发达国家不同，中国政府在接受国际援助性贷款之初便明确了目的：服务和支持国内经济发展和改革开放。尽管有些援助项目由于各种原因，未能达到预期效果，但总体看，国际援助贷款在解决资金短缺、物资瓶颈、技术匮乏、培养人才和能力建设方面为我国的改革开放和经济建设事业做出了有益的贡献。随着中国经济社会的快速发展，国际合作的方向和内容都发生了较大的调整。在国际多边合作中从受援国变为捐款国和知识经验转让国，在国际双边合作中则从受援国变为在市场经济和公平贸易制度下的经贸投资合作伙伴。

（1）多边援助

向中国提供贷款的多边国际组织包括联合国开发计划署、世界银行集团、亚洲开发银行、国际货币基金组织等。

——联合国开发计划署（UNDP）。联合国开发计划署（The United Nations Development Programme）是世界上最大的负责进行技术援助的多边机构。它是联合国的一个下属机构，总部位于纽约。UNDP 的工作是为发展中国家提供技术上的建议、培训人才并提供设备，开展能力建设，其宗旨是致力于推动人类可持续发展，协助各国应对发展挑战、提高适应能力，帮助人们创造更美好的生活。党的十一届三中全会确立中国实行改革开放的国策后一年，1979年9月，联合国开发计划署与中国政府签署了《中国政府—联合国开发计划署标准基本援助协议》，成为第一个与中国进行发展合作的联合国机构，向中国提供了1500万美元的援助资金用于27个项目，为改革开放之初的中国提供了一个为数不多的了解、学习国际先进理念、实践和技术的窗口。自1979年以来，UNDP调动了超过10亿美元的资金，用于支持中国发展，完成了900多个项目，涉及农业、工业、能源、公共卫生、减贫和经济重建①。

UNDP与中国政府定期商定“国别方案”与“合作框架”，确保援助项目的领域和内容契合中国在改革开放的进程中面临的新矛盾、新问题。援助重点从最开始的支持经济特区发展（1980年）、促进海外华侨分享知识和技术（1982年），到20世纪80年代末90年代初配合政府职能转变而进行的一系列能力建设项目，如1988年社保体制改革，1988—1994年公务员制度改革、1991年推进政府机构改革、1992年经济法体系改革项目等。90年代以后，援助重点逐步过渡到解决二元经济问题的领域，实施了包括支持西部发展、推广清洁能源和可再生能源、节约能源和减少温室气体排放、减贫、小额信贷、生物多样性保护等项目。进入21世纪，援助重点更加关注全面、公平、可持续发展，加入了公平法治、保障残疾人权益、防灾救灾等涉及社会公平和全民福祉的议题。目前UNDP对华援助的重点领域包括四个方面：减贫、平等与治理、能源与环境、灾害管理与南南合作。

——世界银行（World Bank）是世界银行集团的简称，国际复兴开发银行的通称。是联合国经营国际金融业务的专门机构，也是联合国的一个下属机构，总部位于华盛顿。世界银行集团由国际复兴开发银行、国际开发协会、国际金融公司、多边投资担保机构和国际投资争端解决中心5个成员机构组成。中国是国际复兴开发银行的创始国之一，于

① “支持中国南南合作，借鉴中国经验”——访联合国开发计划署驻华代表处国别主任文霭洁［J］. 中国发展观察，2017（Z2）：54－58.

1980年恢复在世界银行的合法席位。在世界银行5个成员机构中，与中国关系最密切、参与中国改革开放进程最多的是国际复兴开发银行、国际开发协会和国际金融公司。中国初期是世界银行面向最贫困国家的国际开发协会（IDA）的受援国，1999年中国从国际开发协会“毕业”，2007年成为国际开发协会的捐款国。2010年，中国在与世界银行合作30周年之际完成增资，成为世界银行第三大股东国，投票权占总票权的4.45%，居第三位。伴随着中国快速变化的需求，世界银行在华工作的重点也不断做出调整。在早期阶段，世界银行提供技术援助，引进经济改革的基本理念、先进的项目管理方法和新技术。随后世界银行对华支持主要投向交通、城市发展、农村发展、能源、人类发展等领域，贷款主要投向中西部地区，贷款额在1993年达到33亿美元的高峰，随后逐年下降。最近十年来，世界银行的工作重点逐渐转向制度建设和知识转让，帮助其他国家学习中国的经验。世界银行集团在2013—2016财年《国别伙伴战略》中提出支持中国实现构建和谐社会的目标，工作重点集中在三个主要领域：支持更加绿色的增长、推动更具包容性的发展和与世界建立互利共赢的关系。截至2018年4月19日，世界银行累计对华贷款（国际复兴开发银行和国际开发协会贷款总和）超过604.95亿美元，项目416个。

截至1999年7月中国达到接受国际开发协会软贷款的“毕业条件”之前，国际开发协会共向中国提供了约10亿美元的软贷款。从2007年12月起，中国开始向国际开发协会提供赠款，首期3000万美元。2010年12月，又承诺向协会第16次捐资5000万美元，并按照相关法律条款双倍加速偿还IDA借款，并在此基础上自愿额外一次性提前偿还10亿美元借款，此部分提前还款折合为IDA16直接捐款。2013年12月，中国再次向IDA第17次增资捐款3亿美元，其中1.21亿美元为直接捐款，1.79亿美元用于优惠贷款贴息。2016年12月，中国向IDA第18次增资捐款6亿美元，并首次使用部分中国气候变化南南合作基金和人民币捐款。

国际金融公司在华战略重点为以下领域：气候变化，包括可再生能源、节能、节水、清洁技术、绿色政策和绿色信贷；城乡统筹发展，重点包括前沿地区、食品安全、扩大小额信贷覆盖面及其与农业的联系；中国对外投资，包括同中国企业建立伙伴关系、共同在其他新兴经济体尤其是非洲经济体开展投资、动员资本、提供银团贷款，以及分享知识和标准。自国际金融公司 1985 年批准第一个对华项目以来，在中国共投资了 370 个项目，累计投资近 125 亿美元。仅在 2017 财年，国际金融公司就投资了 19 个项目，金额超过 8.6 亿美元。

——亚洲开发银行（简称“亚行”，ADB）。中国于 1986 年加入亚行，1987 年开始接受亚行的援助，1989 年亚行批准第一个在中国的基础设施项目。截至 2000 年，亚行累计提供贷款 101.23 亿美元，共计 81 个项目。中国成为亚行硬贷款的第二大借款国。亚行对华贷款规模总体呈上升趋势，2003 年以后，每年贷款额在 10 亿美元以上。20 世纪 80 年代至 90 年代初，亚行的援助主要集中在金融、交通、农业技术和工业技术革新领域。90 年代后期以来，援助集中在农业和自然资源、能源、金融、工业和贸易、交通和 ICT、供水和其他市政基础设施与服务领域。21 世纪以来，亚行援助贷款项目重点集中在环境保护、污染治理、生态修复、城市可持续发展领域。

从 2005 年起，中国与亚行的合作迈向新的领域。中国向亚洲发展基金捐资 3000 万美元，并在亚行设立一项 2000 万美元的中国扶贫与区域合作基金。中国成为第一个在国际金融机构设立此类基金的发展中国家，并开始作为捐资人和资源国在分享发展经验和知识方面起到新的作用。同年，亚行在中国发行等值 10 亿元人民币的熊猫债券，成为首家在华发行本地货币债券的国际开发机构。2010 年，亚行又在中国香港第一次发行离岸人民币债券。2012 年中国—亚行区域知识共享中心在亚行驻中国代表处成立，亚行与中国就知识合作和转让的合作越发频繁、紧密和深入。在亚行董事会批准的2016—2020年亚行与中国《国别伙伴战略》中，亚行与中国的合作伙伴关系扩展和深化到公共和私营部门的借贷关系、知识合作、在促进区域和“南南”合作方面的协作以及中国在亚行业务中作为出资方的作用四个方面。

——国际货币基金组织（IMF）。中国是IMF的创始国之一，1980年，中华人民共和国恢复了在IMF的合法席位。IMF旨在促进国际金融稳定和货币合作，确保国际货币体系、汇率体系及国际支付体系的稳定。此外，IMF还通过提高技术和资金协助，确保全球金融制度运作正常，推动国际贸易发展，促进高水平就业和经济可持续增长，并减少贫困。1981年，中国向IMF借用4.5亿特别提款权（约5.5亿美元）的备用信贷安排和3.1亿特别提款权（约3.8亿美元）的信托基金以弥补当时的国际收支逆差。1986年，为响应当年1月召开的“全国经济特区工作会议”上提出的发展外向型经济战略和邓小平同志6月对外汇问题讲话精神，中国再次大量吸收外资，当年向IMF借入5.98亿特别提款权（约7.3亿美元）的备用信贷安排来促进中国经济发展。这两笔贷款都按时归还，这也是中国加入IMF以来，仅有的两笔贷款。1996年12月1日，作为人民币汇率制度改革最重要的里程碑事件，中国接受IMF协定第八条，实现了人民币经常账户下可自由兑换。2000年以后，中国在IMF中的地位不断上升，IMF成为我国在国际政治经济舞台上履行大国责任的重要途径。2001年，中国在IMF的份额从第11位上升到第8位。2008年IMF改革后，中国份额再次增加至80.901亿特别提款权（SDR），所占份额仅次于美国、日本、德国、英国、法国五大股东国，投票权上升到3.64%。2016年1月27日，IMF 2010年份额和治理改革方案于2016年1月27日正式生效后，中国成为IMF第三大股东，份额提升到6.394%，排名仅次于美国和日本。2015年11月30日，IMF执董会批准人民币加入特别提款权货币篮子，新的货币篮子于2016年10月1日正式生效。

（2）双边援助

随着中国重新取得在联合国的席位，经合组织（OECD）国家开始向中国提供双边政府援助贷款。提供贷款的国家包括日本、比利时、丹麦、法国、英国、意大利、西班牙、德国、奥地利、瑞士、卢森堡、荷兰、挪威、瑞典、芬兰、加拿大、澳大利亚、科威特、韩国等24个国家及欧盟，其中提供贷款最多的是日本和德国。

——日本。日本是最早向中国提供援助也是提供援助最多的国家。1979—2004年，日本政府向中国提供的援助总额约为3.4万亿日元，占外国政府对华贷款总额的60%以上。最初日本对华援助重视沿海地区基础设施建设，2000年以来日本对华援助的重点转向环境保护、提高内陆地区居民的生活水平、社会开发、人才培养、健全制度、技术转让等方面。近年来对华援助也主要集中在环保领域，特别是中西部地区的环境保护工程。日本对华援助主要由无偿资金援助、技术合作及日元贷款三部分组成。日本对华援助支持了中国经济发展，并且日本提供的贷款期限大都是30~40年，利率低，有较长的宽限期。

——德国。德国是中国的第二大援助国。1982年，中德两国政府签署了技术合作总协定，德国政府开始对华提供无偿援助。截至2011年，德国共向中国提供无偿援助12.1亿美元。尽管德国向中国的财政援助已于2008年中止，但2009年仍面向中国开展了总额达2750万欧元的技术援助。合作的重点领域包括气候和环境保护、社会和法律与可持续发展。德中两国的合作不再是传统意义上的发展“援助”，而是形成了互利互惠的战略发展伙伴关系。

——澳大利亚。澳大利亚是第一个向中国提供援助的国家。早在1978年11月，澳大利亚就主动表示愿向中方提供一笔5000万澳元的贷款，此后澳方不断向中方提供优惠贷款，直到1996年终止。1981年10月，中澳签署《中澳技术合作促进发展计划协定》。优惠贷款计划的启动，极大地提升了两国合作水平。1993—1994年，澳对华援助升至其对外援助总额的 6.1%，1996 年优惠贷款计划停止，援华额占澳外援总额比例回落，从此以后再未有明显提升。截至 2011 年底，澳对华已提供 12 亿澳元援助，已完成合作项目 132 个，涉及农、林、牧、能源、交通、纺织、教育、卫生、城市规划、环境保护、综合扶贫、体制改革、能力建设、农村发展等领域。2011 年，澳宣布正式停止传统的对华无偿援助。近年来，澳方对中方的援助更多采取双边经贸合作的形式，主要涉及环保、卫生、教育等领域。

——欧盟（欧共体）。欧盟的前身欧共体于 1984 年开始向中国提供财政技术援助。1995 年以前，欧盟对华提供的发展援助以扶贫为主，主要集中在农业领域。1995 年以后，则改为促进双边关系，以及帮助中国应对国际社会普遍关切的环境、能源和气候变化等全球性挑战。2001 年欧委会通过了《国别战略文件》，将"支持中国的经济与社会改革、促进可持续发展与环境保护、完善政府管理与法制"作为中欧发展合作的三大优先领域。根据该文件，欧盟在 2002—2006 年，共向中国提供 13 个项目约 2.5 亿欧元的无偿援助。截至 2010 年 6 月，中欧发展合作项下共支持了 75 个项目，累计援助金额约 7.3 亿欧元，项目涉及经济与社会改革、贸易、司法、政府治理、农业、环保、能源、教育、卫生和社会保障等众多领域。

2. 主要成果

（1）缓解了国内经济增长的瓶颈

援助资金弥补了发展建设资金的不足。改革开放初期，百废待兴，世界银行和亚洲开发银行等国际金融组织的开发性金融贷款，以及双边政府援助性贷款，对弥补我国发展建设资金的不足起到了重要作用，当时的主权类贷款占到利用外资总额的 26% ~28%。"七五"期间，这部分资金相当于国内预算投资资金的 23.1%，"八五"期间高达 60.3%，"九五"期间降为 30.1%。"十五"及之后，随着中国综合国力的不断增强，逐步达到了开发性援助贷款的"毕业条款"，双边政府贷款逐渐停止，国际金融组织贷款总额和占比也逐年下降，更多地从东部地区转向扶持中西部地区的经济社会发展，但依然为缓解我国二元经济失衡提供了必要的资金支持。

推动了我国基础设施条件的改善。国际金融组织基础设施贷款项目建设，对改善我国交通、港口、城市建设、能源、供水及污水处理等发挥了重要作用，对改善中西部落后地区的经营环境和投资环境、促进落后地区的经济发展、增加当地人民的收入、提高人民的生活水平起到了推动作用。国际金融组织贷款在铁路建设和高速公路建设方面也发挥了积极作用。通过贷款项目建设，我国引进了先进技术和有效的激励制度，仅用十几年时间就成为高速公路里程数位居世界第 2 的国家，铁路网建设和扩建也离不开国际援助的大力支持。

为我国改革开放初期的经济发展提供了重要的人才支撑和能力建设支持。国际合作项目通过在我国设立技术研究和培训中心，选派各行业的科研技术人员、中高级管理人员、公职人员等，有针对性地出国考察和培训，同时聘请万余名外国专家来华工作，提高了我国科研队伍、经营管理队伍的素质，为我国经济社会发展提供了人才支撑和能力建设支持。

（2）推动了改革开放和经济转型

UNDP、世界银行和亚洲开发银行等国际多边机构开展的国际合作项目都重视“软能力”建设。尤其是在改革开放初期，为了推动中国的经济转型，援助项目配套开展大量咨询课题，为我国经济体制改革、国有企业改革、社会保障体制改革、公务员制度改革、政府机构改革、市场经济的法治环境建设等提供了可供借鉴的国际经验。我国中央和地方各级政府也非常重视并听取和采纳国际金融组织在社会保障、政府治理结构、金融、国有企业、财政及结构调整等方面提出的前瞻性建议和国际经验。国际技术援助深度参与国内改革开放重大问题的研究和方案设计，大大加速了中国经济体制改革、税制改革、社会保障制度改革、政府机构改革，以及国有企业、公务员制度、法律体系的完善，价格、金融和投资体制与环保等领域的改革步伐，推动了我国经济立法、期货和股票市场的建立、各学科人才的培养，促进了现代企业制度改革，对建立和完善中国特色的社会主义市场经济制度起到了重要作用。

（3）促进了经贸投资的长期增长

援助性贷款有利于促进经济增长，这与国际金融组织的贷款目标——长期可持续的经济增长和社会发展相吻合。有研究数据表明，1990 年之后，国际金融组织贷款每增加 1%，带动经济增长率提高 5.5% 左右。20 世纪 90 年代中国经济增长的自主能力增强，与国际金融组织的贷款也具有互补性。尽管贷款占 GDP 比重很小，但对中国经济增长的推动作用明显。国际援助资金弥补了国际收支逆差，推动了中国贸易发展。中国积极加入多边贸易体制，推动了这一时期我国对外贸易快速增长。国际援助性开发贷款改善了我国的投资环境，贷款项目产生了示范效应和消费效应，同时增强了政府的资源动员能力，推动政府出台更多的引资政策，促进了私人投资的长期增长。

（4）实现了开发式减贫目标

国际援助项目对减少贫困发挥了积极作用。减少贫困是国际援助贷款和赠款项目长期以来追求的重要目标之一。作为发展中国家，中国政府非常重视贫富差距问题。国际合作项目对于中国扶贫减贫的最大意义在于推动了我国由传统一次性救济式扶贫转为可持续的开发式扶贫，包括实施针对贫困人群的项目融资计划、全球范围内的扶贫经验交流、引进有效的扶贫办法等，在相当程度上避免了返贫问题。

（二）国际合作的特点

1. 调整自身，适应现有国际经济秩序和规则

20 世纪 70 年代，基辛格博士提倡的势力均衡基础上的政治多极化、经济全球化思想，影响了美国领导人，促成了中美建交。70 年代末，邓小平同志坚持改革开放的战略，则促使中国在冷战框架下，摒弃

意识形态站队，“拥抱”美欧主导的国际经济秩序，韬光养晦，发展壮大自身经济实力。这一时期，中国积极参与现有国际经济秩序和规则体系，对外先后恢复在国际货币基金组织和世界银行的合法席位，并两次增加特别提款权，开启恢复中国在关贸总协定地位的谈判。积极利用国际经济和技术援助支持经济结构和经济体制改革，逐步实现与国际通行的市场经济体制的接轨。

2. 坚持以我为主，渐进式开放和改革

改革开放之初，中国大量接受来自国际金融机构、国际组织、OECD 国家的资金和技术援助。但是，几乎所有的援助项目都带有援助国附加的条件，包括：要求进口 OECD 国家生产的设备，而且设备定价往往高于市场价格；要求中国加快经济体制改革的步伐，减少配额控制，减少对国有企业的控制，修订法律，等等。尽管如此，中国政府从一开始就确立了“坚持以我为主”的指导思想，将维护国家利益放在首位，始终将发展的主动权掌握在自己手中，坚持“由点到线、由线到面”循序渐进地开放和改革。在接受资金和技术援助时，尽可能选择价优质优的产品，同时坚持进口设备支持的项目，其产品主要用于出口，以服务改革开放之初全力出口创汇的总目标。

3. 推动建立市场经济体制的发展目标

国际援助赠款和贷款项目提供了大量发达国家市场经济运行体制的国际经验，提供了其他发展中国家接受国际援助推进经济体制改革的经验教训，为我国经济体制改革的路径和目标提供了可资借鉴的方案。同时，对国际援助资金和技术的内在迫切需求，以及为争取对中国企业更有利的国际贸易条件的现实需求，迫使中国政府在对外谈判的压力下，做出权衡，顶住国内保守利益集团的压力，坚定走市场经济道路，积极推动国内经济改革，包括逐步放开价格、实施外贸体制改革、扩大市场准入和改革非关税措施、改革外汇管理体制和外汇政策等。这些改革虽然也曾在短期内造成国内经济和社会的阵痛，例如 20 世纪 80 年代末价格放开后出现的通货膨胀和90年初的纺织压锭造成的大量国企员工下岗等，但从更长的历史轴线来看，这些阵痛过去后，都为进一步解放生产力和推动市场经济体制的建立奠定了基础。

三、接受规则

从1986年7月11日中国正式提出恢复中国在关税与贸易总协定（GATT）缔约方地位，到2001年12月11日，中国正式成为世界贸易组织（World Trade Organization，WTO）的第143个成员，经过了长达15年的艰辛谈判。其间，又经历了1995年1月1日WTO成立，取代成立于1947年的GATT，"复关谈判"转为"入世谈判"。加入WTO后，通过全面践行和实施WTO的互惠、非歧视、透明度、市场准入、促进公平竞争原则，中国对外贸易规模迅速扩大，改革开放的红利从东部沿海地区迅速渗透到中西部地区，有效缓解了出口导向型经济发展导致的二元经济结构难题。更为重要的是，通过加入WTO，中国的经济政策更加无缝地与世界接轨，极大地推动了中国政府职能转变的步伐，催生了大部制、投融资体制等制度性改革，进一步释放了生产力，延续了30多年经济持续高速增长的"神话"。

与接受以"扶贫和发展"为宗旨的国际经济和技术援助不同，中国在WTO框架下开展的国际合作，不存在受援国和施援国之间的主次关系，而是进入了一个新的层次，即在平等、互惠、合作框架下进行国际合作。

（一）国际合作的主要内容和成果

1. 主要内容

（1）主动调适，为全面参与WTO事务奠定基础

WTO及其前身"关税与贸易总协定"（GATT）与国际货币基金组织（IMF）、世界银行（WB）构成世界经济发展的三大支柱，是当代最重要的国际经济组织之一，拥有164个成员，成员贸易总额达到全球的

98%，有“经济联合国”之称。无论是仅涉及商品货物贸易的 GATT，还是涵盖货物贸易、服务贸易和知识产权贸易的 WTO，其基本原则都是通过实施市场开放、非歧视和公平贸易等市场经济体制的运行基础和原则，来实现世界贸易自由化的目标。因此，WTO 也鼓励和要求其成员实行市场经济体制。中国“复关”和“入世”谈判的过程，也是中国改革开放不断深化，逐步由计划经济体制向市场经济体制转型的过程。为适应“复关”和“入世”的要求，中国在对外谈判中做出了涵盖广泛、条款具体的承诺，在对内改革中逐步调整不适应市场经济基本援助的体制机制。兑现这些承诺，包括完善法制和推进法治进程、改革政府职能和监管手段、修改大量与 WTO 自由贸易原则相违背的规章制度等。中国正式加入 WTO 后，面对外部市场竞争的压力，对内改革的步伐不仅没有停滞，甚至更加积极和主动，在贸易法律制度、应对模式、市场开放、政府规制、思想观念等方面都做出了重大调整，以适应多边贸易体制下的新环境。

——完善贸易法律制度。为遵守 WTO 规则并履行中国加入 WTO 的承诺，中国政府有计划地对与贸易有关的 3000 多部法律、行政法规、部门规章等进行了集中清理和调整（包括修改、废止与增补）。这些法律、法规和规章的内容，涉及货物贸易、服务贸易、与贸易有关的知识产权保护以及透明度、贸易政策的统一实施等各个方面，很多被广泛接受的国际规则与国际惯例被纳入中国国内法。全国 31 个省市和 49 个较大城市根据国家统一要求，共修改、废止了 19 万多项地方性法规、地方政府规章和其他政策措施。通过这一轮大规模的法规清理和调整工作，基本形成了既符合 WTO 多边贸易规则又符合中国国情的对外贸易法律制度，使中国的对外经贸体系与 WTO 规则和加入 WTO 承诺相一致，中国的贸易体制和政策法规环境更加稳定、透明，更具可预见性。

——调整应对模式。为应对加入 WTO 带来的机遇和挑战，根据自身的具体国情，中国创造性地建立了“政府主导、企业主体、行业协会积极参与”的应对模式。在政府层面，中国建立了中央和地方两级应对机制。中央政府对加入 WTO 后的工作做出全面部署，增设与 WTO 相关的政府机构；地方政府积极落实中央政府部署，设置与 WTO 事务相关的机构，落实中国加入 WTO 的承诺。与此同时，政府放开对外贸易经营权，建立开放、公平和统一的国内市场，建立与完善社会主义市场经济体制，把宏观调控与微观搞活有机结合起来，鼓励企业和行业协会发展。行业协会在沟通政府与企业、帮助企业发现和利用机遇、应对贸易摩擦和跨越贸易壁垒等方面发挥着积极作用。这种应对模式适合中国具体国情，增强了中国把握机遇、应对挑战的能力。

——提高市场开放水平。中国切实履行加入 WTO 承诺，逐步提高市场开放水平。在货物贸易领域，中国按照承诺逐步削减关税水平，按所承诺的时间表全部取消了进口配额和进口许可证等非关税措施，彻底放开对外贸易经营权。在 160 多个服务贸易部门中，中国已经开放了 100 多个，涉及银行、保险、电信、分销、会计、教育等重要服务部门，为外国服务商提供了广阔的市场准入机会。中国高度重视知识产权保护工作，完成了相关法律法规的修改，使其与 WTO《与贸易有关的知识产权协定》以及其他保护知识产权的国际规则相一致，不断加大知识产权保护力度，提高全社会的知识产权保护意识。截至 2010 年，中国加入 WTO 的所有承诺已全部履行完毕，成为全球最开放的市场之一。

——进一步解放思想。WTO 的一些基本原则，如非歧视、透明度、公平竞争、开放市场等，是发达国家成熟市场经济的长期经验总结，更是当今世界经济通行的游戏规则，对后进国家的制度完善和市场建设具有重要的借鉴意义。这些基本原则和与之接轨的国内法规体制的确立，在中国引发了一场学习和普及 WTO 规则以及市场经济、法治经济和开放经济一般规律的启蒙教育。全球视野、创新眼光、规则意识、竞争意识、发展意识、公开透明、法治观念、知识产权观念等先进理念冲击着中国的传统思维和陈旧观念，逐步深入人心，激起广泛的社会变革。各级政府部门和官员的思维方式与执政观念有了明显改变，政府职能转变的步伐也随之加快，企业的经营和贸易行为逐步规范化，为“走出去”进行跨国经营奠定了良好的法律基础，广大国民的思想观念和视野更加开阔，国民素质也有了很大提升。

（2）全面参与 WTO 贸易谈判机制

加入 WTO 以来，中国一方面对照 WTO 的各项原则，持续对自身经济、法制，乃至政治体制和观念进行调整；另一方面也努力学习和适应 WTO 的运行规则，全面参与 WTO 的各轮谈判和政策磋商，充分利用 WTO 宣示政策、表达关注、处理争端、参与谈判、维护国家利益和企业权益。

——中国参与 WTO 争端解决机制。

WTO 现行的争端解决机制是以 GATT 40 多年的争端解决实践为基础、经过发展和创新而确立的，对国际贸易争端的顺利解决起到了积极作用，为多边贸易体制的有效运转提供了重要保障，被誉为“WTO 皇冠上的明珠”。随着加入 WTO 后贸易规模的扩大、贸易地位的提升和融入世界经济的程度不断加深，中国已然进入贸易摩擦的高发期，双边和多边的贸易争端明显增多。在这种形势下，中国认真学习 WTO 规则和争端解决程序，积极有效地参与 WTO 争端解决机制，增强在多边机制下处理贸易争端的能力，全力维护企业合法权益和国家利益。

加入 WTO 初期，中国尚不能像老成员那样娴熟地利用 WTO 争端解决机制，而是本着熟悉规则和培养人才的目的，以第三方的身份积极参与争端解决，积累经验。据统计，中国在前 5 年过渡期以第三方身份参与了 61 起案件，是最活跃的第三方之一。但是，除 2002 年以“搭便车”方式投诉美国钢铁保障措施以及 2004 年被美国投诉的集成电路增值税案以双方协商解决外，中国几乎不作为争端方出现。因此，中国起初被认为是极不情愿的原告和易于妥协的被告，对通过多边机制解决贸易争端持谨慎和克制的态度。但以大致 5 年过渡期的结束为分水岭，后期中国在 WTO 争端解决机制中的表现截然不同。2009 年更被称为“中国在 WTO 争端解决中的崛起年”——WTO 共受理 14 起争端，中国涉案 7 起（3 起投诉、4 起被诉），居各 WTO 成员之首。

——中国参与 WTO 多哈回合谈判。

多哈回合谈判不仅是迄今涉及范围最广、参加成员最多的一轮谈判，而且也是中国加入 WTO 后参加的首轮多边贸易谈判。正是通过参与多哈回合谈判，中国开始逐渐从接受规则、熟悉规则向参与制定规则转变。多哈回合谈判的早日结束将为多边贸易体制注入新的活力，有利于稳定中国未来的国际经贸发展环境。作为一名新成员，中国自加入 WTO 以来就全力投入多哈回合谈判中，发挥了积极的建设性作用。

作为发展中成员，中国从谈判初期就坚定地和广大发展中成员站在一起，强调多哈回合是发展回合，应当重点解决广大发展中成员所关注的问题，包括大幅度削减发达国家农产品的关税高峰和扭曲贸易的农产品补贴，对发展中成员农产品和工业品的关税削减给予特殊和差别待遇，对乌拉圭回合所遗留的、实施过程中遇到的问题予以妥善处理等。在坎昆会议前后，中国与广大发展中成员据理力争，最终使欧盟等发达成员放弃了贸易与投资、竞争政策和政府采购透明度三个议题。此外，中国还积极支持非洲棉花生产国要求发达成员削减棉花补贴和开放棉花市场以及最不发达国家要求免关税、免配额待遇的正当要求。

在多哈回合谈判初期，中国作为一名新成员，尚处于学习和适应阶段，位于谈判的外围。随着中国贸易地位的提升和谈判能力的增强，中国发挥的作用越来越大，受重视程度也越来越高，最终进入了谈判的核心圈。当然必须看到，中国作为一个新成员，对多边贸易规则的理解和应用水平仍有待提高，参加多边贸易谈判经验仍显不足，谈判队伍的建设仍需加强，国内各部门之间的协调、前后方信息的沟通都有待进一步加强。总之，中国将继续在多哈回合谈判中发挥建设性作用，为尽早实现发展回合目标，结束多哈回合谈判做出积极的贡献。

——中国参与 WTO 贸易政策审议。

贸易政策审议机制是乌拉圭回合谈判的成果之一，目的是通过对各成员的贸易政策和做法及其对多边贸易体制运行的影响进行定期的集体审议和评估，促进所有成员更好地遵守多边贸易协议和适用的诸边贸易协议项下的规则、纪律和承诺。贸易政策审议的效用主要体现在以下方面：其一，它是 WTO 成员对某个成员贸易政策进行审议的唯一场合。其他成员既可以对接受审议成员的经贸形势进行评估，又可以就其与贸易有关的政策进行讨论和澄清，获得信息，表达关注。其二，接受审议的成员也能从中获益。接受审议有助于加强国内各部门之间对与贸易有关的政策的讨论与合作，提高对 WTO 的重视程度。

加入 WTO 以来，中国积极参加贸易政策审议机构的各项活动。一方面，作为一名 WTO 成员，中国可以参加贸易政策审议机构对其他成员的贸易政策审议，就对方的经贸政策和实践发表看法、表达关注。另一方面，作为一个外贸总量居世界前 4 位的成员，中国每两年接受一次审议，向贸易政策审议机构提交《中国政府政策声明》，与 WTO 秘书处撰写的《中国贸易政策审议报告》一起作为接受其他成员审议的基础。中国政府积极协助 WTO 秘书处撰写贸易政策审议报告，认真准备政策声明，在审议会议上就中国的经贸政策和实践与其他成员进行交流，并回答他们的质疑和问题。

中国将 WTO 贸易政策审议作为宣示经贸政策、虚心接受其他成员意见的多边舞台，彰显了中国尊重 WTO 权威、遵守多边贸易规则的负责任大国形象。通过贸易政策审议，中国政府可以发现问题，完善相关经贸政策，促进改革开放进程。在审议机制下，中国也可以监督其他成员的贸易政策和实践，对其是否违背 WTO 规则提出质疑，同时汲取其他成员的有益经验和做法。加入 WTO 以来，中国认真参加了对其他成员的贸易政策审议，表达中国的重点关切，敦促其他成员认真履行WTO义务。例如，在2010年WTO对美国的第十次贸易政策审议会议上，中国对美国实施的一系列贸易保护主义措施以及扩张的货币政策表示关切，要求美国切实履行WTO成员的义务。

2. 主要成果

加入WTO，是我国主动对接、积极适应世界规则的结果，为我国经济发展提供了稳定有利的国际经贸环境和开放广阔的国际市场机会。“入世”后我国经济表现卓越，成为世界经济增长的重要引擎。同时，中国“入世”也为贸易伙伴创造了互利共赢、共同发展的机遇，中国主动向世界开放市场，为各国分享中国红利创造了诸多机会。

（1）显著提升对世界经济增长的贡献度

从自身发展来看，加入WTO以来中国经济增长的巨大潜能得到充分释放，逐步成长为世界第二大经济体，确立了世界贸易大国的地位。2000年，中国国内生产总值1.21万亿美元，居世界第6位，占世界比重为3.6%；2016年，中国国内生产总值11.20万亿美元，居世界第2位，占世界比重为14.8%，比2000年提高11.2个百分点。2000年，中国人均国民总收入930美元，居世界第141位；2016年，中国人均国民总收入8260美元，居世界第93位，位次提升了48名。

从全球意义上说，中国加入世界贸易组织为经济全球化进一步发展注入了新的生机和活力，中国经济增长成为世界经济增长的引擎，为整个世界经济增长做出了贡献。2000年，中国对世界国内生产总值增长的贡献率为8.32%；2016年，贡献率提高到32.43%，提高了24.11个百分点。而美国对世界国内生产总值的贡献率由2000年的23.75%下降到2016年的14.57%，下降了9.18个百分点。

（2）中国成为世界第一大出口国和第二大进口国

加入WTO后，中国进出口贸易发展进一步提速。2000年，中国货物进出口贸易总额0.47万亿美元，居世界第8位，占世界比重为

3.6%；2018年，中国货物进出口贸易总额3.69万亿美元，居世界第2位，占世界比重为11.5%，比2000年提高7.9个百分点。原有出口潜力进一步释放，出口呈现超高速增长态势，货物出口额占世界比重由2000年的3.9%提高到2018年的13.2%，提高了9.3个百分点，成为世界第一大出口国，中国成了名副其实的"世界工厂"，"中国制造"的产品行销世界各地。进口关税和非关税壁垒逐步削减，国内进一步开放市场，进口规模也得以扩大，货物进口额占世界比重由2000年的3.3%提高到2018年的9.8%，提高了6.5个百分点，成为世界第二大进口国，"中国需求"带动了世界经济繁荣，创造了众多就业岗位，为各国民众带来了实实在在的好处。服务贸易增长势头良好，服务贸易进出口规模由2000年的660亿美元增长到2018年的6571亿美元，占世界比重提高了近5个百分点。贸易结构明显优化，"入世"以来中国在全球分工体系中的地位明显上升，之前出口主要依靠低成本的劳动密集型产业，现在技术密集型产业已逐步形成核心竞争力，中国整体出口结构不断升级。

（3）双向投资蓬勃发展奠定互利共赢的合作基础

中国积极吸引外国机构和个人来华投资兴业，外商投资企业在提升中国经济增长质量和效益的同时，也分享中国经济发展红利。2000年，外商直接投资407亿美元，居世界第9位，占世界比重为3.0%；2018年，外商直接投资1337亿美元，是2000年的3倍多，居世界第3位，占世界比重为7.7%，比2000年提高4.7个百分点。中国美国商会《2018中国商务环境调查报告》显示，近六成受访企业将中国列为全球三大投资目的地之一，74%的会员企业计划于2018年扩大在华投资，这一比例为近年来最高，其中1/3的受访企业计划增加在华投资10%以上。中国欧盟商会《商业信心调查2018》报告显示，超过一半的会员企业计划扩大在华运营规模。

对外投资合作成为中国主动融入经济全球化的重要方式和实现互利

共赢、共同发展的重要推动力。2000 年，对外直接投资 9.2 亿美元，居世界第 35 位，占世界比重仅为 0.1%；2018 年，对外直接投资 1831 亿美元，居世界第 2 位，占世界比重为 12.6%，比 2000 年提高 12.5 个百分点。2018 年，中国对外投资流量达到 1961.5 亿美元，蝉联世界第 2 位；对外投资存量达 13573.9 亿美元，位居世界第 6 位；对外承包工程新签合同额 2440 亿美元，完成营业额 1594 亿美元；派出各类劳务人员 49.43 万人。

（4）形成全方面、宽领域、多层次的开放经济体系

加入 WTO 以来，中国秉持多边贸易体制开放、透明、包容、非歧视等基本原则，主动向世界开放市场，为各国共享中国发展红利搭建新平台。目前中国已成为 120 多个国家和地区的主要贸易伙伴，已对 36 个建交且已完成换文手续的最不发达国家的 97% 税目产品实施了零关税。在履行货物贸易领域开放承诺方面，中国按照加入 WTO 时的承诺，大幅降低关税，显著削减非关税壁垒，全面放开外贸经营权，仅 2017 年，中国即对包括服装、化妆品在内的 187 个税目的产品进一步大幅降税。在履行服务贸易领域开放承诺方面，中国高水平开放服务市场，不断减少服务领域限制措施。加入 WTO 时承诺开放 100 个部门不仅已全部到位，目前还通过自主推进的方式，在不同程度上进一步开放了近 120 个部门。在自贸试验区中，金融、分销、交通运输等领域的开放程度均超过“入世”承诺水平。在投资领域，中国制造业对外资限制条款数量比加入世贸组织时减少了 50 多条。我国全方位、宽领域、多层次的开放经济体系逐步形成。

（二）国际合作的特点

这一阶段是中国接受国际规则的阶段，以加入 WTO 为主要内容。加入 WTO 以来，中国坚定遵守和维护世贸组织规则，全面加强同多边贸易规则的对接，切实履行货物和服务开放承诺，强化知识产权保护，对外开放政策的稳定性、透明度、可预见性显著提高。

1. 主动接受国际规则，赢得国际社会肯定

从复关和“入世”谈判，到正式加入 WTO，中国充分发挥开放的倒逼效应，抓住经济全球化的历史机遇，一方面主动调适，接受国际经贸规则，通过广泛的调整和变革，为全面参与 WTO 事务奠定基础；另一方面坚持互利共赢的基本原则，在 WTO 中发挥沟通和协调作用。中国为加强多边贸易体制做出了积极贡献，成为发展中国家积极融入经济全球化进程的典范，赢得了国际社会的广泛肯定和赞誉。中国在 WTO 中的表现成为国际社会观察中国如何看待现行国际秩序的判断依据之一。正是基于中国加入 WTO 十几年来的行为表现，美国自由派学者约翰·伊肯伯里认为，中国等崛起中的大国不想辩驳自由主义国际秩序的基本规则和原则，他们希望在这个秩序内获得更多的威信和领导权。

2. 主动调适作用显现，体制机制日益健全

中国的主动调适行为产生了多方面的积极效应：首先，中国的主动调适确保了 WTO 协议在中国得到有效和统一实施，开放型经济体系基本建成，参与经济全球化有了稳定的制度保障。其次，中国的主动调适增加了自身应对贸易摩擦、解决国际争端的经验，有利于我国维护自身合法权益。再次，中国的主动调适有助于在国际社会树立遵守通行国际规则和惯例的负责任大国形象，有利于我国开展国际合作。最后，中国的主动调适使其经受住了加入 WTO 带来的冲击，整体经济实力大幅增强。中国已从加入 WTO 初期的世界第九大经济体成长为第二大经济体，成为世界第一出口大国和第二进口大国，利用外资规模跃居全球第二位，“走出去”的规模和效益进一步提升。总之，中国的主动调适使得自身逐步跨越了与 WTO 之间存在的体制与观念鸿沟，为中国全面参与 WTO 各项活动奠定了良好基础。

3. 采取积极主动姿态，开始参与对外援助

中国经济实力在短短几十年间迅速增强，中国从低收入的发展中国

家一跃成为中等收入国家，并在 1987 年和 1997 年两次对亚太地区形成重创的经济和金融危机中全身而退，尽管中国国内也有发展不平衡的矛盾，但相对于其他发展中国家，国际社会对中国改革开放取得的举世瞩目的成就非常感兴趣。世界银行集团、亚洲开发银行、联合国开发计划署等国际机构的专家均认为，中国应当将自己的成功经验与世界分享。中国政府也认识到，中国的改革开放得益于国际援助和国际合作，经济腾飞的中国应当主动承担起国际责任。2008 年 2 月 25 日，中国宣布援助世界贸易组织 20 万美元，主要用于世贸组织的各项日常活动开支，以促进更多的发展中国家参与国际贸易。这是中国首次向世贸组织捐款，此举标志着中国不仅通过双边贸易形式帮助发展中国家，还开始加入多边国际援助活动的行列，体现了中国致力于促进多边贸易体制的一贯主张。“入世”以来，我国累计对外提供各类援款 1700 多亿元人民币，免除 50 个重债穷国和最不发达国家近 300 亿元人民币到期债务，为 173 个发展中国家和 13 个地区性国际组织培训各类人员 6 万多名，增强了受援国自主发展能力。

四、融入规则

改革开放以来，中国在适应、接受规则的过程中逐渐融入国际经济秩序之中，尤其是 20 世纪 80 年代末冷战结束后，面对经济全球化、贸易投资自由化和区域集团化的潮流，经历了 10 年对于计划经济、商品经济和市场经济的摇摆过程，中国政府于 1992 年正式明确了改革开放的方向是建立“社会主义市场经济体制”。此后，中国融入国际经济规则的步伐更加坚定而有力。

20 世纪 90 年代初，通过加入亚太经合组织和建立中国—东盟自贸区等，中国将改革开放初期以双边对话和主要与联合国、世界银行、国际货币基金组织等全球性经济组织对话的国际合作伙伴关系，延伸扩展到区域经济对话的层面。特别是通过与地缘经济更加密切的亚太经济体之间建立平等、合作、共赢的伙伴关系，中国进一步参与国际经济合作交往。与此同时，在继续与世界银行等国际多边组织开展各项合作时，一方面，仍然以受援国的身份，借用全球智力资源和管理经验支持诸如城乡统筹、气候变化、生态节能环保、减贫扶贫等新议题。另一方面，通过这些国际多边组织、区域经济合作平台、WTO 规制下的多边和双边对话机制，多角度地向全球传递中国的成功经验。在推广中国经验的过程中，中国开始在亚太经合组织、中国—东盟自由贸易区等区域经贸平台中扮演重要的角色。2008 年全球金融危机以后，更是在 G20 全球治理体系、中国—东盟自贸区升级版、上海合作组织等平台上主动提出解决方案。同时，与美国和欧盟两个最重要的双边经贸伙伴的关系也进一步深化。

（一）国际合作的主要内容和成果

1. 加入亚太经合组织

亚洲太平洋经济合作组织简称亚太经合组织（Asia - Pacific Economic Cooperation，APEC），是亚太地区最具影响的经济合作官方论坛，共有21个成员。1989年11月，响应澳大利亚倡议，举行了亚太经济合作会议首届部长级会议，1993年6月正式改名为亚太经济合作组织后，在双部长级会议（外交部部长、经济部部长）基础上，增加了领导人非正式会议，大大提升了亚太经合组织推动亚太区域贸易投资自由化，加强成员间经济技术合作，促进各成员经济增长的作用。1991年11月，中国以主权国家身份正式加入亚太经合组织。

从地缘经济的角度看，亚太地区无疑是中国经济贸易的重要依托。中国大部分对外贸易总额和吸引外资均来自亚太经合组织成员，中国经济在很大程度上受益于区域经济合作。自加入 APEC 以来，中国为亚太地区的经济发展做出了重要贡献，推动亚太地区持续 30 多年成为全球经济最具发展活力的板块。1993 年，西雅图第一次领导人非正式会议上，中国就提出了自主自愿、协商一致的合作方式和相互尊重、平等互利、彼此开放、共同繁荣的主张，成为指导 APEC 合作的重要原则。积极落实茂物目标（Bogor Goals）①，大幅降低关税水平，推动区域贸易投资自由化和便利化水平，为加强全球多边贸易体制做出贡献。广泛深入参与 APEC 各领域合作，特别是针对 APEC 成员多样性的特点和发展中经济体需求，积极推进区域经济一体化、基础设施建设、人力资源开发、科技等领域经济技术合作。

中国先后两次成功主办了 APEC 领导人非正式会议，进一步扩大了 APEC 在全球的影响力。2001 年，中国在上海举办 APEC 第九次领导人非正式会议，通过了《亚太经合组织经济领导人宣言》《上海共识》等重要文件，为 21 世纪亚太区域合作开辟了道路。2014 年，中国在北京举办 APEC 第二十二次领导人非正式会议，以“共建面向未来的亚太伙伴关系”为主题，围绕“推动区域经济一体化”“促进经济创新发展、改革与增长”“加强全方位基础设施与互联互通建设”三大重点议题展开讨论，历史性地启动了建设亚太自贸区进程。会议通过的北京纲领，绘制了面向未来的亚太一体化发展蓝图，开创了互联互通的发展路径，为推进亚太命运共同体建设迈出历史性关键一步。

中国的一系列倡议和举措履行了大国责任，展现了大国担当，为推动实现地区共赢发展发挥了重要作用。据国际货币基金组织测算，中国对亚洲经济增长的贡献率已超过 50%，中国经济每增长 1 个百分点，就将拉动亚洲经济增长 0.3 个百分点。随着与 APEC 经济体日益深入地合作，中国已经成为重要的引领者，中国与亚太地区其他国家已经成了一荣俱荣、一损俱损的命运共同体。

2. 积极打造中国—东盟自贸区升级版

东南亚国家联盟（Association of Southeast Asian Nations），即东盟

---

① 茂物目标（Bogor Goals）是在 1994 年印度尼西亚茂物召开的亚太经合组织峰会上提出的。该目标要求发达成员在 2010 年前、发展中成员在 2020 年前实现贸易和投资的自由化。

（ASEAN），成立于1967年，成员国包括马来西亚、新加坡、泰国、印度尼西亚、菲律宾、文莱、越南、老挝、缅甸和柬埔寨等10个国家，是东南亚地区以经济合作为基础的政治、经济、安全一体化合作组织。作为东盟地缘经济贸易最重要的合作伙伴，中国与东盟自1991年开始对话进程；1996年首次参加东盟会议，成为东盟全面对话伙伴国；1997年首次中国—东盟领导人会议发表《联合宣言》，确定了面向21世纪的睦邻互信伙伴关系。1997年亚洲金融危机中，中国为缓解危机，积极参与国际货币基金组织对亚洲有关国家的援助，包括向泰国等国提供总额超过40亿美元的援助和向印度尼西亚等国提供进出口信贷和紧急无偿药品援助等。通过实施国内经济刺激政策，对缓解亚洲经济紧张形势、带动亚洲经济复苏发挥了重要作用。中国在危机中表现出的负责任邻国的风范赢得了东盟各国的普遍好评。与此同时，国际货币基金组织对东盟各国的解困措施则因延后的救援时间、苛刻的贷款条件、政治因素的干预等，广受诟病。IMF在华盛顿共识框架下开出的救助方案，包括开放市场、降低政府的作用、紧缩财政政策和开放资本账户等，使已经深陷经济危机的国家在经济上进一步紧缩。亚洲金融危机之后，中国和东盟各国也普遍意识到，有必要在地缘经济更紧密的区域经济体之间，构筑起更为密切的经贸合作机制。2000年11月，中国在新加坡举行的第四次中国—东盟领导人会议上，首次提出建立中国—东盟自贸区的设想；2002年，双方签署了《中国与东盟全面经济合作框架协议》，正式启动中国—东盟自由贸易区（China and ASEAN Free Trade Area，CAFTA）建设进程。随后，中国和东盟相继在货物贸易、服务贸易、投资、争端解决机制等领域签署协议，完成中国—东盟自贸区协议的主要谈判。2010年1月1日CAFTA正式建成，成为世界人口最多的自贸区，也是发展中国家间最大的自贸区。

2011年，中国和东盟又启动“区域全面经济伙伴关系协定”（RCEP）谈判；2012年，共同发表《启动RCEP谈判的联合声明》；

2013 年，中国正式提出“打造中国—东盟自贸区升级版”的建议，建设中国—东盟命运共同体，推进政治、经贸、互联互通、金融、海上、安全、人文七个领域的合作。2015 年，签署《中华人民共和国与东南亚国家联盟关于修订〈中国—东盟全面经济合作框架协议〉及项下部分协议的议定书》，成为中国在现有自贸区基础上完成的第一个升级协定，从货物贸易、服务贸易、投资、经济技术合作等领域进行补充、完善和提升。

中国—东盟自贸区的建成和升级，有力地推动了双边经贸关系的长期稳定和快速发展。一是贸易规模不断扩大。从自贸区启动到 2016 年，中国与东盟双边贸易额增长了近 9 倍，年均增长约 20%。截至 2017 年，中国—东盟贸易额突破 5000 亿美元，达到 5148 亿美元，同比增长 13.8%。自 2009 年以来，中国已连续 9 年成为东盟的第一大贸易伙伴，东盟连续 7 年成为中国的第三大贸易伙伴。二是双边投资额不断增加。2017 年，中国与东盟累计双向投资总额超过 2000 亿美元，双向投资日趋平衡。中国企业对东盟投资增速较快，投资领域已从制造业、采矿业、批发零售等逐步拓展到电力、供水、电信等基础设施建设和商贸服务业。目前，东盟已经成为中国对外直接投资的第四大经济体。三是合作领域全面铺开。随着经济融合不断加深，中国与东盟先后在农业、信息通信、非传统安全领域、大湄公河次区域信息高速公路、交通、文化六个领域开展务实合作。

3. 加入 G20

1998 年亚洲金融危机后，美欧等发达国家深刻认识到要维护国际金融和货币体系的稳定，需要和发展中经济体开展真正意义上的国际合作。1999 年 6 月，八国集团财长在德国科隆提出创立二十国集团的建议，目的是将包括中国在内的其他 12 个重要经济体纳入国际经济、货币政策非正式对话，为国际金融体制改革做前期准备。二十国集团（G20）成员涵盖面广、代表性强，兼顾了发达国家、发展中国家以及不同地域利益平衡，GDP 约占世界经济总量的 90%，贸易额约占世界的 80%，人口约占世界的 70%。G20 创立之初仅为二十国财长和央行行长的例行会议机制，2008 年国际金融危机后，升格为领导人峰会。2009 年 9 月匹兹堡峰会将 G20 确定为国际经济合作的主要论坛，明确定位为“全球经济治理的首要平台”。按照惯例，国际货币基金组织与世界银行这两个布雷顿森林体系下最重要的国际金融机构列席会议。

2008 年由美国次贷危机引发的国际金融危机使全球对布雷顿森林体系下的国际金融体制有效性产生了极大怀疑。G20 首脑峰会则成为南北对话的有效机制。中国等新兴市场和发展中国家利用 G20，就危机应对、美欧经济金融政策对全球的影响、国际金融体制改革方向等问题与发达国家展开了深度交锋。全球治理体系进入了“G20”时代。

参加 G20 峰会推动和影响了中国的全球治理观。利用 G20 的互动对话机制，中国作为新兴市场和发展中国家最具影响力的代表，在推动国际金融体系改革、提高发展中国家在国际金融组织中的代表权和话语权等方面做出了不懈努力。在协调各国应对危机和推动全球治理改革的过程中，中国逐步从后台走向前台，积极担负起大国应有的责任，在完善全球治理格局、重建国际金融新秩序等方面发挥越来越重要的作用。例如，为应对国际金融危机，中国承诺购买约 500 亿美元国际货币基金组织债券。经过中国的长期坚持，2011 年世界银行通过了新一轮改革方案，发达国家向发展中国家转让部分投票权，使发展中国家整体投票权提高到 47.19%；中国在世界银行投票权提高到 4.42%，位列第三。中国开始从“被动参与者”变为“全球治理核心参与者”。2016 年中国在 G20 杭州峰会上首次系统阐述了以平等为基础、以开放为导向、以合作为动力、以共享为目标的全球经济治理观，推动 G20 向长效治理机制转型，提出世界经济应向创新、新工业革命、数字经济三大方向转型。杭州峰会通过了《二十国集团落实 2030 年可持续发展议程行动计划》《二十国集团全球贸易增长战略》，在就业、金融、能源等多个领域制定了行动计划，取得了丰硕成果。

4. 成立上合组织

上海合作组织是第一个以中国城市命名的国际组织，简称上合组织，其前身是中国、俄罗斯、哈萨克斯坦、吉尔吉斯斯坦、塔吉克斯坦五国为加强边境地区信任和裁军的谈判进程而建立的“上合五国”会晤机制。1996 年，五国联合签署《关于在边境地区加强军事领域信任的协定》，随后，相继签署发表《关于在边境地区相互裁减军事力量的协定》和《比什凯克声明》。2001 年 6 月 15 日，中国、俄罗斯、哈萨克斯坦、吉尔吉斯斯坦、塔吉克斯坦和乌兹别克斯坦六国元首签署《上海合作组织成立宣言》，宣布成立永久性政府间国际组织，将五国会晤机制下确立的“上海精神”——“互信、互利、平等、协商，尊重多样文明，谋求共同发展”正式写入宣言。截至 2017 年 6 月 9 日，上合组织成员扩大到 8 国，吸纳印度和巴基斯坦成为正式成员，4 个观察员国阿富汗、白俄罗斯、伊朗、蒙古国，并与阿塞拜疆、亚美尼亚、柬埔寨、尼泊尔、土耳其和斯里兰卡建立了对话伙伴国关系。

上合组织起源于中国与主要边境国家谋求区域安全的合作，包括建立国防安全信任，相互裁减国防武装力量，维护和加强地区和平、安全，打击恐怖主义和跨国犯罪，等等。但自上合组织 2001 年成立之初，各国首脑便意识到在上合组织框架下建立多边经济合作机制对区域和平、发展的重要性。上合组织成立以来，成员国建立了高层会晤机制，加强安全合作，建立完善区域经济合作协调机制，设立了海关、质检、电子商务、投资、能源、信息与电信等重点合作领域专业工作组。签署《上海合作组织成员国多边经贸合作纲要》，涉及 11 个领域、127 个项目，以双边合作推进多边合作。

2007 年以来，上合组织机制不断完善，双多边合作领域不断拓展，经济、人文、安全等迈向务实阶段。基础设施领域合作不断加强，电信、交通、水利、电力、生产加工、工程承包等尤为突出。在中国优惠信贷和上合组织银联体等资金的支持下，中哈、中塔等工程陆续竣工。双多边能源领域合作取得重大进展，相继落实中哈、中俄等19个经贸合作项目。金融领域合作取得突破性成果，2007年起，中国陆续向成员国提供超过100亿美元信贷支持，设立金融分支机构，开辟资本市场合作新领域，签署双边本币互换协议。2011年，上合组织成员国对外贸易额比2001年增长6.75倍，成员国间投资领域逐渐从能源与基础设施向农业、加工制造业、服务业等领域拓展。

在“一带一路”倡议推动下，2015年7月，上合组织元首理事会第十五次会议在俄罗斯乌法举行。中国国家主席习近平发表题为《团结互助、共迎挑战、推动上海合作组织实现新跨越》的重要讲话，提出开辟运输走廊。此次会议批准了《上合组织2025年发展战略》等一系列文件，成为“一带一路”倡议与沿线国家发展战略对接的主要平台。经贸合作领域成果卓著，相继签署了《上合组织成员国政府间国际道路运输便利化协定》《上合组织成员国区域经济合作》以及最受瞩目的《中哈产能合作计划》，涉及总价值240亿美元，包括52个产能合作项目，成为上合组织经贸合作的样板和典范。

5. 中美双边经贸关系

中美关系是当今世界最重要的双边关系，中美经贸关系更是双方关系的“压舱石”。目前，美国已成为中国的第二大贸易伙伴、第五大进口来源地和第一大出口市场，中国同样也是美国的第二大贸易伙伴、第一大进口来源地和第三大出口市场。中美建交以来，两国通过中美战略与经济对话以及双、多边机制，就各自国内经济事务及全球经济治理进行协调合作。随着中美两国经济利益的争夺、美国贸易保护主义的抬头以及美国对中国的战略遏制等，中美双边经贸摩擦日益增多。2018年是中美双边经贸关系的重要转折点，特朗普政府对中国实施并不断升级的贸易战使中美关系的前景扑朔迷离。中美经贸发展与改革开放相伴而行，经历了以下几个发展阶段：

——中美经贸迅速开创快速增长局面（1978—1991 年）。

1978 年，中国开始实施“改革开放”重大决策，启动了中美经贸合作快速发展进程。中美双边贸易额从 1978 年的 9.9 亿美元扩大到 1991 年的 142 亿美元，年均增长 22.7%，其间中国处于对美贸易逆差。中国对美国出口商品逐渐扩大到食品、轻工、医药、化工、机械设备等各个领域，进口商品增加了飞机、化肥、木材、纸张等。同时，美国对华投资也逐渐扩大，中国批准美国投资项目和实际使用美国资金额增至 3.2 亿美元，投资项目从石油、旅游业扩大到制造业。

——中美经贸发生结构性变化并快速发展（1992—2001 年）。

这一时期，中国开始市场经济建设，中美双边贸易额从 1992 年的 174.9 亿美元增加到 2001 年的 804.9 亿美元，年均增长 18.5%；美国企业对华直接投资从 5.11 亿美元扩大到 43.58 亿美元，年均增长 31%。中美双边经贸关系发生结构性变化，中国对美国贸易转为顺差，并逐年扩大；中美互为重要贸易伙伴；中国对美出口商品种类增加，商品技术含量提高；来华投资的美国大企业和独资企业增多。中美已经互为第一大贸易伙伴国。

——中美经贸全面、高速、深入发展（2002—2012 年）。

随着中国加入 WTO，中国经济全方位和深层次融入世界经济，中美经贸关系也从货物贸易逐步扩展到服务、投资、经济技术合作等各个领域。2002—2012 年，中美双边贸易额年均增长 24.7%，美国对中国的出口增长是美国对世界其他地区出口增长的 5 倍，中国从美国第 9 大出口市场跃居第 3 大出口市场，其中，服务贸易增长较快。中国对美国出口商品结构进一步优化，从初级产品、技术含量低的劳动密集型产品占较大比重，逐步转变为机电产品居主导地位。与此同时，美国对华投资规模和领域也在不断拓宽。

——中美经贸竞争关系呈现新态势（2013—2017 年）。

随着中国经济发展进入新常态，中美双边经贸合作内容深入扩展到贸易、金融、投资等各个领域。2013 年，中国对美投资逐步显现后发优势，中国对美直接投资额首次超过美对华直接投资。随后，中美双边投资协定（BIT）谈判取得历史性进展，中美经贸关系进入全新时期。地方层级的经贸合作不断深化是这一时期的一大特色。先后建立起中美省长州长论坛、中美城市合作会议等一系列省级和城市级的合作机制。两国地方政府在经贸、投资、环境等众多领域开展合作，探索中美经贸合作的新内容、新途径，对构建中美新型经贸关系发挥了积极作用。此外，中美两国政府在全球经济治理方面合作日益增多，开展多边金融合作，推进金融机构、机制和标准改革创新；推动国际货币基金组织改革，人民币加入国际货币基金组织特别提款权货币篮子。随着中国经济的飞速发展，中美经贸摩擦成为新常态，国际经贸规则之争成为新焦点，高新技术产业竞争拉开帷幕。2017 年，美国与中国双边货物贸易总额达到 6359.7 亿美元，比 2016 年增长超过 10%。其中，美国对华出口 1303.7 亿美元，为美国历史最高，占美国出口总额的 8.4%，占比较 2016 年提升 0.5 个百分点。在服务贸易方面，美国则是中国服务贸易逆差的最大来源国。2017 年，美国对华服务贸易顺差占美国全部服务贸易顺差的 15.9%，比 2008 年的 4% 提高了近 12 个百分点。

——特朗普政府与中美贸易战（2018 年）。

面对持续扩大的美中贸易逆差，美国商界对来自中国竞争的担忧日益强烈。美国总统特朗普上台后奉行“美国优先”政策，推行逆全球化措施。2018 年美国政府开始调整对华经贸政策，两国贸易摩擦持续升级。3 月，特朗普总统宣布对价值高达 500 亿美元的中国商品征收 25% 的惩罚性关税，中国也进行了回应，中美贸易战正式打响。7 月，美国继续对中国施压，追加 2000 亿美元制裁商品。美国的制裁清单针对的是从中国产业政策受益的产品。7 月 26—27 日，美国代表正式向世界贸易组织总理事会提交报告，对中国经济模式进行指责。报告指出，中国加入世贸组织之初，中方承诺对相悖于国际贸易体系的政策及行为做出相应调整。报告认为，如今中国政府却在市场导向和市场资源分配方式的相反道路上越走越远，实施国家主导的贸易破坏性的经济模式。这违背了中国政府的“入世”承诺，违背了 WTO 的基本原则，给 WTO 和其他成员体带来了巨大的经济压力及严峻挑战。经过磋商，2019 年 12 月，中美第一阶段经贸协议达成一致，协议文本包括序言、知识产权、技术转让、食品和农产品、金融服务、汇率和透明度、扩大贸易、双边评估和争端解决、最终条款几个章节。同时，双方达成一致，美方将履行分阶段取消对华产品加征关税的相关承诺，实现加征关税由升到降的转变。

中国政府却认为，首先，美国的贸易逆差主要是因为美国的储蓄率太低。其次，美方无视中国近年来在公平贸易条件和知识产权保护方面做出的实质性改进和努力，在双边谈判中缺乏诚意，执意单方面挑起贸易战。通过打贸易战来遏制中国经济提升的做法，在打击中国的同时也会深深地影响美国经济。面对特朗普政府的压力，中国政府坚决反击，包括对来自美国的进口商品实施惩罚性关税，以及利用中国多年积攒的对全球产业链和供给链的影响力，选择美国高附加值制造业供应链上对中国有巨大依赖的零部件、中间材料和设备采取对美国出口限制的措施，等等。中国政府更倾向于认为，美国政府为了国内利益，通过打贸易战遏制中国经济的政策近期不会改变，但也很难在较短的政治周期内奏效。因此，中国政府本着务实的态度和对等的原则，做好了应对中美经贸摩擦长期化的准备。

6. 中欧双边经贸关系

1975 年 5 月 6 日，中国与欧盟前身——欧洲经济共同体建立正式外交关系。当时中国是社会主义阵营中最早承认欧共体，并与之建立外交关系的国家。中欧建交 40 多年来，双方关系全面发展，形成了以领导人年度会晤机制为战略引领，以高级别战略对话、经贸高层对话和高级别人文交流对话机制为三大支柱的“1 + 3”高层对话格局。自 1983

年起，双方每年举行定期政治磋商，并在联合国大会期间举行外长级会晤。1994 年欧盟委员会发表《走向亚洲新战略》之后，通过签署一系列政治文件，中欧双方先后在政治上建立起“面向 21 世纪的长期稳定的建设性伙伴关系”（1998 年）以及“全面伙伴关系”（2001 年）。特别是中欧全面战略伙伴关系建立以来，双边经贸合作发展迅速。尽管欧盟在对华武器禁运、贸易摩擦以及是否承认中国市场经济地位等方面依然消极，但并未妨碍欧盟连续 11 年为中国第一大贸易伙伴，中国则连续 12 年是欧盟第二大贸易伙伴。2014 年中欧双边贸易额突破 6000 亿美元大关。欧盟是中国重要的外资来源地，累计在华投资已接近 1000 亿美元，中国企业对欧投资虽然起步晚，但近年来呈“井喷”态势，在欧盟的投资存量已超过 500 亿美元。2014 年中国企业对欧投资首次超过欧盟企业对华投资。

2006 年第九次中欧领导人会晤后，欧盟委员会发表了题为《欧盟与中国：更紧密的伙伴、承担更多责任》的对华政策文件。该份文件是中欧关系的一次重大转折，也是欧盟在面对中国快速发展、中欧经济利益日益密切的过程中做出的一次政策调整。一方面，中欧是世界两大重要经济体，是发展之路上的利益共同体，双方在经贸领域互补性强，中国在资金和市场等领域具有竞争优势，欧盟成员国在技术等方面具有传统优势，因此欧盟明确将继续发展与中国的战略伙伴关系；另一方面，欧盟也强调，中欧都在谋改革、促发展，作为全面战略伙伴，双方都应该承担更多的责任。2007 年，中欧决定成立副总理级的中欧经贸高层对话机制，搭建起一个为未来双边经贸关系设定方向的战略讨论平台，以及管理合作与竞争关系的机制。

2013 年以来，在中方增强主动性并调整对欧政策的背景下，中欧关系进入新的活跃发展时期。双方先后发表《中欧合作 2020 战略规划》，中欧在打造和平、增长、改革、文明四大伙伴关系上达成重要共识，进一步丰富了以合作共赢为主流的中欧全面战略伙伴关系的内涵，中欧关系成为双方各自涵盖领域最广、对话机制最多的对外关系，中欧双边经贸投资合作也趋向平衡发展。2017 年，双边贸易额达到 6169 亿美元，同比增长 12. 7%，创历史新高；中国对欧盟贸易顺差从 2008 年的占贸易总额的近四成，减少至占贸易总额的 20%。欧盟连续 14 年为中国的最大贸易伙伴，连续 7 年是中国最大进口来源地，连续 6 年为中国第二大出口市场。在投资关系上，双向投资的“跛脚”状况明显改善。随着 2009 年欧元区主权债务危机后欧盟成员国对域外资金需求的上升，以及中国企业加快走向海外，中国对欧盟直接投资在 2009 年之后迎来了迅速增长。经过 40 多年的合作，中欧经贸关系从单纯依赖相互贸易向投资、产业和金融合作并重的结构演变。

（二）国际合作的特点

随着中国改革开放步伐的不断加快，科学技术的进步、资本与人才的涌入，使中国经济在短时间内迅速腾飞，国家综合国力不断增强，在国际舞台上的地位开始提升。与此同时，中国为进一步深化改革开放，打造全方位、宽领域、多层次的开放型经济，开始主动参与国际事务，追求在国际经济事务中的参与权，学习全球治理理念、规章制度，积极融入、吸收国际规则、国际经验，谋求变革全球治理格局，为中国下一步提出构建新型全球治理体系的改革思想奠定了基础。

1. 国际合作多元化、一体化

合作领域多元化。中国在贸易、投资、能源、教育、旅游、医疗、技术、环境治理等多领域开展对外合作，无论是在基础设施建设、能源开发等优势领域，还是新兴服务贸易领域，中国都能够依据本国国情，积累许多其他国家可以借鉴的经验。

合作国家和地区多元化。以前中国受客观条件影响，主要经贸伙伴多集中在亚太周边国家和地区。如今，中国开展国际合作，经贸伙伴包括资源国和消费国，遍布世界各地。

合作形式多元化。中国已经从单纯的双边合作，发展到以参与全球治理和开展政策对话为主的多边合作和以务实合作为主的双边合作相结合的形式，项目层面合作从货物贸易发展到项目投融资，双多边资金往来更加密切。

合作主体多元化。改革开放之初，政府是唯一参与国际合作的主体，如今央企、国企、地方企业、民营企业、学术及研究机构、行业协会等越来越多的主体正参与到国际合作中。这些主体既包括投资公司及融资、保险、咨询机构，也包括技术提供商、项目承包商等。

价值链合作一体化。中国参与国际合作的项目和领域在纵向涉及价值链上中下游，横向涉及与之相关的各个行业，中外双方在全价值链上开展了深入合作。

2. 国内经贸投资改革取得突破

中国通过积极开展广泛深入的国际合作，利用国际合作外力，着眼于推动经济联动、构建开放经济、培育创新增长点以及拓展技术合作等方面，推动国内经济结构调整，形成对经贸投资改革的倒逼机制。

改革开放初期，为实现“入世”，中国实施外向型经济改革，积极创办深圳经济特区，实施农村联产承包责任制，开放沿海沿江口岸，启动国有企业改制。这些重大举措的相继实施，不仅推动了国内经济体制改革，也加快了中国与多边国际组织的合作进程。随着国际合作的不断深入，中国持续推动社会主义市场经济体制改革，将对外开放推向纵深，经济特区和沿海开放城市实行的一系列开放措施和优惠政策全面推广到广大内陆省份。为顺应国内外形势发展变化，中国不断开拓创新，推动科学发展，把改革开放和现代化建设事业继续推向前进，以区域开放为主的对外开放转变为全方位的对外开放，开放领域由传统的货物贸易向服务贸易扩展，市场准入的程度进一步提高，市场环境也随着一系列法律和法规的制定和完善而更加透明和规范。

3. 改革开放影响力向全世界拓展

改革开放 40 多年来，中国取得了一系列历史性成就，国际影响力不断提升，特别是党的十八大以来，中国从世界和平与发展的大势出发，以更加积极的姿态参与国际事务，为全球治理体系改革和应对全球性挑战贡献中国智慧。中国的国际形象在过去 40 年的改革开放过程中发生了巨大转变。不仅如此，中国国际影响力的提升打破了“西方中心主义”的标准和逻辑，从而建立起中国经济社会快速发展的新模式——“北京共识”，即依据中国自身发展特点，坚决进行国内改革，积极维护国家利益和领土完整，在保持独立的同时实现经济增长。这是中国作为一个发展中国家在全球化背景下实现社会现代化的一种战略选择，它是中国在改革开放过程中逐渐发展起来的一整套应对全球化挑战的发展战略和治理模式。看到中国 40 年来取得的令人瞩目的发展成就，世界其他国家也开始逐步接受或效仿中国经济的发展模式。

4. 南南合作关系更加紧密

中国一直是南南合作的积极倡导者和重要参与者。改革开放以来，中国积极参与国际发展合作，在南南合作框架下，中国通过分享发展经验、传授专业知识、减免最不发达国家债务等途径，向 120 多个发展中国家提供援助，覆盖医疗、教育、气候变化、农业等多个领域。

南南合作是发展中国家联合自强的伟大创举，是平等互信、互利共赢、团结互助的合作。通过梳理明晰南南共同点，中国在南南合作中积极发挥自身比较优势，实现在经贸、金融、投资、基础设施建设、绿色环保、气候变化等多领域的合作。随着中国在国际合作中发挥出越来越重要的作用，发展中国家整体力量提升，南南合作关系更加紧密。南南合作在推动发展中国家崛起和促进世界经济强劲、持久、平衡、包容增长中发挥了更大作用。

5. 系统化援外体系基本形成

中国的对外援助以提供双边援助为主，通过多双边对话机制，在力所能及前提下支持和参与联合国等多边机构的发展援助工作。本着开放的态度同多边组织和其他国家在发展援助领域积极开展交流，探讨务实合作，已基本形成系统化对外援助体系。

2005年以来，中国与多个国际组织和国家在发展援助领域开展交流，并派团参加联合国发展筹资问题会议、联合国千年发展目标高级别会议、联合国发展合作论坛、援助有效性高级别论坛、八国集团和发展中五国海利根达姆进程发展对话、世界贸易组织促贸援助全球审议等多个关于国际发展合作的会议和对话，加强与其他援助方的交流和沟通，积极推动南南合作。

中国在开展双边援助的同时，与部分国际多边组织和国家在能力建设、培训和基础设施建设方面开展了充分发挥各自优势的三方合作和区域合作，并取得积极成果。1981年开始，中国与联合国开发计划署合作，在华实施发展中国家间技术合作（TCDC）项目；与联合国粮农组织合作，向发展中国家派遣中国农业专家等。此外，中国还与世界银行、联合国贸发会议、联合国工发组织等多边机构和新加坡在培训领域开展了有效合作。在大湄公河次区域合作框架下，中国与泰国和亚洲开发银行共同出资援建了昆曼公路老挝境内路段。

6. 中国从全球治理的外围走向世界中心

中国积极加入G20等多边组织，逐步从全球治理的外围走向世界舞台的中心，并催生了中国特色的全球治理观。中国参与全球治理的切入口在于全球经济治理，但又不局限于全球经济治理，呈现出以发展为主线同时推进各领域全球治理的特征。中国特色的全球治理观以共建人类命运共同体为核心理念，以平等、开放、合作和共享为治理准则，致力于建设一个包含金融、贸易投资、能源、发展、安全等的全面治理体系。这一治理观的特点是突出顶层设计，是一种自上而下的治理观，强调国家间的平等合作是实现全球治理的关键。

五、改进规则

2008 年全球金融危机后，世界经济秩序处于剧烈变动之中。为谋求经济发展的良好外部环境，中国主动发起一系列变革，牵头成立新开发银行，主导设立亚投行，发起“一带一路”倡议，援外工作全面升级。中国在国际经济治理中的话语权大为提高，在国际金融体系中的地位更加重要，中国对外贸易投资合作更加深化。2018 年上半年，我国进出口总额 14.12 万亿元人民币，同比增长 7.9%；我国境内投资者共对全球 151 个国家和地区的 3617 家境外企业进行了非金融类直接投资，累计实现投资 571.8 亿美元，同比增长 18.7%。对外承包工程完成营业额 727.6 亿美元，同比增长 8.1%。进出口规模创历史新高，质量和效益进一步提高，对外投资合作保持平稳健康发展，稳中向好势头进一步巩固。

（一）国际合作的主要内容和成果

1. 新开发银行的主要建设者

中国与其他金砖四国一起，共同倡导和设立了首个代表和维护新兴经济体和发展中国家利益的区域性金融机构。新开发银行的成立和成功运营，是全球经济治理和国际经济新秩序改革的里程碑事件。作为首个由发展中国家自主创立的多边发展银行，新开发银行定位为全球开发领域的多边和区域性金融机构的补充，其目标是为金砖国家以及其他新兴市场和发展中国家的基础设施建设、可持续发展项目筹措资金。此外，五国签署建立初始资金规模为 1000 亿美元的应急储备安排协议，作为对现有的国际金融救助机制的补充，帮助成员国应对实际及潜在的短期收支失衡压力，有助于新兴经济体抵御市场的波动性和不确定性，增强发展的信心。

2011 年 4 月，在金砖五国第三次峰会上，五国合作机制成员行

（包括中国国家开发银行、巴西开发银行、俄罗斯开发与对外经济活动银行、印度进出口银行和南非南部非洲开发银行）共同签署《金砖国家银行合作机制金融合作框架协议》，以加强在结算、贷款和资本市场等方面的合作。

2012 年 2 月，在二十国集团（G20）财长及央行行长会议上，金砖五国财长首次提出设立合作开发银行和外汇储备库。2012 年 3 月 29 日，在金砖五国第四次峰会上，五国发表《德里宣言》（*Delhi Declaration*），指出占世界人口的 43% 的金砖五国希望在全球治理中提高新兴和发展中国家代表性，呼吁世界银行等国际金融组织加强对新兴和发展中国家的发展融资。《德里宣言》还表示正在探讨建立一个新的开发银行，以为金砖国家和其他发展中国家的基础设施和可持续发展项目筹集资金，作为对现有多边和区域金融机构促进全球增长和发展的补充。2012 年 6 月，金砖国家在洛斯卡沃斯会晤时提出探讨成立一个自我管理的应急储备安排，帮助金砖国家应对短期流动性压力，提供相互支持，加强金融稳定，补充现有国际外汇储备安排，加强全球金融安全。

2013 年 3 月 27 日，在金砖五国第五次峰会上，五国发表《德班宣言》（*Durban Declaration*），决定建立一个新的开发银行和初始规模为 1000 亿美元的应急储备安排。中国国家主席习近平在题为《携手合作，共同发展》的讲话中强调，金砖国家应共同积极推动新开发银行的建设进程，加快将政治共识转化为实际的、具体的行动。

2014 年 7 月 15 日，在金砖国家领导人第六次会晤上，金砖五国发表《福塔莱萨宣言》（*Fortaleza Declaration*），宣布签署成立金砖国家开发银行协议。金砖国家开发银行法定资本 1000 亿美元。初始认缴资本 500 亿美元，由 5 个创始成员国平等出资。银行首任理事会主席来自俄罗斯，首任董事会主席将来自巴西，首任行长将来自印度。银行总部设于上海，在南非设立非洲区域中心。同时宣布签署建立初始资金规模为 1000 亿美元的应急储备安排协议，旨在通过货币互换机制提供流动性以应对实际及潜在的短期收支失衡压力。在决策机制上，金砖开发银行各成员国平均分配股权和投票权，目的是保证做出任何决定前都要在成员国之间达成最广泛的共识。

2015 年 7 月 21 日，新开发银行正式开业。自成立以来新开发银行董事会已经批准了 11 个贷款项目，总金额超过 30 亿美元。其中，大部分资金投向了太阳能、风能、小型水电、绿色能源传输等可持续发展项目。到 2018 年底，新开发银行的贷款总额达到 80 亿美元。2016 年 7 月，新开发银行在中国发行首张债券，这是国际金融机构首次在中国境内银行间债券市场发行绿色金融债券，规模为 30 亿元人民币，期限 5 年，名义利率 3.07%。2017 年 8 月，新开发银行非洲区域中心在南非约翰内斯堡开业，2019 年 11 月，美洲区域办公室在巴西圣保罗和巴西利亚开业，2000 年 10 月，欧亚区域中心在俄罗斯莫斯科开业。

2. 亚洲基础设施投资银行的创建者

亚太地区既是全球经济最活跃、增长最迅速的地区，也是地缘争端和冲突不断的地区。面对复杂的亚太格局，中国采取积极塑造、主动引导亚太地区合作机制建设的战略：主动倡议合作，加强中国与亚太地区其他国家之间的经济、政治联系，争取以合作、协商的方式解决其他方面的争端和摩擦。主动承担合作成本，积极向亚太地区各国提供公共产品，并使合作成果惠及他国，消解周边国家对“中国威胁论”的疑虑。中国倡议成立亚洲基础设施投资银行（Asian Infrastructure Investment Bank，简称亚投行），并使这一区域性的投融资机制得到了全球认可，正体现了这一战略的远见卓识。

2013 年 4 月，习近平主席在博鳌亚洲论坛年会的讲话中首次提及“搭建一个地区性融资平台”的设想。2013 年 10 月，习近平主席在与印度尼西亚总统苏西洛的会谈中，正式提出筹建亚洲基础设施投资银行的倡议，“以经济走廊为依托，以交通基础设施为突破，以建设融资平台为抓手，以人文交流为纽带，加强‘一带一路’务实合作，深化亚洲国家互联互通伙伴关系”，实现“共同打造政治互信、经济融合、文化包容的利益共同体、命运共同体和责任共同体”的目标。随后几日，习近平主席在亚太经合组织工商领导人峰会上发表演讲，再次提及筹建亚投行。他指出，当前亚洲新兴国家和其他发展中国家的基础设施建设融资需求巨大，有动员更多资金进行基础设施建设的必要，为此，中国倡议筹建亚洲基础设施投资银行，愿向本地区内的发展中国家的基础设施建设提供资金支持。紧接着，国务院总理李克强也在国际场合重申了此倡议。

2014年10月24日，包括中国、印度、新加坡等在内21个首批意向创始成员国的财长和授权代表在北京签约，共同决定成立亚投行。此外，中国还积极寻找和把握各种接触平台，通过双边和多边的接触、磋商和游说，为亚投行的倡议赢得了众多追随者。

2015年3月，以中国政府制定和发布《推动共建丝绸之路经济带和21世纪海上丝绸之路的愿景与行动》为标志，“一带一路”也从最初的设想进入了实施与推进阶段。英国在3月12日宣布以意向创始成员国的身份加入亚投行是一个重要的转折点，引发了“多米诺骨牌效应”，法国、德国、意大利等西方发达国家也纷纷响应亚投行倡议，向中国提交申请。这些举措使得亚投行的成员国地域范围从亚洲扩大至欧洲、拉丁美洲、非洲和大洋洲。西方发达国家的加入，大大提高了其国际代表性。6月29日，《亚洲基础设施投资银行协定》签署仪式在北京举行，遍及5大洲的57个意向创始成员国财长或授权代表出席，其中包括4个联合国安理会常任理事国、4个七国集团成员以及14个二十国集团成员。50个已通过国内审批程序的国家正式签署了协定。

2015年12月25日，缅甸、新加坡、文莱、澳大利亚、中国、蒙古国、奥地利、英国、新西兰、卢森堡、韩国、格鲁吉亚、荷兰、德国、挪威、巴基斯坦、约旦等17个意向创始成员国（股份总和占比50.1%）已批准《亚洲基础设施投资银行协定》（以下简称《协定》）

并提交批准书，从而达到《协定》规定的生效条件，亚洲基础设施投资银行正式成立。法定资本 1000 亿美元，总部设在中国北京，中方提名的金立群当选亚投行第一任行长。

2016 年 1 月，首个由中国倡议设立的多边金融机构正式开业运营。截至 2018 年 5 月 2 日，亚投行已有 86 个正式成员国。与新开发银行不同，亚投行在决策机制上规定总投票权中与出资份额相挂钩的部分占 85%，基础投票权比例为 15%，其中创始成员将比普通成员多享有 600 票的专享投票权。按现有成员国认缴的份额计算（中国出资比例为 29.78%，为最大出资国），中国投票权占总投票权的 26.06%。由于亚投行内部重大决定需要 75% 以上的多数同意，因此中国目前实际上获得了一票否决权。

根据亚投行的正式协议，作为政府间性质的亚洲区域多边开发机构，亚投行主要宗旨包括："通过在基础设施及其他生产性领域的投资，促进亚洲经济可持续发展、创造财富并改善基础设施互联互通；与其他多边和双边开发机构紧密合作，推进区域合作和伙伴关系，应对发展挑战。"① 主要职能包括：一是推动区域内发展领域的公共和私营资本投资，尤其是基础设施和其他生产性领域的发展；二是利用其可支配资金为本区域发展事业提供融资支持，包括能最有效支持本区域整体经济和谐发展的项目和规划，并特别关注本区域欠发达成员的需求；三是鼓励私营资本参与投资有利于区域经济发展，尤其是基础设施和其他生产性领域发展的项目、企业和活动，并在无法以合理条件获取私营资本融资时，对私营投资进行补充；四是为强化这些职能开展的其他活动和提供的其他服务。因此，可持续基础设施、推动私营部门资本参与、跨境互联互通是亚投行开展项目投资的三大战略重点。自正式开业运营以来，亚投行已在 12 个成员国开展了 24 个基础设施投资项目，涉及贫民

① 《亚洲基础设施投资银行协定》。

窟改造、防洪、天然气基础设施建设、高速公路/乡村道路、宽带、电力系统、地铁建设等多个领域。2017年12月11日，亚投行公布首个对华项目，批准2.5亿美元贷款用于“北京空气质量改善和煤改气”项目。项目贷款总额42亿美元，撬动了200多亿美元的公共和私营部门资金。2017年6—7月，亚投行先后获得了全球三大评级机构穆迪、标准普尔及惠誉的AAA信用评级，10月还获得巴塞尔银行监管委员会零风险权重的认定。亚投行一直以合作共赢的姿态，积极与其他多边开发银行开展务实合作，先后与世界银行、亚洲开发银行、欧洲复兴开发银行、欧洲投资银行等签署了合作协议。目前，亚投行投资的24个贷款项目中的18个，都是与其他多边开发银行进行的联合融资。

3. 发起“一带一路”倡议

2013年9月7日，习近平主席在哈萨克斯坦纳扎尔巴耶夫大学发表演讲，提出了共同建设“丝绸之路经济带”的倡议。同年10月3日，习近平主席在印度尼西亚国会发表演讲，提出共同建设“21世纪海上丝绸之路”。两者共同构成了“一带一路”倡议。2015年3月28日，国家发展改革委、外交部、商务部联合发布《推动共建丝绸之路经济带和21世纪海上丝绸之路的愿景与行动》。习近平主席在博鳌亚洲论坛2015年会发表主旨演讲时，对“一带一路”倡议做了重点阐释。2017年5月14—15日，首届“一带一路”国际合作高峰论坛在北京举行，习近平主席出席高峰论坛开幕式并主持领导人圆桌峰会。29位外国元首、政府首脑及联合国秘书长、红十字国际委员会主席等3位重要国际组织负责人出席高峰论坛，来自130多个国家的约1500名代表出席论坛。“一带一路”倡议在政策沟通、设施联通、贸易畅通、资金融通、民心相通等“五通”上取得多项成果。

在政策沟通上，中国政府与多个国家政府、国际组织签署“一带一路”合作谅解备忘录或合作文件，并且与部分国家达成共同编制合作规划的协议，明确将定期举办“一带一路”国际合作高峰论坛。中国政府有关部门发布了多个推动“一带一路”建设相关政策文件。

在设施联通上，中国政府与东南亚、中亚、东欧多个国家签署交通运输、能源领域合作文件。中国铁路总公司与有关国家铁路公司签署《中国、白俄罗斯、德国、哈萨克斯坦、蒙古国、波兰、俄罗斯铁路关于深化中欧班列合作协议》，中国国家开发银行和进出口银行与多个沿线国家签署港口、电力、工业园区等领域基础设施融资合作协议。

在贸易畅通上，中国政府与30多个沿线国家政府签署经贸合作协议，中国商务部与60多个国家相关部门及国际组织共同发布推进“一带一路”贸易畅通合作倡议，与多个国家签署了经济合作区的谅解备忘录以及关于加强贸易投资和经济合作谅解备忘录，国家发展改革委与部分国家签署关于共同推动产能与投资合作重点项目的谅解备忘录和加强产能与投资合作的框架协议，中国海关总署与多个国家海关部门签署海关“信息互换、监管互认、执法互助”合作文件，中国国家质量监督检验检疫总局与多个国家和国际组织签署检验检疫合作协议和标准、计量、认证认可等国家质量技术基础领域合作协议。中国从2018年起举办中国国际进口博览会。

在资金融通上，为加强“一带一路”投融资服务，向丝路基金再增资1000亿元人民币。中国金融机构开展规模约3000亿元人民币的海外基金业务为“一带一路”提供资金支持。中国国家开发银行设立“一带一路”基础设施专项贷款（1000亿元等值人民币）、“一带一路”产能合作专项贷款（1000亿元等值人民币）、“一带一路”金融合作专项贷款（500亿元等值人民币），中国进出口银行设立“一带一路”专项贷款（1000亿元等值人民币）、“一带一路”基础设施专项贷款（300亿元等值人民币），中国出口信用保险公司与多国政府和金融部门签署框架合作协议，中国工商银行与多个国家主要银行共同发起“一带一路”银行合作行动计划，建立“一带一路”银行常态化合作交流机制。

在民心相通上，中国政府对沿线发展中国家提供3年内总体规模不少于 600 亿元人民币的援助，与联合国教科文组织、联合国开发计划署等多个国际组织签署援助协议，与多国政府签署关于互设文化中心的协定，与部分国家政府签署政府间旅游、教育卫生、媒体交流等合作文件，中国民间组织国际交流促进会联合 80 多家中国民间组织启动《中国社会组织推动“一带一路”民心相通行动计划（2017—2020）》，中国民间组织国际交流促进会和 150 多家中外民间组织共同成立“丝路沿线民间组织合作网络”。

4. 援外工作全面升级

2015 年 9 月 26 日，习近平主席在纽约联合国总部出席联合国发展峰会，宣布中国将设立“南南合作援助基金”，首期提供 20 亿美元，支持发展中国家落实 2015 年后发展议程；2017 年 5 月 14 日，习近平主席在北京出席首届“一带一路”国际合作高峰论坛开幕式时宣布对“南南合作援助基金”再增资 10 亿美元。2015 年 9 月 28 日，习近平主席在纽约联合国总部出席第七十届联合国大会，宣布设立中国—联合国和平发展基金，为期 10 年、总额 10 亿美元。2015 年 7 月 16 日，中国财政部与世界银行集团签署协议，设立一笔 5000 万美元的信托基金助力减少贫困。

中国的对外援助全面升级。2017 年中国政府新承担各类援助项目 309 个，境内外培训各类人才近 15 万名，惠及 128 个国家和地区及国际组织。根据受援国具体情况和实际需要，援建农业、工业、交通运输、能源电力、信息通信等领域重大基础设施项目近 60 个；深入开展农业生产、粮食安全、教育培训、医疗卫生等领域民生援助工作，全年实施医院、学校、打井供水、“光明行”白内障义诊等各类民生项目 200 余个，通过多双边渠道向 38 个国家和 4 个国际组织提供多批次、不间断的紧急粮食援助；全年向 48 个国家和 4 个国际组织提供紧急人道主义援助 79 次，累计金额近 30 亿元人民币，有力地帮助了受灾国应对灾害、重建家园；大力加强援外培训，提升受援国发展能力，“南南合作与发展学院”首届硕士生毕业并集体致信习近平主席表达感激之情，习近平主席回信亲切祝贺与勉励；与瑞士、新西兰签署加强国际发展合作交流框架文件，与世界卫生组织签署援助协议，开展与国际非政府组织合作，与比尔和梅琳达·盖茨基金会合作实施莫桑比克和赞比亚农业合作、塞拉利昂公共卫生能力建设等项目。

2018 年，国务院机构改革决定成立国家国际发展合作署，负责拟定对外援助战略方针、规划、政策，统筹协调援外重大问题并提出建议，推进援外方式改革，编制对外援助方案和计划，确定对外援助项目并监督评估实施情况等。

（二）国际合作的特点

“二战”后建立起来的国际经济秩序在不断的改良中推动着全球经济发展。2008 年全球金融危机后，这一机制的弊端暴露无遗，其运行面临严峻挑战，难以应对和平衡危机对全球经济的负面影响。以此为契机，“南南合作”“南北对话”长期停滞不前的状况也有了转机。以金砖国家为代表的新兴经济体和发展中国家有关全球经济治理改革的积极倡议逐渐得到国际社会的尊重和重视。中国在推动全球经济治理变革、增强发展中国家话语权上更加积极主动地发挥作用。

1. 顺应“天时、地利、人和”

新时期中国推动全球经济治理规则变革，是中国新常态下自身经济改革的客观需求。它顺应了国际政治经济治理结构改革和发展的趋势，借力新兴经济体和发展中国家的共同利益诉求，以对外开放的主动赢得经济发展和国际竞争的主动，服务于构建开放型经济新体制总体目标。概括起来，就是顺应“天时、地利、人和”。

（1）天时：2008 年国际金融危机

2008 年的国际金融危机使冷战后的国际经济秩序不平衡显著加剧。金融危机爆发后，在以美元为主导的国际货币体系下，美国和欧盟先后推出“量化宽松”政策，借助美元和欧元在国际结算和计价中的强势地位，向其他国家转嫁危机。欧美发达经济体采取的非常规货币政策，增加了全球流动性，但也带来资本、汇率和大宗商品价格的波动，对新兴市场国家的币值稳定造成很大影响。除中国以外的印度、俄罗斯、巴西等绝大多数新兴经济体都经历了货币对外巨幅贬值和国内通货膨胀。同时，以国际货币基金组织（IMF）和世界银行集团为代表的国际金融机构继续推行“华盛顿共识”，从发达国家的利益需求和发展经验出发，片面教条地在向新兴经济体提供援助时附加一些不切实际的“结构调整”条件。此外，与 1998 年亚洲金融危机主要是新兴市场国家受到冲击不同，2008 年金融危机从美国、欧洲等发达国家和地区开始，蔓延到全球。因而，金融危机后美国和欧洲将更多的精力放在对内的经济结构治理上，对外援助的节奏放缓，国际开发协会等国际金融机构增资缓慢，难以满足新兴经济体、发展中国家和欠发达国家新增基础设施投资和现有基础设施维护建设的庞大需求。救助的不及时和力度的欠缺阻碍了发展中国家实现自主发展的愿景。再加上 IMF 治理和份额的改革方案久拖不决，经济体量已经显著发展壮大的新兴市场经济体和发展中国家，仍然仅有为数不多的投票权，在国际经济和金融改革方案中话语权十分有限。

（2）地利：日益强大的国力和参与性治理的理念

强有力的国内经济实力的提升为中国参与多边开发金融机构的设立提供了坚实的物质基础。经过 70 年开放与变革发展，国内市场经济体制改革基本到位，形成了全方位、多层次、宽领域的对外开放格局和具有中国特色的开放型经济体系；中国装备制造业已经形成完整的产业链，工程建造能力在世界首屈一指；政府职能转变逐步落地，推行“放管服”后的改革红利使中国平稳克服了 2008 年金融危机的负面影响。中国综合经济实力上升到一个新水平，成为世界第二大经济体，进出口贸易总量从世界第 2 位上升到第 1 位，实际利用外资规模在 2014 年首次上升到世界第 1 位，对外直接投资也由 2010 年的 688.1 亿美元增加至2014年的1231.2亿美元，上升到世界第3位。2014年底，中国外汇储备达到38430亿美元。中国大量的外汇储备和国民储蓄能够为新开发银行和亚投行等重大开发性金融计划提供资金支持。

更重要的是，从“二战”后美国建立国际经济秩序的经验和其获得的巨大正外部性溢价中，中国政府认识到，在综合经济实力上了新台阶、经济步入新常态的情况下，需要改变过去“尊重现有秩序，维护发展自主性”的外交战略，更加主动、积极、外向地参与国际经济治理过程，以谋求自身在国际经济体系中的长远利益，服务建设开放型经济新体制的总体目标，应对金融危机后全球经济结构的深度调整。因而下一阶段的对外开放需要“内外兼修”。不仅要向内看，通过推动产业创新和产业转型升级全面提升中国制造在全球价值链中的地位；还要向外看，通过对外构建利益共同体、命运共同体和责任共同体，改善中国企业在国际竞争中的软环境，减少争端和冲突。不仅要勤练内功，对内进一步深化以“放管服”为要求的政府职能转变，充分发挥市场对资源配置的决定性作用；还要勤练外功，积极参与全球经济治理，注重国际关系中政治与经济的战略互动，进一步强化政治外交与经济外交的协调配合，在全球性议题上主动提出新主张、新倡议和新行动方案，增强我国在国际经贸规则标准制定中的话语权，做国际经贸规则的参与者和引领者，构筑新的国际经济秩序。

（3）人和：发展中国家的经济崛起和利益趋同

由于基础设施投资的资金需求量大、实施周期长、收入流不确定，因而具有半公共品的属性，通常采用公私合作（PPP）的模式兼顾投资的规模和效率。有资料显示[①]，2010—2020年，发展中国家每年在铁路、公路、桥梁、港口、机场和通信等方面的基础设施投资需求将从目前的0.8万亿～0.9万亿美元增加至1.8万亿～2.3万亿美元，而现有

① 王达，项卫星．亚投行的全球金融治理意义、挑战与中国的应对［J］．国际观察，2015（5）：71－81．

的主要由美国和欧洲主导的国际多边发展援助机构没有能力提供如此大规模的融资支持，官方援助（ODA）和国际发展融资贷款只能满足约7%的融资需求。同期亚洲国家基础设施投资的总需求高达8万亿美元，年需求约8000亿美元，面临巨大的资金缺口，基础设施投资的不足也在一定程度上限制了亚洲区域的经济持续稳定发展。与此同时，以金砖国家（中国、俄罗斯、巴西、印度、南非）为代表的新兴经济体经济总量直逼以G7①为代表的发达经济体。有学者计算②，以官方汇率计量的名义GDP核算，2001年金砖国家这一概念首次提出时，五国GDP总量占世界的比重为8.51%，G7占65.11%。到2014年，金砖国家的名义GDP总量占比上升至21.81%，G7占比则降至45.69%。若以购买力平价GDP计算，2014年金砖五国购买力平价的GDP已达33.1万亿现价国际元，GDP总量占世界的比重为30.55%，而G7为34.5万亿现价国际元，GDP总量占31.84%，两者近乎持平。以经济实力的增长、高水平的储蓄率以及巨额的外汇储备（2014年金砖五国的外汇储备接近6万亿美元）为基础，如果有一个合适的机制，恰好可以为上述基础设施的投资缺口提供资金来源，而不必购买美国和欧洲债券，被动为其量化宽松政策买单，成为新兴经济体和发展中国家共同的利益诉求。

2. 谋求国际竞争主动权

随着国内经济结构深度调整，各项改革全面推进，经济发展进入新常态，中国有必要通过深入参与全球经济治理和深化国际合作，服务于国内经济发展的目标，为下一步中国的改革开放、经济的持续增长提供保障。

（1）助力国内产业结构改革

从1978年至今，中国实施改革开放，凭借廉价劳动力以及大量吸

---

① G7（Group of Seven），1969年6月成立，是主要工业国家年度会晤和讨论政策的论坛，也被称为“西方七国首脑会议”。成员国包括加拿大、法国、德国、意大利、日本、英国和美国。

② 张恒龙，赵一帆. 多边开发银行与全球经济治理：从世界银行到金砖银行［J］. 上海大学学报，2016，33（3）：18－30.

收外资，将制度红利、人口红利和全球化红利最大化，实现了近 40 年的高速增长。但随着全球经济结构的深度调整，这种粗放式的发展方式逐步走到尽头，国内产业升级改造已经走过了“以市场换技术”阶段，需要通过提高科技创新能力、培育新的增长动力、集成新的发展优势，赢得发展先机和主动权。新开发银行、亚投行，以及“一带一路”倡议和援外工作支持的基础设施和可持续发展项目可以助力中国企业“走出去”，带动基础设施建设所需材料、机械，以及水泥、钢材等部分产业的富余优势产能的出口。

（2）培育贸易竞争新优势

近年来，中国在推动城市化进程中积累了大量的基础设施制造业方面的经验和优势。通过参与新开发银行支持的基础设施项目，已处于全球领先地位的中国建筑设计、承包、施工、监理、项目咨询企业可以加大服务贸易出口，在更大的范围内施展拳脚。中国拥有世界上工程能力最强、性价比最高的基础设施建设能力。通过由中国主导的国际合作项目提供的增量市场，包括道路、高铁、桥梁、港口、机场、通信、新能源等基础设施新建工程，以及项目建成后几十年生命周期中的日常维护工程，为扩大向新兴经济体和发展中国家出口国内大型成套设备和技术带来机遇。

通过亚投行贷款推动公私合作，支持建设区域内的基础设施互联互通项目，将逐步完善和提升亚洲区域和成员国的基础设施水平，降低相互之间的贸易流通成本，有利于亚洲区域的经济发展和成员国之间的深层次经贸合作，实现共赢发展的核心理念和终极目标。在这个过程中，所有参与方均可以充分发挥比较优势，中国的产品可以更好地“走出去”，贸易伙伴国的产品也可以更便利地“引进来”。特别是在当前国际资源竞争日趋白热化形势下，良好、长期的互利式经贸关系有助于中国获得更稳定的原油等大宗资源型商品进口，同时通过跨境电子商务的双向合作，稳步扩大消费品进口，平衡进出口贸易总量，优化和调整贸易结构，降低贸易顺差，进一步减少贸易摩擦和争端，使中国企业能在国际平台上开展公平竞争。

（3）推动投资合作和人民币国际化

在培育贸易竞争优势的过程中，还可以通过产能合作等方式，加快基础设施落后国家的城镇化和工业化进程，推动产融结合的“引进来”和“走出去”，提升中国企业在全球配置资源的能力。随着中国在世界经济中的份额和重要性增加，人民币国际化乃大势所趋，同时这也是一个长期的过程。通过发行人民币计价债券募集资金，相关企业进行商品和劳务输出的过程中使用人民币计价交易，这些都能在一定程度上推动人民币国际化的进程。

（4）以合作共赢推进国内经贸投资改革

尽管新开发银行、亚投行、“一带一路”倡议、援外工作等各自运行机制有所不同，中国在不同平台中的角色也有所差异，但都是通过国家外交战略，主动参与全球经济金融治理，把握开放的主动权，以政策沟通、设施联通、贸易畅通、资金融通、民心相通为主要内容，通过新开发银行和亚投行的投融资机制，加强新兴经济体和发展中国家的互动，做实周边地缘外交，构建利益共同体、命运共同体和责任共同体。“义利并举、以义为先”，“帮助发展中国家实现自主和可持续发展”。依托新开发银行和亚投行在项目层面的沟通，深化发达国家与发展中国家多层次的经贸合作，推动实施“一带一路”倡议，为新兴经济体和发展中国家营造良好的发展环境。

3. 推动全球治理体系变革

随着中国成为世界第二大经济体，在各种全球治理机制中参与深度和广度的不断提高，中国由全球治理体系的融入者、建设者进一步成长为全球治理机制变革的推动者。在推动全球治理机制改革的过程中，中国吸取了原有国际经济治理的经验和教训，强调和坚持平等互利、共享共赢的理念。例如，在新开发银行和亚投行的建设中，对前者实行由金砖五国共同出资、平等分配股权的模式；对后者，则主动更多地承担了发起国的责任，成为最大的出资国，并且在其他参与国的认同下，获得在机制运行中的相对主导地位。

中国积极推动和倡导全球治理机制改革，发起新开发银行、亚投行和丝路基金建设。如果说中国是新开发银行的主要建设者，那么中国则是亚投行的领导者，提出“一带一路”倡议等都是自觉主动担当的体现。

“一带一路”是习近平总书记提出的倡议，是中国在全球治理中面对新挑战、新问题、新情况给出的新的全球治理方案——构建人类命运共同体、实现共赢共享的具体实践。新开发银行现有资本金 500 亿美元，由五大发起国平均分配股权，但在未来增资至 1000 亿美元时中国可能扩大股权，且总部设在上海，中国在理念、政策、战略上处于领导地位。中国是亚投行的发起国，此外，既是最大的出资国，也享有最大的投票权，且具有一票否决权。

4. 引领“南南合作”和发展中国家共同诉求

中国近年来一直倡导加强发展中国家之间治国理政经验的交流，以实现发展中国家之间的发展理念和发展战略的有效对接。在亚投行、新开发银行、丝路基金设立之前，已经和主要经贸伙伴建立了定期双边和多边对话机制，包括金砖国家之间的中印财金对话机制、中俄财长对话机制、中巴财政对话机制、中南外长战略对话机制，以及与非洲的中非合作论坛、与拉美国家的中拉论坛、与中东欧国家的中国—中东欧领导人会晤机制、与阿拉伯国家的中阿合作论坛、与东盟国家的中国—东盟合作机制、与太平洋岛国的中国—太平洋岛国对话论坛、与中亚国家之间的上海合作组织等。金砖国家概念的提出，进一步促进了一种身份认同的形成。金砖国家之间通过不断加深交流与合作，从非正式的接触逐步发展到政治、经济、金融一体化的合作，并有望在国际事务中成为全体发展中国家利益集团的代言人。同时，金砖五国中的三国都是传统上的大宗商品出口国，其国民经济容易受到外部初级产品需求波动的影响，例如，俄罗斯、巴西都在上一波大宗商品暴跌潮中遭到重创。因此，中国参与推动和主导的金砖银行、亚投行、“一带一路”倡议以及全面升级的对外援助，为新兴经济体和广大发展中国家的基础设施、可持续发展项目提供开发性贷款，支持“南南”国家的自主性发展道路，将使得这种合作进一步固化成互利共赢的长期机制，发展中国家之间将形成一股新兴、持久的国际力量。有学者认为，亚投行、新开发银行的设立和运行，体现了内在一致的整体性思维，即通过这些对发展中国家尤其是周边国家具有正外部性的机制与安排，或致力于创造、巩固各国之间的共同利益，或致力于防范、化解共同面临的外部风险，将它们与中国的未来发展更为紧密地联系在一起，实现某种互为助力、互为强援的良性格局。① 这一目标也是广大发展中国家之间最根本的共同利益诉求。

中国对于“南南合作”的开创性贡献也得到了世界银行、亚洲开发银行、联合国发展计划署等国际多边组织的充分认可和大力支持。国际多边组织纷纷将帮助中国推进“南南协作”、推广中国发展经验、促进区域经济一体化、支持中国在全球发挥利益攸关方作用、与中国开展战略合作作为重要工作之一。

5. 推动重塑全球经济治理新格局

一方面，现有的国际经济秩序已经越来越难以满足发展中国家的现实需要，中国作为最大的发展中国家对广大发展中国家的经济发展负有责任；另一方面，旧的国际经济秩序也影响到中国在全球治理中的地位和作用。中国必须通过不断摸索，与发达经济体和广大发展中国家一起共同逐步建立新的国际经济秩序和规则。

---

① 孙伊然. 亚投行、“一带一路”与中国的国际秩序观［J］. 外交评论（外交学院学报），2016，33（1）：1－30.

中国正在加强与新兴经济体的经贸合作，同时，在推动全球治理改革的过程中充分团结新兴大国；改善中国和新兴发展中国家参与国际贸易的条件，反对贸易保护主义，打破美国设置的贸易壁垒；大力推动亚洲地域的区域经济一体化，与新兴经济体形成发展合力；改革国际货币金融制度，打破美元霸权的垄断地位，反对经济风险转嫁；建立由中国主导的代表广大新兴国家发展利益的多边国际金融机构，打破发达经济体垄断的局面，使新兴发展中国家的发展得到真正的无附加条件的资金支持。

新开发银行立足于在新兴经济体和发展中国家之间构建贸易、发展投资和金融合作的平等伙伴关系，并以务实的态度，谋求在现有全球经济秩序中的话语权，掀开了“南南合作”的新篇章。毫无疑问，这是“二战”结束以来国际金融体系的重大变化，也是2008年金融危机后全球经济治理改革的一个重要成果，它标志着以金砖国家为代表的新兴经济体将成为未来全球经济治理的一支重要力量，在国际金融治理中不断提升话语权，倒逼国际金融治理体系的改革。它既有助于加强对新兴市场和发展中国家在基础设施和可持续发展领域的投融资，解决发展的“瓶颈制约”，增强发展中国家自主发展的能力，又能拉动跨国基础设施投资，扩大全球总需求，促进“后危机时代”全球经济的复苏，因而堪称是一项“多赢之举”[①]。而中国自身，也能借助新开发银行这个舞台，参与国际宏观经济政策协调的机制，推动国际经济治理结构不断完善，影响和重塑全球经济治理新格局，实现自身在国际经济体系中的长远利益。

① 习近平. 新起点、新愿景、新动力——在金砖国家领导人第六次会晤上的讲话［Z］. 2014.

第五章

中国经贸投资70年
发展经验总结

从绩效管理的视角看，近百年来中国经贸投资发展的最大成果，当属中国仅用了70年时间，就跃升成为全球第二大经济体。中国是如何做到的？中国的模式是否具有广泛的借鉴意义？中国是否仅仅因为比较幸运地抢在20世纪80年代全球要素分工模式变化和经济全球化的潮流之前，实施了改革开放？中国的经验，在新的“逆全球化”浪潮下，是否还能继续确保中国经济的高增长？

本章在前面章节系统梳理和论述的基础上，提炼和总结了新中国成立70年经贸投资领域不断深化改革、扩大开放的主要特点、经验和启示。同时，结合2008年金融危机后，全球经济深度调整，“保护主义”“单边主义”和“民粹主义”日益升温的大背景，展望和分析了中国经贸投资改革开放下一个十年的可行之路。

一、中国经贸投资70年发展的主要成果

（一）从计划经济体制转变为社会主义市场经济体制

1. 计划经济体制的尝试

从1949年新中国成立直到改革开放初期，我国在经贸投资领域坚持马克思公有制经济理论，明确了以农业为基础、以工业为主导，效仿苏联模式，通过实施高度的计划经济推动工业化。强调一切生产资料均为公有，消灭一切私有制，并通过“一化三改造”运动，在苏联的有偿援助下，迅速按照计划经济的体制建立起高度集中管理的工业体系。经济活动的主体是中央政府和地方各级政府，各级政府又通过附属的国

有企业实施具体的生产管理活动。

指令性的计划经济，在第一个五年计划期间，在苏联的有偿援助下，取得了令人瞩目的成果，建成了新中国的工业基础。但计划经济的弊端很快显现，计划经济体制下，所有的经济活动都依赖政府的行政命令，所有的企业都是依附于政府行政体制的生产单位，人财物、产供销都遵循计划安排。通过实行计划经济，农村的剩余资源不断地转移到城市，政府不断把资源投入工业化，形成国有国营经济。与此同时，农村不仅粮食统购统销，人民公社体制还使农村劳动力不能随便流动，因而带来一系列弊端。在计划经济模式下，工业化和城市化是背道而驰的，城乡二元对立不断加剧。到 1978 年，人均 GDP 只有 155 美元，不到撒哈拉以南非洲国家的 1/3，世界银行排名全球倒数第 3，对外贸易占 GDP 的比例只有 9.7%，84% 的人口生活标准低于世界贫困线（人均 1 天消费 1 美元）。换句话说，新中国成立并发展了近 30 年，经济社会依然落后，在全球 GDP 占比也呈下降趋势。于是，经济发展中，由高度集中的计划经济体制带来的浪费严重、决策失误、三产比例失调成为反思的起点。

市场经济通过看不见的手，在竞争的机制下形成价格，引导资源配置。竞争实现对企业、企业家以及产品的优胜劣汰。计划经济则是通过看得见的手，由行政命令分配资源，经济活动由政府控制，只有工厂没有企业，工厂是政府的附属机构，因而也没有企业家。工厂与工厂之间没有竞争，大锅饭和平均主义更是滋生懒惰和低效率的温床。同时，行政命令的配置者无法无所不能、无所不会、无所不知，配置的偏差始终存在。偏差的持续积累，在长期运行中会导致系统性偏差。尽管苏联和中国在建设计划经济体制的过程中，从改善激励机制和资源配置机制两个方面进行过众多尝试，但当时改革的方向都是完善计划体制，最终也都以失败告终。中国最早在 20 世纪 50 年代就开始下放自主权，给企业和地方政府更大的活动空间等，但在中央统一计划的框架下，往往

“一放就乱，一收就死”。

从全球范围看，1970年后，出现了计划经济向市场经济转轨的全球性浪潮。全球制度成本和交易成本的下降促进了全球商品、服务、要素贸易的快速增长，全球资本流动的便利化推动了全球产业链的构建。而中国，则是这个潮流中一个主要的得益者和重要组成部分。

2. 社会主义市场经济体制的创新和突破

1978年改革开放以来，中国以巨大的政治勇气、理论勇气和实践勇气推进经济体制改革，打破了社会主义制度下只能实施高度集中的计划经济的思想禁锢，创造性地在社会主义条件下实践走市场经济的道路。40年来，社会主义市场经济体制不断完善，取得了前所未有的巨大成就。一是社会主义初级阶段基本经济制度已经确立。所有制结构从全民所有制经济和集体所有制经济占绝对优势，到逐步形成以公有制为主体、多种所有制经济共同发展的格局。毫不动摇地巩固和发展公有制，积极推行公有制多种实现形式，通过深化改革提高国有经济的控制力、影响力。毫不动摇地鼓励、支持和引导个体、私营等非公有制经济发展，非公有制经济的比重大为提高。打破平均主义“大锅饭”，建立以按劳分配为主体、多种分配方式并存的制度，劳动、资本、技术、管理等生产要素按贡献参与分配。二是微观经济主体活力显著增强。大多数国有企业实行了股份制改造，建立现代企业制度，转换经营机制，成为自主经营、自负盈亏、自担风险的市场竞争主体。扩大市场准入，创造公平竞争的市场环境，使非公有制企业快速发展，成为促进增长、扩大就业、繁荣市场的重要力量。三是市场在资源配置中发挥基础性作用。基本建立起以市场形成价格为主的机制，在全部消费品和绝大部分生产资料生产中取消了指令性计划，95%以上的商品和服务的价格由市场决定。劳动力、土地、资本、技术等生产要素市场得到迅速发展，逐步形成了统一开放、竞争有序的现代市场体系。四是宏观调控体系不断完善。通过深化计划、财政、金融、投资等方面的改革，实现了经济管理由直接调控向以间接调控为主的转变。主要运用经济、法律手段，并辅之以必要的行政手段，促进经济总量平衡和结构优化，基本形成了开放条件下较为健全的宏观调控体系。五是形成全方位对外开放格局。实施互利共赢的开放战略，从建立经济特区到开放沿海、沿江、沿边和内陆地区，加入世界贸易组织，始终坚持打开国门搞建设，充分发挥两种资源、两个市场作用，“引进来”和“走出去”并重发展，积极扩大进出口贸易，吸收外商投资，发展对外投资，形成了全方位、宽领域、多层次的对外开放格局，开放型经济水平不断提升。

（二）从世界最贫穷国家之一跃升为全球第二大经济体

建立和完善社会主义市场经济体制，极大地激发了经济社会发展蕴藏的巨大潜力，实现了经济社会的快速发展，现代化建设取得巨大进步，为中华民族的伟大复兴带来了强大动力和巨大活力。中国的年均 GDP 增长多年保持在接近 10% 的水平，为有史以来世界上大型经济体实现的最快持续增速，并且帮助 8 亿多人口摆脱了贫困，用 7% 的耕地解决了世界 1/5 人口的吃饭问题，人均 GDP 超过 6000 美元，进入中等收入国家行列。中国在 2015 年实现了所有联合国千年发展目标，为全球千年发展目标的实现做出了重大贡献。虽然自 2012 年以来中国的经济增速逐渐放缓，但按照目前的全球标准衡量仍令人瞩目。中国已成为全球第二大贸易国和第一大出口国、第二大吸引外资国和重要的资本输出国，外汇储备世界第一。门类齐全的现代工业体系基本建立，钢铁、煤炭、水泥、棉布等 200 多种工业品产量居世界第一位。经济体制改革也推动了其他领域改革，民主法治、文化教育、社会建设、生态文明等各项事业蓬勃发展。综合国力大幅跃升，国际地位和影响力显著提高，在国际事务中发挥着越来越大的建设性作用。

经过 40 年的改革开放，中国从世界最贫穷国家之一转变为第二大经济体，占全球经济增长的 1/3，已经跻身中等偏高收入国家行列。世界银行关于购买力平价的测算也显示，世界上的购买力平价大约是55万亿美元，中国5万多亿美元，大概占到世界的9%，13亿人口的中国目前是世界第二大经济体，在全球经济发展进程中发挥着重要作用，影响力日益增强。

（三）从国际经济旧秩序的追随者变为国际经济新秩序的改革者和建设者

面对世界多极化、经济全球化和重构国际经济秩序的呼声，中国政府坚持互利共赢，通过联合具有共同利益诉求的新兴经济体和发展中国家，通过紧扣“一带一路”沿线国家对自主的可持续发展和繁荣的预期，主动、全面参与全球经济治理和国际经济新秩序的改革进程。在全球性议题上，主动提出新主张、新倡议和新行动方案，使对内对外开放相互促进，“引进来”与“走出去”更好结合，形成我国与世界各国深度交融、共同发展的互利合作网络，赢得了经济发展和国际竞争的主动。通过参与倡议、设立和运营新的多边和区域国际金融机构，中国从国际经济旧秩序的追随者变为国际经济新秩序的改革者和建设者，并翻开了下一个十年中国经贸投资改革开放的新篇章。

但是，中国依然是一个发展中国家，人均收入水平仍远低于发达国家，市场化改革尚未完成。经济快速发展也带来了诸多其他挑战，如不平等加剧、快速城市化、环境可持续性、经贸摩擦升级等。从内部看，中国也面临着人口老龄化和资源环境方面的压力。为了实现可持续的经济增长，中国需要继续调整政策、持续推动改革。如同古典经济学所展示的边际效益递减原理，国际经验显示，从中等收入国家向高收入国家过渡，难度会大于从低收入国家向中等收入国家过渡。国际货币基金组织给中国的建议是，历经40年高速增长之后，中国应当在现有改革议程的基础上，充分利用当前的增长势头，将改革重心放在高质量增长上。根据IMF的乐观估计，尽管全球金融市场条件可能收紧，贸易紧张局势可能加剧，如果中国政府采取果断措施化解政策矛盾，即使经济增长逐渐放缓，中国到2030年仍可能超过美国，成为世界最大经济体。

改革开放40年，中国的发展掀开了新的篇章。接下来改革开放的“硬骨头”将更加难啃，需要更大的勇气和毅力，努力实现2020年全面建成小康社会的目标，为实现“两个一百年”奋斗目标和中华民族伟大复兴的中国梦打下坚实基础。

二、中国经贸投资70年发展的主要特点

（一）改革和发展进程的渐进性

从历史的角度看，新中国70年的建设完成了从计划经济向市场经济的过渡和转变。从实践的角度看，从计划经济走向市场经济的改革具有鲜明的渐进性发展特征。这种渐进性体现在两个方面：一是理论和政策层面的渐进发展；二是具体实践层面的渐次推进。

1. 理论和政策层面的渐进发展

新中国成立初期，在“一边倒”政策下，模仿苏联模式是新中国的唯一选择。特别是在20世纪50年代中苏友好时期，中国在苏联的帮助下，在理论和政策层面建立起完善的计划经济的管理体制。由于“冷战”的意识形态对立，社会主义阵营自然地将计划经济体制和社会主义制度画上等号，将市场经济体制和资本主义制度画上等号。在吸纳苏联模式的同时，中国也根据自身情况做了些改革的探索和尝试，包括50年代的放权，但成效有限。

1978年，党的十一届三中全会提出将我党的工作重心转移到经济建设上来，政界、学界迅速对高度的计划经济体制进行了深刻反思。但在当时，仍然在计划经济和市场经济之间摇摆，仍然没有跳出意识形态来看待经济制度，提出的改革方案是建立“有计划的商品经济”。直到1992年邓小平发表南方谈话，彻底打消了姓资姓社的顾虑，推动改革重新扬帆起航，才明确提出要建立中国特色的社会主义市场经济。在这

一理论转换过程中，对外经济发展的政策重点，由商品货物贸易项下的出口导向换汇为主，逐步转为资本项目项下的引进外资为主，2001年中国加入WTO后再过渡到贸易和投资领域“引进来”和“走出去”并重。

可以说，中国经贸投资改革的重要特点是在理论和政策层面逐步呈现出由内向到外向发展的选择过程。采用的是渐进的方式，从计划经济体制转向市场经济体制，最大程度地避免了给国民经济和人民生活带来的阵痛。采用渐进的方式把政策重心从出口导向、引进外资向“引进来”“走出去”并重逐步转换，体现了市场经济条件下，对外经贸合作交往在不同发展阶段的客观需求。

2. 具体实践层面的渐次推进

在经济建设和经济发展的实践层面上，新中国成立初期，基本上是“照抄苏联的办法”。实行计划经济体制，通过多次社会主义改造运动，把农业、手工业、工商业的所有经济活动纳入中央计划范围，确立了社会主义公有制占绝对优势的生产资料所有制结构。在当时的历史环境下，中国共产党、中国政府和中国人民做出的这种选择，是符合自身利益诉求的。在苏联援助下建立和发展起来的计划经济，也确实在第一个五年计划时期明显推动了生产力的发展，完成了工业基础的搭建。

进入20世纪80年代，在改革开放的一波波浪潮中，伴随着经济理论的丰富和完善、经济政策的刺激和推动，经贸投资领域的改革开放在具体实践中也呈现出“摸着石头过河”的渐次推进型发展轨迹。

首先是由点及面的改革和开放。从一开始的设立经济特区试点先行，到从经济特区推广到沿海开发区，再将成功经验推广到内地，实行全面开放。

其次是发展要求从粗放式向集约式转变。在利用外资、出口贸易等方面，则从开始单纯强调数量增长，再到在强调数量的同时注重质量的保证，最后到“宁缺毋滥”的质量先行策略。

再次是在改革开放的部门协调上，经历了从经贸投资独立发展到经贸投融资一体化发展的战略转变。贸易管理体制实现从内外分治走向内外合一；投资管理体制从严格行政审批制转型为正面清单管理，最终过渡到负面清单管理。

最后在国际合作的层面，从游离规则转到适应规则，再到接受规则，进而融入规则，最后向改进规则转型。

一蹴而就的线性路径不可能成就成功的改革。渐进式的改革符合事物螺旋式上升发展的客观规律，避免了撞墙式的挫败和倒退，最终确保了改革的成功。

（二）政府主导型发展模式的高效性

中国从计划经济体制向市场经济体制转变，来源于自下而上的客观改革诉求，如安徽小岗村自发形成的家庭联产承包责任制。但需要指出的是，由长期稳定执政的中央政府对整体改革方向和发展方式进行把握并促成这些星星之火的燎原之势，是中国改革模式的显著特征。

中国经济外向发展过程中一个突出特点是政府的主导性，这或许与新中国成立初期实行了 30 年的计划经济体制不无关系。在某种程度上，中国的改革开放是政府行政机构用计划经济思维惯性来推动的。从中国经济外向发展的进程中可以看出，中国改革开放伊始就以出口创汇贸易政策来推动中国经济的外向发展，这本身就带有强烈的“计划”色彩。随着内外部经济发展形势的变化，“奖入限出”的出口贸易政策逐步被“市场换技术”政策所替代，进而又被“以制度促创新”政策所替代。这种鲜明的中央集权式的集体一致性，导致改革开放政策在执行上的高效率以及改革模式的难以复制性。同时，通过不断深化的国际合作，中国政府在改革开放的决策机制上最大可能地利用了全球智慧，又在最大程度上确保了出台政策在方向上的正确性。尽管有不少政策效果并没有达到设计预期，但政策明显起反作用的情况非常少见。比较大的“决策失误”都与外部环境的突变有关。如 1998 年和 2008 年全球金融危机后，中央政府采取的一些刺激经济政策，从长期看的确给宏观和微观经济带来一些后患。相当一部分执行得不太好的政策，很快就通过定期的民主决策机制进行了修正和调整。

发展方式的政府主导性，不仅体现为中央政府主导和把握着市场经济制度的方向和改革的节奏，还体现为各级地方政府层层贯彻，深度参与经济活动，并形成了各省乃至各市县之间彼此竞争的态势。为吸引外资和发展地方经济，各地推出带有优惠条件的招商引资活动，推动地区产业的选择以及各类开发区的建设等。著名经济学家张五常在《中国的经济制度》一书中指出，中国经济奇迹发生的奥秘在于地区间的经济竞争。他以其“佃农理论”进行了论证，正是因为各地方政府通过出售土地、给予税收优惠等手段，竞相招商引资，发展本地经济，才推动了中国经济的高速发展。

面对中国经济长达 40 年的高速发展，世界银行和亚洲开发银行的经济学家们也从最开始对中国政府过度干预经济的全面否定态度，转为有限肯定，即承认中央统一集权和地方充分竞争的发展模式在效率上的无可替代性，以及政府决策机制上的科学性。不可否认的是，与西方国家从资产阶级革命开始逐步建立市场经济体制不同，中国的市场经济脱胎于计划经济，同时是在党中央国务院集中统一领导下的市场经济体制。因此，政府主导型发展模式，既是中国改革开放的特点，也是唯一可行之路。随着中国特色社会主义市场经济体制的进一步完善，政府与市场、政府与社会的边界将进一步厘清。

（三）发展速度与效益的不一致性

从 20 世纪 70 年代全面推广“五小”企业开始，粗放式的发展模式就给中国经济带来了深远的影响，不仅是把中国经济拉向万丈深渊的一股重要力量，还形成了一种“劣币逐良币”的路径依赖。改革开放以来，作为中国经济外向发展重要指标的利用外资的数量与出口贸易的数量都在高速增长，但与经济外向发展的高速度不同的是，经济外向发展的效益并不高。在生产环节随着出口规模的急剧扩大，许多出口导向型企业生产主要依靠土地、劳动力、资金和其他稀缺资源的高投入、高消费，并产生了严重的污染。在流通环节由于争相出口、互相压价，加之出口产品科技含量低，国际市场又狭小，许多出口产品很难获得比较利益。有些出口贸易只是数字虚高并无多大利润，而且大量出口退税增加了财政负担。据《国际商报》报道，中国购买一架787型飞机需要4.2亿美元，需要用6.2亿件衬衫换回。这意味着中国的经济发展仍然依靠低附加值产品微薄利润的巨额增量，这注定是不可持续的。

重速度、轻效益的另一个原因是对“发展才是硬道理”“在发展中解决问题”的片面解读。高速的经济增长的确能够掩盖很多经济社会矛盾。经济的高速度增长，等于在全社会范围内实现了帕累托改进。因为人人都不同程度地获益，所以对于一些不合理甚至倒退的问题能够有较大的容忍度。以追求高效益为宗旨则不同，为保证效益值不减少，必然在短期牺牲发展速度，帕累托改进就很难保证在全社会范围内实现。因此，以“自利”为特征的经济人，尽管明知这种粗放的生产发展到一定程度势必难以为继，仍然宁愿选择短视的保增长，而不愿选择长效的重效益。

所幸，中央政策对于高质量发展的要求一直没有放松。随着2018年中美贸易摩擦的不断升级，中国面临的外部经贸投资环境从全球化转向逆全球化，从自由贸易向贸易保护主义后退，对发展效益的追求越来越强烈。

（四）发展结构的不断优化与不协调性并存

中国经济外向发展结构的不断优化，首先体现在中国出口产品的结构优化上。从中国工业制成品的出口结构可以看到，20多年来中国资本密集型产品出口比重不断提高，劳动密集型产品出口逐年下降。2003年以来资本密集型产品占出口产品50%以上，而1990年前后仅为20%。这充分表明我国工业制成品的出口结构在逐步优化。但是发展结构不断优化的同时，出口产品内部结构的不协调也很明显。在资本密集型产品中，高新技术产品仍未成为我国出口贸易的主导产品，在出口总额中占的比重不到 30%。此外，我国真正拥有自主知识产权的高新技术产品出口比例很低，尤其是具有核心技术的高新技术产品占比微乎其微。即便是在资本技术和知识密集型产品生产中，中国企业承担的也只是产业链中附加值较低的劳动密集型加工组装环节。

（五）“引进来”与“走出去”具有不平衡性

中国经济外向发展的一个重要特点是“引进来”与“走出去”间的不平衡性。这种不平衡性突出地体现在中国对外资的“引进来”与中国企业的“走出去”极不对等。我国利用外资无论是数量还是增长速度都到了较高程度，2000 年以来每年利用外资都在 500 亿美元以上的规模，且外商直接投资企业已成为我国出口企业中第一大经营主体。年利用外资量 2002 年以来居世界第一位。而与之相对应的是经济外向发展的另一驱动力——对外直接投资却与之相形见绌。从“引进来”与“走出去”的投资比率来看，世界平均水平为 1∶0.84，发达国家正常比为 1∶1.15，发展中国家为 1∶0.1，而我国 2005 年只是 1∶0.11。

我国对外直接投资虽然有了较大发展，但因起步晚、规模小、行业结构差，相对利用外资来说存在巨大差距。这种不平衡性表明我国经济外向发展的自主能力还很低，与发达国家在国际市场中占主导地位的高度外向经济的要求仍有差距。

三、中国经贸投资 70 年发展的经验启示

（一）坚定市场经济体制的改革方向

1. 大胆进行理论和实践创新

新中国成立后实行了多年的计划经济，其弊端逐步暴露。计划经济越来越不适应生产力发展的要求，改革势在必行。1978 年党的十一届

三中全会做出把工作重心转移到经济建设上来的历史性抉择，坚决果断地实行了改革开放。经济体制改革的指导思想，经历了“计划经济为主、市场调节为辅”“公有制基础上的有计划的商品经济”“国家调节市场，市场引导企业”“逐步建立计划经济同市场调节相结合的经济运行机制”等不同阶段，市场取向的改革日益得到明确。1992 年初，邓小平同志在南方谈话中指出：计划多一点还是市场多一点，不是社会主义与资本主义的本质区别。计划经济不等于社会主义，市场经济不等于资本主义，计划和市场都是经济手段。这一重要论述，解除了人们对市场经济的种种疑虑。此后不久，党的十四大明确将建立社会主义市场经济体制作为我国经济体制改革的目标。随后，又不断根据国内外理论和实践，进一步探索和完善社会主义市场经济体制，成功实现了从高度集中的计划经济体制转向充满活力的社会主义市场经济体制的伟大变革，极大地解放和发展了社会生产力。

2. 立足走适合中国国情的发展道路

在社会主义条件下发展市场经济，是前无古人的伟大创举。作为一个发展中的社会主义大国，既不能照抄其他国家建设社会主义的模式，也不能硬搬西方资本主义国家发展模式，而是必须走适合自己国情的发展道路。中国人口多，底子薄，人均资源少，社会生产力水平比较低，经济发展极不平衡，城乡二元经济结构明显，东部沿海与西部地区发展差距较大。在这一基础上，中国政府始终保持清醒的判断和认识，始终坚持社会主义与市场经济相结合。一方面，充分发挥市场配置资源的基础性作用，使经济活动遵循市场经济规律的要求，遵循国际通行惯例。鼓励非公经济的发展，鼓励一部分人先富起来。另一方面，充分发挥社会主义制度的优越性，通过完善基本经济制度、改革收入分配制度、实施西部大开发战略和统筹城乡发展战略等措施，缩小贫富差距。坚持用好政府与市场“两只手”，既充分发挥市场机制的作用，同时又加强和改善国家的宏观调控，以克服市场的自发性和盲目性。从实践来看，坚持和完善中国特色社会主义市场经济体制，使中国多次成功应对经济过热、通货膨胀、特大自然灾害，克服了亚洲金融危机和国际金融危机的影响，保持了国民经济持续健康发展。

3. 把“三个有利于”作为改革成败的判断标准

社会主义的本质是解放生产力、发展生产力。发展是硬道理，是解决我国社会主要矛盾和问题的根本办法，是党执政兴国的第一要务。一切改革都应以是否有利于发展社会主义社会的生产力、有利于增强社会主义国家的综合国力、有利于提高人民生活水平这“三个有利于”为根本判断标准。正是因为有了生产力标准，中国才确立了走中国特色社会主义市场经济体制的改革道路，扩大对外开放、引进外资，才能在农村实行包产到户和统分结合的双层经营体制，才能在国有企业建立现代企业制度，才能鼓励非公经济的发展，那些有利于生产力发展的经济制度才能在中国成长壮大。实践证明，“三个有利于”是判断改革是否成功的最根本标准。

4. 坚持经济改革与其他领域改革相互促进

处理好经济改革与社会稳定的关系，处理好体制改革与民生改善的关系，是确保经济改革得到社会各阶层支持和拥护的关键。在推进经济体制改革的进程中，采取先易后难、由点到面、从局部到全局、分阶段有步骤循序推进的方法，可以避免一些转型国家出现过的经济严重衰退和社会剧烈震荡。同时，坚持把经济体制改革与政治、社会、文化、生态等领域改革紧密结合起来，努力做到相互促进、协调推进，形成“五位一体”的改革总格局，注重改革力度的协调、发展速度与社会可承受程度的协调，确保了改革开放和经济社会发展的平稳推进。此外，在推进经济改革的过程中，中国政府注重全局谋划和因势利导，以战略思维和世界眼光，始终把国内发展与对外开放相统一，以改革促开放、以开放促改革，把中国的发展与世界的发展联系起来，把中国的改革进程嵌入推动形成人类命运共同体的过程。

（二）主动转变政府职能适应发展需要

1. 转变政府职能为生产力松绑

1992年邓小平同志在发表南方谈话时强调，“革命是解放生产力，改革也是解放生产力”。转变政府职能作为政治体制改革的一个方面，同样对解放生产力功不可没。计划经济体制下，政府把配置市场资源的决定性作用统揽于自身，形成全社会管理权力向政府集中、企业和社会组织对政府产生权力依附、行政管理权力向高层政府集中、下位政府对上位政府产生权力依赖的格局。在这样的生态环境下，各类主体也自然形成了相对固化的心理和行为定势，因此单靠行政命令推行经济改革方案很快就会受到来自各利益方和既得利益集团的强大阻力。

因此，1988年政府机构改革时第一次提出了“转变政府职能是机构改革的关键”这一命题，明确政府职能转变“就是按照经济体制和政治体制改革的要求，推动政府各部门特别是经济管理部门，由微观管理转向宏观管理，由直接管理转向间接管理，由部门管理转向全行业管理，由‘管’字当头转向监督和服务”。通过政府经济管理职能的调整，政府运行机制开始逐步适应市场经济的需要。可以说，每一次政府主动转变职能的改革行动都是一次释放生产力的过程。首先是从1978年放权让利开始，厘清政府和国企的关系，逐步梳理中央政府和地方政府对经济管理的事权和财权范围，最终促使全社会建立起以“产权清晰、权责明确、政企分开、管理科学”为特征的现代企业制度。随后，产权保护制度的不断完善和国家产业政策的引导，又共同推动形成“以市场换技术”的引进外资战略，在短短十多年里重构了中国的三次产业结构和重点工业布局。在此基础上，通过做实做深社会管理和公共服务，完成从管制型政府向服务型政府的初步转型，为“引进来”和“走出去”战略的实施夯实了组织基础。2015年以来提出的政府治理能力现代化目标，更是从全球战略布局的高度，为下一步中国更深层次地参与全球经济治理、构筑新的国际经济秩序、服务社会经济发展、实现全球共赢的目标保驾护航。

2018年6月28日，李克强总理在全国深化“放管服”改革转变政府职能电视电话会议上列举了政府职能转变激发市场活力对稳增长保就业的作用：“过去五年，我们大幅削减行政审批事项、企业投资核准项目，彻底终结非行政许可审批，全面改革商事制度；同时大幅减税降费，由点到面推开营改增，出台中小微企业税收优惠政策，取消、停征、减免1100多项中央和省级政府行政事业性收费，推动降低用能、物流、电信等成本，累计减轻市场主体负担超过3万亿元。简政减税减费并举，有效降低了制度性交易成本和生产经营成本，不仅促进了已有市场主体的发展，更重要的是催生了大量新的市场主体。市场主体增多且日益活跃，有力支撑了经济运行保持在合理区间，特别是创造了大量就业岗位，五年间城镇新增就业6600万人以上，每年都超过1300万人。目前城镇调查失业率和登记失业率都降到了多年来最低水平。”

2. 转变政府职能重塑政府经济管理边界

转变政府职能的核心是重塑政府和企业、市场、社会的关系，尤为重要的是厘清政府与市场的边界。新中国成立的前30年，在高度计划经济体制下，政府、企业、市场、社会的关系是一体的。政府以行政命令决定市场规模，企业是政府的附属机构，人民公社和户籍制度使得社会固化，没有迁徙自由。因而，政府职能就是对国民经济的方方面面进行大包大揽。

以1978年5月《光明日报》发表题为《实践是检验真理的唯一标准》的评论员文章为开端，改革开放是在学习他国经验、总结自身教训的基础上，摸着石头过河，是在实践中检验和探索出来的。尽管经济体制改革是改革的急先锋，但是在最初阶段，从上到下对改革的方向并不清晰，仅仅是从务实的角度出发，希望能够通过“开放搞活”，提高人民生活的福祉。因此，经济体制改革的最初设想，还是在坚持计划经济体制的大前提下，将刘少奇 1964 年提出的用联合公司或者托拉斯来改组工业企业的想法和陈云有关将市场调节作为计划经济的补充的理念相结合，将实施公司制管理和市场调节作为一种辅助手段，并没有打算彻底否定计划经济。随后在改革理论研究的探索和具体改革的实践中，对经济体制改革目标的认识不断深化，从 1984 年开创性地提出“社会主义有计划的商品经济”，到 1992 年党的十四大正式确立“社会主义市场经济”。在此基础上，我们对市场在资源配置中作用的认识也不断深化，从对资源配置“起辅助性作用”到“起基础性作用”，再到“起决定性作用”。经济基础决定上层建筑，政府机构改革、政府职能转变的目标和方向也随着对经济体制改革目标的不断深化而逐渐清晰起来，“有限政府、责任政府、法治政府、效能政府”成为举国上下普遍认同的符合市场经济体制的政府职能特点。

如果说改革开放之初，经济体制改革引领了政治体制改革的方向，那么在党的十四大明确建立社会主义市场经济体制之后，对于政府职能转变的探索，更多地成为政府自我改革的内生动力。从党的十六大明确把政府的职能确定为“经济调节、市场监督、社会管理、公共服务”这十六个字，政府职能转变即通过不断地调整“退位、补位和分权”来理顺和企业、市场、社会的关系。从职权自定到职权法定，从部门行政到公共行政，从人治行政到依法行政，从对社会经济活动进行事无巨细的微观管理的“大政府”到关注宏观管理的“小政府”，微观经济事务则还权于市场，由市场发挥资源配置的决定性作用。直到今天，这种系统性的职能转变还在不断地深化演进，通过地方先行先试的方式，实现率先突破，如负面清单管理、“证照分离”“一照一码”等，并在全国复制推广。政府职能的主动转型，促进了贸易和投资便利化，营造了法治化、国际化、便利化的营商环境，提升了开放型经济水平。几年来，我国营商便利度在全球排名大幅跃升，利用外资规模稳居世界前列，培育了国际竞争新优势。

3. 转变政府职能提升宏观调控效果

宏观调控的基本内涵与西方经济理论和西方市场经济国家政府经济管理实践中的“宏观经济政策”相近，但由于中国本身处于从计划经济体制向市场经济体制转变的过程中，同时由于国情基础、政治体制和发展阶段的特殊性，宏观调控的范畴、方式、手段伴随着政府职能的转变不断被赋予新的含义。

改革开放之初到党的十四大确立社会主义市场经济体制的改革目标期间，由于对经济体制改革的目标还不够清晰，政府职能转变的重点还在政府内部的精简机构以及向国有企业放权上，没有涉及政府在管理全社会经济事务中的职能边界问题。宏观调控很大程度上仍沿用计划经济体制下的框架和方式，以直接调控和计划、行政手段为主。

1993 年机构改革提出按照政企职责分开和精简、统一、效能的原则推动政府职能转变，以适应建立社会主义市场经济体制的要求。此后，通过实施一系列财税、金融、外汇外贸、投资、价格和流通体制等领域的重大改革，建立起以分税制为核心的财政体制，实现了政策性银行、商业银行职能分开，进一步健全了中央银行制度，逐步完善了货币政策框架，初步建立起社会主义市场经济条件下新的宏观调控体系框架。特别是在 1998 年以明确政府职能为目标的政府机构改革之后，明确了国家发展计划委员会、国家经济贸易委员会、财政部、中国人民银行是负责实施宏观调控部门，提出完善宏观调控的经济和法律手段。2003 年和 2008 年的大部制改革，进一步归并、精简和厘清了宏观调控部门的职责、边界和宏观调控的内容、手段。宏观调控的政策手段逐步向间接调控和以市场手段、经济手段为主转变，包括利用利率、存款准备金、公开市场业务、窗口指导等市场性货币政策进行调控。针对经济发展中的结构不平衡问题，越来越多地利用财政政策的配置实现结构性调控的目标。财政政策和货币政策的相机配置，使宏观调控意图更多地通过经济杠杆传递给微观主体，宏观调控的有效性、精准性大大提升。

4. 转变政府职能实现治理能力现代化

1992 年，邓小平同志曾说“恐怕再有 30 年的时间，我们才会在各方面形成一整套更加成熟、更加定型的制度。在这个制度下的方针、政策，也将更加定型化”。的确，1984—1987 年确定建立商品经济的基本框架的阶段性目标，重点推进价格体制、税收体制和财政体制配套改革的宏伟方案，实施时又转向以国有企业包干制度改革为主线、双轨制并行改革的次优选择，最终导致 1988 年的严重通货膨胀和 1989—1991 年的经济波动。1992 年 10 月，党的十四大明确改革目标是建设社会主义市场经济，并在 20 世纪末实现了初步建立起市场经济制度的改革目标。随着改革开放的不断深入和经济的持续发展，中国从低收入的发展中国家，逐渐步入中等收入国家。对经济发展目标的定位也从改革开放初期单纯追求出口创汇、开放搞活、重视经济增长速度，转变到要确保增长质量、实现可持续发展。

与经济发展阶段变化同步的是政府职能转变的持续推进，其为经济发展注入新的增长动力。回顾中国改革开放 40 多年，我们不仅完成了从计划经济向市场经济的转变，更成功地实现了从管制政府向服务政府转型、全能政府向有限政府瘦身、人为政府向法治政府规范。中国 40 多年改革开放之所以成功，中国经贸投资领域的改革之所以硕果累累，其重要因素之一是因为中国政府在改革开放之初便意识到，以政府管理体制改革和政府职能转变为核心的政治体制改革，必须与经济体制改革的纵深发展推进相伴前行，相互推动。通过政府“自我革命”，主动转变政府职能，适应经济和社会发展的需要，才能理顺政府与市场、政府与社会、中央政府与地方政府的关系，使市场和社会能够放开手脚去创新、去竞争。

2013 年的政府机构改革把“创造良好发展环境、提供优质公共服务、维护社会公平正义”确定为转变政府职能的总方向，深入推进政企分开、政资分开、政事分开、政社分开，建设职能科学、结构优化、廉洁高效、人民满意的服务型政府，从而将实现政府治理体系和治理能力现代化这个全面深化改革的总目标具体化。治理能力现代化目标的提出，将政府职能从一个个分解的职能部门上升到有机整体的高度，把静态的治理水平扩展到动态治理能力的维度。治理能力不仅包括对政治、军事、文化、经济、社会等所有领域的治理能力，而且包括公共产品生产与供给、社会资源协调与分配、公共政策的制定和实施、社会认同的维系、国家安全的维护以及国际关系的维持等所有过程的治理能力，具有综合化和立体化的特征。同时，动态治理能力还要求政府不但要应对当下的挑战，而且需要具有对未来发展过程中出现的新问题的预见与管控能力，以及随着新问题的出现而不断发展或衍生出新的国家治理方法和机制的能力，并在参与经济全球化的过程中，发展成国家竞争的软实力。这意味着下一步的改革开放，将从过去单部门领跑、多部门协调转变为全面整体推进的过程。从这个意义上也可以说，从 1992 年到 2013 年，我们仅用 20 年的时间就建成了一整套更加成熟、更加定型的制度、方针、政策。

要充分借鉴吸取世界其他国家经济社会发展的经验教训：一是经济发达国家实行的市场经济。市场经济已有几百年的历史，创造和积累了大量物质财富。一些新兴市场国家也通过市场化改革和经济开放实现了经济腾飞。实践证明，市场经济是人类迄今为止进行资源配置的有效方式，完全可以为我所用。二是东欧剧变的教训。由于实行违背经济规律、高度集中、僵化的经济体制，导致了生产力受到束缚，经济发展迟滞，人民生活长期得不到改善。这是造成苏共倒台、苏联解体的重要原因，其惨痛深刻的教训，成为我们的前车之鉴。三是在发展中国家普遍出现的“中等收入陷阱”。在战后亚洲、拉美国家的经济发展实践中，仅有少数国家成功突破“中等收入陷阱”，而大多数国家陷入经济发展停滞、贫富差距拉大、社会问题集中爆发的怪圈中无法自拔。这也告诫我们不能一味追求所谓西方式民主和自由主义市场经济，必须发挥社会主义制度优越性。

（三）顶层制度设计彰显效率优势

1. 解放思想，大胆试验，勇于创新，不断调整和完善政策

在社会主义条件下，发展经贸投资是一项全新的事业，也是一个艰苦实践的过程。中国经贸投资从投石问路到积极运用，从大胆地“引进来”到主动地“走出去”，从最初的“数量增长”到现在的“质量优化”，从“市场换技术”到“市场换市场”，这些经验的取得都离不开思想的解放，更离不开对经贸投资发展方向的深刻把握。

在改革开放的40年间，党和各级政府一切从国情出发，在实践中学习、探索和提高。当今世界，资本市场变化万千，新的投资和融资方式不断出现，每个国家、每个地区、每个企业都必须适应新形势的变化，不断调整自己的策略。改革开放初期，由于中国长期实行高度集中的计划管理体制和封闭政策，对国际资本市场中资本流动的方式和规律知之甚少，普遍缺少具备国际商业经验的干部。但中国经贸投资不断有新的突破，而且没有遭受大的挫折，其原因概括起来主要有三条：一是逐步破除“姓资姓社”的观念，积极参与国际分工，发展开放型经济；二是大胆试验，勇于创新，既参照国际经验，又结合中国国情；三是及时总结经验，不断完善经贸投资的相关政策。

中国利用外资是从经济特区和少数项目上的试验开始的，然后由南到北、由东到西、由点到面逐步推进。国家赋予率先吸引外资的地区和行业以较大的自主权，鼓励地方企业大胆试验。广东、福建两省以及沿海14个开放城市利用外资工作的实际情况，说明中国在经贸投资方面取得许多重大突破，都源于各级政府和企业的大胆创新，没有这些观念的转变和创新精神，就不可能形成今天中国经贸投资的局面。另外，各级政府从成功和失败的尝试中，不断总结经验教训，为国家制定和完善经贸投资的政策法规提供了可靠的依据。在今后的经贸投资工作中，应当适应新的形势，从实际出发，创造新办法，寻找新路子，并在不断的

探索中培养和造就一大批具有丰富经验和创新精神的领导干部。

2. 努力改善经贸投资的总体环境

国际经验表明，一国经贸投资的发展水平，除了国际条件外，更取决于本国投资环境的优劣，包括硬环境、软环境、局部地区的环境以及国民经济总体环境。40 年间，中国从高度集中的计划经济体制向社会主义市场经济体制过渡，从封闭型经济向开放型经济转变，经济发展水平由温饱向小康迈进。从这一基本国情出发，我国经贸投资采取了有重点的梯度推进方针。国家最先重点支持吸收外资的地区，是中国重要的侨乡和招商引资条件较好的广东、福建两省以及深圳等四个经济特区。在全国经济体制改革刚刚起步的时候，作为改革试点，允许这些地方实行以市场调节为主的经济体制和以市场需求为导向的综合改革。其后是大力发展中国经济文化比较发达、交通运输比较便捷的一批沿海开放城市。同时，鼓励外商向中西部内陆地区投资，也是首先在一些投资环境相对完善、市场条件较好的地区起步。这种做法是一种权衡利弊后的必然选择，但客观上也促使东部地区与中西部地区之间在经济发展上的不平衡进一步加剧。

随着改革开放进程的加快及对外开放政策进一步向内陆推进，中国开始全面改善投资的总体环境，区域发展不平衡的矛盾有所缓解。正在进行的财税、金融、价格、外贸、外汇等方面的改革，使中国经贸投资的相关立法趋于完善，贸易和投资政策的透明度不断提高，大规模的基础设施建设正在改变电力、交通、通信等供应不足的状况，所有这一切都将促使中国总体的投资环境得到全面改善。

3. 从坚持政策的连续性、稳定性到主动遵循国际惯例和国际规则

长期实行计划经济的一个严重弊端是，对经济的管理主要不是通过立法而是依靠行政文件、红头文件进行。与法律相比较，政策稳定性和效力较差，往往容易受政治气候的影响，这也是影响中国经贸投资的重

要因素之一。在世界大多数资本主义国家已经进入法治社会的大背景下，中国政府把党的有关经贸投资方面的政策变成法律，使经贸投资中出现的各种问题都能够有法可依，使经济管理的方法从依靠政策文件到逐步确立经贸投资各领域的基本法律体系，运用法律来保障经济的管理活动，增加政策的稳定性、连续性和透明度，显得尤为重要。

国际惯例是国际交往中被多数国家和地区接受的习惯做法，有些虽不成文却具有一定约束力。在全球化的大背景下，中国经贸投资必须遵循国际惯例，按照国际惯例办事。按照国际惯例办事，不仅要按照不成文的惯例办事，而且也要按照中国政府承认的国际法和国际惯例办事。同时，运用国际惯例为我国经济体制改革服务，使中国的涉外法律法规与国际接轨，这也是中国加入世界贸易组织后的必然选择。

4. 坚持政策导向性，利用外资为实现国民经济发展目标服务

吸引外商投资的目的是推动经济的发展，因此，必须根据本国国民经济发展的需要来确定对外资的取舍，这是世界各国吸收、利用外资的一条基本经验。对于资金短缺的发展中国家来说，利用国外资本发展本国经济是一条重要的战略思路。中国长期以来属于资金短缺的国家，改革开放初期，以外商直接投资作为外部资金来源，其在中国固定资产投资额中所占的比重总体上呈上升趋势，是弥补中国储蓄和外汇不足的重要方式，对国民经济的发展做出了重要贡献。因此在利用外资的规模上，中国总是根据今后一个时期国民经济必须保持以较快增长速度和基础设施建设投入继续加大的需要，提出利用外商直接投资要保持一定的规模，以适应国民经济总体发展的要求。把利用外资与中国的产业政策、经济结构调整、经济增长质量提高和国有经济战略性改组紧密结合，对外商来华直接投资的产业与行业进行引导，是中国 40 年来利用外资的宝贵经验，也是利用外资必须长期坚持的重要原则。

很显然，用产业政策引导外资投向，是一个不断完善和强化的过

程。改革开放初期，对外商投资只是一般性地强调吸引生产性项目，随着开放程度的不断加深，根据国民经济发展的需要，及时制定产业政策正确引导外商投资方向，增加这方面的透明度，使外商能够及时做好效益预测，是改革的主要方向。这种导向的变化，不仅有利于进一步规范中国非歧视性的开放经济体制，而且有利于通过公平竞争来提高外资的质量，通过增加外来竞争压力提高中国企业的国际竞争能力。改革开放以来，中国外商投资导向政策的变化经历了由量变到质变的逐步完善过程。

5. 转变利用外资方式，提高利用外资的质量和水平

实现由“招商引资”到“招商选资”，由“数量引资”到“质量引资”的转型。改革开放之初，由于中国资金短缺，因此把发展出口创汇作为引资的一个主要方式。中国的经济增长，依托于一系列基本要素的组合，其中很重要的就是劳动力成本低、土地和其他自然资源价格低。但是，近年来，情况发生了一些变化。如东南沿海地区特别是珠三角、长三角地区土地和房地产价格大幅上升，“民工荒”持续存在，迫使企业不得不提高工资。这些现象都表明，维持了 40 年的建立在生产要素低成本优势基础上的发展模式已经难以为继。经过 40 年的发展，从总体上分析，随着中国经济的快速发展，原来建设资金短缺的压力已经得到根本的缓解，甚至出现了局部资金剩余的现象，而通过利用外资来引进国外先进技术的政策目标则远远没有达到。

现在必须改变过去那种重引进、轻管理，重数量、轻质量的招商引资方式，应进一步提高吸引外资的质量和水平，切实使利用外资方式由创汇数量型向质量效益型转变，形成利用外资的新格局。要在继续贯彻“积极合理有效地利用外资的方针”的前提下，按照国民经济发展的总体要求引导外资投向，优化利用外资的结构，保证中国利用外资的工作实现高质量发展。

（四）市场换技术成就中国式赶超奇迹

1. 市场换技术为中国产业发展提供解决方案

以市场换技术是中国改革开放以来加速国家技术进步、促进产业升级的一项重要政策方针和发展战略。以市场换技术是对改革开放初期片面追求“出口创汇”政策目标的一种理性修正。当时，由于外汇极度短缺，以及希望借助外商已有销售渠道打入国际市场，检验和提高国内技术水平和产品质量，对所有利用外资项目都规定了较高的外销比例，以满足外汇平衡和增加外汇储备的要求。随后，中国政府很快认识到，选择合资经营（Joint Venture）、由中外双方共同承担经营风险的方式，比两头在外的补偿贸易和低水平加工贸易更有利于提升中国技术水平。同时，理论界对于日本经济学家赤松要博士有关产业发展的“雁行模式”以及日本等后起工业国发展产业的实证经验，使中国政府进一步坚定了推行“以市场换技术”的政策，引进国外先进技术，然后通过消化吸收，形成自主创新能力和产业升级之路。

根据“雁行模式”，在发展中国家工业化的初期阶段，由于经济和技术落后，需要向发达国家开放某些工业产品的国内市场。当这种工业产品的国内需求达到一定数量时，就会使本国生产该种产品具备基本的市场条件、技术条件和人才条件。通过技术溢出、人才溢出和竞争溢出效应，国内逐步掌握了该行业的生产技术，并因资源和劳动力的价格优势占领国内市场，最终达到经济发展和产业结构升级的目的。“雁行模式”还生动描绘了后起工业国实现产业跨越式升级的三个模式：第一个模式是某一产业的发展按照从接受转移到国内生产，再到向外出口的三个阶段，即按照“进口—国内生产（进口替代）—出口”相继更替的模式发展；第二个模式是从一般消费品到资本品或者是从低附加值产品到高附加值产品的第一模式演进，产业结构不断升级；第三个模式是某一产品的第一模式动态演化会在国与国之间传导，工业化的后来者会效仿工业化的先行者。

2. 市场换技术政策促进提升利用外资水平

1984 年 3 月 22 日，国务院在同意批转国家经委《关于做好技贸结合和旧设备选购工作的报告》的批语中指出，“把对外商品贸易与引进技术结合起来，实行技贸结合，用我们的一部分市场换取国外的先进技术，这是加速我国技术进步的一项重大方针”。这是国家首次对“以市场换技术”进行的战略定位。1986 年 4 月，“以市场换技术”的方针被写入《中华人民共和国外资企业法》，国务院在同年 10 月 11 日发布的《国务院关于鼓励外商投资的规定》中，明确对两类生产型外商投资企业（产品出口企业和先进技术企业）实行提高外汇、税收、自主权、扩大内销比例等多项特别优惠。随后，国家计委还专门出台了《国家计划委员会关于中外合资、合作经营企业产品以产顶进办法》，对内外销比例和国产化进度进行了规定。20 世纪 90 年代，中央先后出台了《90 年代国家产业政策纲要》《指导外商投资方向暂行规定》和《外商投资产业指导目录》，使产业政策的引导更加具体。对于高新技术项目、能替代进口的基础原材料工业项目和大型生产型项目及重化工项目等，甚至允许 100% 内销。这一时期利用外资项目和金额成倍增长。1992 年全国批准外商直接投资项目 48764 个，超过 1979—1991 年批准的外商直接投资项目的总和（42503 个），合同利用外资金额也超过前 13 年的总和。到 1997 年，累计批准 24 万多个外资项目，协议金额 4160 多亿美元，实际利用外资 1510 多亿美元。外商直接投资的领域也大幅度拓宽，遍布第一、第二和第三产业。进入 21 世纪后，由于生产要素成本上升、国内外市场竞争加剧，以及为遵循 WTO 规则和“入世”承诺，中国对《外资企业法》《中外合资经营企业法》和《中外合作经营企业法》进行了大幅修改，取消了针对外商投资企业的外汇平衡条款、“当地含量”条款、出口比例要求等。以市场换技术政策从国家具有全局意义的指导性政策中逐渐淡出，技术进步转向走自主创新之路。

3. 市场换技术为中国装备制造业升级做出贡献

尽管国内对于市场换技术政策的投入产出比一直存在争论，特别受到诟病的是地方政府互相攀比式的招商引资优惠政策，使外资企业在某种意义上享受了超国民待遇，抑制了行业内内资企业的技术创新动力。引进技术的先进程度、低水平重复引进、产能过剩问题等，也是理论界和实务界质疑市场换技术政策有效性的焦点。然而，充分的产业实证研究表明，实施市场换技术政策以来，外商直接投资的增长对技术进步、人才流动、产业关联的直接溢出效应均为正向，有力地促进了国内技术进步和产业升级，成功诠释了后起工业国的产业发展之路。市场换技术典型的成功案例包括通信设备技术、巨型水轮发电机组制造技术、高速铁路机车制造技术以及风电设备制造技术等。中国通信设备在 20 世纪 80 年代完全依赖进口，后期开始大范围成立合资公司。到 2000 年，中国本土的华为、中兴、大唐等迅速崛起，主导了国内程控交换机市场，并开始进入国外市场。通过将核心技术转让确定为招标的关键条款，中国水电设备制造企业只用了 7 年时间，就实现了从设计制造 30 万千瓦水轮发电机组到设计制造 70 万千瓦特大型水轮发电机组的跨越，完成了对与国际先进水平之间 30 年技术差距的跨越。由铁道部主导的引进高速机车前后三次重大招标中，列明了详细的技术转让要求，得益于此的中国企业成功引进国际上高速铁路机车制造的核心技术，并在此基础上消化、吸收和创新，使我国高速机车制造技术在很短时间内跃居世界前列。列车运行的最高时速从 160 公里提升到 350 公里，平均时速达到 300 公里以上。目前，我国已经形成运行平均时速 300 公里以上的庞大高速铁路网。我国企业已经可以出口高速列车以及承建高速铁路，并提供完整的高速铁路设备制造和运营服务。

得益于长期坚持并不断升级和调整的市场换技术政策，以适应产业和经济发展的需要，如今，中国从一个外汇极度短缺、外汇支付能力严重不足的国家，一跃成为“世界工厂”，外汇储备超过 3 万亿美元，比外汇储备总量第二的日本（1.25万亿美元）高出一倍多。产业结构也从改革开放之初以低附加值的一般消费品为主转变为劳动密集型、技术密集型、资本密集型产品相对平衡的多层次布局。中国装备制造技术在世界上已处于领先地位，并有力支持了“一带一路”倡议和对外援助工作。此外，“雁行模式”下有关产业在国与国之间传导的情形也在短短几十年中得到了印证。随着中国劳动力和土地成本的增加，执行更加严格的环境保护标准，以及中、高附加值产业发展起来后对低附加值产业的挤出效应，传统劳动密集型的纺织服装、轻工业和低端制造业等在最近10年里逐步向东南亚、非洲等成本更低廉的地区转移。

（五）多层次国际合作传播中国理念

1. 中国对外多层次的国际合作格局与方式

（1）“一带一路”倡议

“一带一路”倡议连接亚太、欧洲两大经济圈，贯通中亚、南亚、东南亚、西亚、非洲等区域，被认为是世界上跨度最大和最具潜力的经济合作带。

A. 贡献与展望

共建“一带一路”倡议着眼于构建人类命运共同体，坚持共商共建共享原则，为推动全球治理体系变革和经济全球化作出了中国贡献。

——共商：从中国倡议到全球共识

“一带一路”倡议强调平等参与、充分协商，以平等自愿为基础，通过打造共商国际化平台与载体，进行充分对话沟通找到认识的相通点、参与合作的交汇点、共同发展的着力点。2017年5月，首届“一带一路”国际合作高峰论坛在北京成功召开，29个国家的元首和政府首脑出席论坛，140多个国家和80多个国际组织的1600多名代表参会。2019年4月，第二届“一带一路”国际合作高峰论坛继续在北京举办。“一带一路”国际合作高峰论坛已经成为各参与国家和国际组织深化交往、增进互信、密切往来的重要平台。2018年11月，首届中国国际进口博览会成功举办，172个国家、地区和国际组织参加，3600余家境外企业参展。同时，中国举办的丝绸之路博览会暨中国东西部合作与投资贸易洽谈会、中国西部国际博览会等大型展会，都成为中国与沿线各国共商合作的重要平台。

同时，强化多边机制和二轨机制在共商中的作用。共建"一带一路"顺应和平与发展的时代潮流，坚持平等协商、开放包容，促进沿线国家在既有国际机制基础上开展互利合作。中国充分利用二十国集团、亚太经合组织、上海合作组织、亚欧会议、亚洲合作对话、亚信会议、中国—东盟（10+1）、澜湄合作机制、大湄公河次区域经济合作、大图们倡议、中亚区域经济合作、中非合作论坛、中阿合作论坛、中拉论坛、中国—中东欧16+1合作机制、中国—太平洋岛国经济发展合作论坛、世界经济论坛、博鳌亚洲论坛等现有多边合作机制，在相互尊重、相互信任的基础上，积极同各国开展共建"一带一路"实质性对接与合作。中国与沿线国家通过政党、议会、智库、地方、民间、工商界、媒体、高校等"二轨"交往渠道，围绕共建"一带一路"，开展形式多样的沟通、对话、交流、合作。

——共建：共同打造和谐家园

共建就是各方都是平等的参与者、建设者和贡献者，也是责任和风险的共同担当者。

一是打造共建合作的融资平台。由中国发起的亚洲基础设施投资银行自2016年开业以来，在国际多边开发体系中发挥了越来越重要的作用，得到国际社会广泛信任和认可。截至2018年底，亚洲基础设施投资银行已从最初57个创始成员，发展到遍布各大洲的93个成员；累计批准贷款75亿美元，撬动其他投资近400亿美元。亚洲基础设施投资银行在履行自身宗旨使命的同时，也与其他多边开发银行一起，成为助力共建"一带一路"的重要多边平台之一。2014年11月，中国政府宣布出资 400 亿美元成立丝路基金，2017 年 5 月，中国政府宣布向丝路基金增资 1000 亿人民币。截至 2018 年底，丝路基金协议投资金额约 110 亿美元，实际出资金额约 77 亿美元，并出资 20 亿美元设立中哈产能合作基金。

二是积极开展第三方市场合作。共建“一带一路”致力于推动开放包容、务实有效的第三方市场合作，旨在促进中国企业和各国企业优势互补，实现“1 +1 +1 >3”的共赢。2018 年，第一届中日第三方市场合作论坛和中法第三方市场合作指导委员会第二次会议成功举办。英国欣克利角核电等一批合作项目顺利落地，中国中车与德国西门子也在一些重点项目上达成了三方合作共识。

——共享：让所有参与方获得实实在在的好处

共享就是兼顾合作方利益和关切，寻求利益契合点和合作最大公约数，使合作成果福及双方、惠泽各方。

一是使发展成果惠及沿线国家。中国经济对世界经济增长的贡献率多年保持在 30% 左右。近年来，中国进口需求迅速扩大，在对国际贸易繁荣作出越来越大贡献的同时，拉动了对华出口的沿线国家经济增长。在共建“一带一路”合作框架下，中国支持亚洲、非洲、拉丁美洲等地区广大发展中国家加大基础设施建设力度，将世界经济发展的红利不断输送到这些发展中国家。世界银行研究组的量化贸易模型结果显示，共建“一带一路”将使“发展中的东亚及太平洋国家”的国内生产总值平均增加 2.6% ~3.9%。

二是改善沿线国家民生。中国把向沿线国家提供减贫脱困、农业、教育、卫生、环保等领域的民生援助纳入共建“一带一路”范畴。中国与世界卫生组织签署关于“一带一路”卫生领域合作的谅解备忘录，累计与沿线国家合作培养数千名公共卫生管理和疾病防控人员，累计为相关国家 5200 余名白内障患者实施免费复明手术，每年为周边国家近 3 万名患者提供优质医疗服务。

三是促进科技创新成果向沿线国家转移。中国与沿线国家签署了46 个科技合作协定，先后启动了中国—东盟、中国—南亚等科技伙伴计划，与东盟、南亚、阿拉伯国家、中亚、中东欧共建了 5 个区域技术转移平台，发起成立了“一带一路”国际科学组织联盟，形成了多层次、多元化的科技人文交流机制。

四是推动绿色发展。中国坚持《巴黎协定》，积极倡导并推动将绿色生态理念贯穿于共建“一带一路”倡议。中国与联合国环境规划署签署了关于建设绿色“一带一路”的谅解备忘录，与 30 多个沿线国家签署了生态环境保护的合作协议，发布《关于推进绿色“一带一路”建设的指导意见》《“一带一路”生态环境保护合作规划》等文件，推动落实共建“一带一路”的绿色责任和绿色标准。

B. 愿景：构建人类命运共同体

共建“一带一路”顺应了人类追求美好未来的共同愿望。国际社会越来越认同共建“一带一路”倡议所主张的构建人类命运共同体的理念，构建人类命运共同体符合当代世界经济发展需要和人类文明进步的大方向。共建“一带一路”倡议正成为构建人类命运共同体的重要实践平台。

——源自中国，更属于世界。共建“一带一路”跨越不同地域、不同发展阶段、不同文明，是一个开放包容的平台，是各方共同打造的全球公共产品。共建“一带一路”顺应了国际社会对全球治理体系公正性、平等性、开放性、包容性的追求，是中国为当今世界提供的重要公共产品。

——为全球治理体系变革提供了中国方案。当今世界面临增长动能不足、治理体系滞后和发展失衡等挑战。共建“一带一路”体现开放包容、共同发展的鲜明导向，强调不同经济发展水平国家的优势互补和互利共赢，推动实现全球治理、全球安全、全球发展联动，致力于解决长期以来单一治理成效不彰的困扰。

——构建人类命运共同体。为了应对人类共同面临的各种挑战，追求世界和平繁荣发展的美好未来，世界各国应风雨同舟，荣辱与共，构建持久和平、普遍安全、共同繁荣、开放包容、清洁美丽的世界。共建“一带一路”坚持求同存异、包容互谅、沟通对话、平等交往，推进中国同沿线各国乃至世界发展机遇相结合，使发展成果惠及合作双方、各方。

当今世界正处于大发展大变革大调整时期，和平、发展、合作仍是时代潮流。展望未来，共建“一带一路”既面临诸多问题和挑战，更充满前所未有的机遇和发展前景。随着时间的推移和各方共同努力，共建“一带一路”一定会走深走实，行稳致远，成为和平之路、繁荣之路、开放之路、绿色之路、创新之路、文明之路、廉洁之路，推动经济全球化朝着更加开放、包容、普惠、平衡、共赢的方向发展。

（2）世界贸易组织（WTO）

2001 年 11 月 11 日中国政府代表签署中国加入世贸组织议定书，并向世界贸易组织秘书处递交中国加入世界贸易组织批准书；30 天后，即 2001 年 12 月 11 日，中国正式成为世贸组织成员。

2018 年是我国改革开放 40 周年。我国加入世贸组织已走过 17 个年头。习近平总书记指出：“改革开放是中国和世界共同发展进步的伟大历程。”加入世贸组织以来，我国与世界的关系日益密切、不断加深，成为改革开放的生动实践。站在新起点，在习近平新时代中国特色社会主义思想指引下，我国将坚定不移地深化改革开放，支持完善多边贸易体制，推动全球贸易和投资自由化便利化，构建以合作共赢为核心的新型国际关系，打造人类命运共同体。

第一，我国加入世贸组织促进了改革开放进程。2001 年我国加入世贸组织是深度参与经济全球化的里程碑，标志着我国改革开放进入历史新阶段。习近平总书记指出：“当年，中国对经济全球化也有过疑虑，对加入世界贸易组织也有过忐忑。但是，我们认为，融入世界经济是历史大方向，中国经济要发展，就要敢于到世界市场的汪洋大海中去游泳，如果永远不敢到大海中去经风雨、见世面，总有一天会在大海中溺水而亡。所以，中国勇敢迈向了世界市场。在这个过程中，我们呛过水、遇到过旋涡、遇到过风浪，但我们在游泳中学会了游泳。这是正确的战略抉择。”加入世贸组织以来，我国坚持以开放促改革、促发展，在更大范围、更深层次上参与国际经济合作和竞争，激发了市场活力，有力地推动了改革开放进程。积极完善社会主义市场经济体制，大规模开展法律法规清理修订工作，健全市场体系，理顺政府和市场关系，使市场在资源配置中起决定性作用，更好地发挥了政府作用。全面履行加入世贸组织承诺，货物贸易和服务贸易领域开放承诺分别于2010年和2007年全部履行完毕。外资准入门槛持续降低，知识产权保护力度不断加大，形成了全方位、多层次、宽领域的开放格局。着力增强国际竞争力，各行各业主动化压力为动力、化挑战为机遇，大力推进产业结构调整，积极融入全球价值链，在世界经济大海中搏击风浪，不断提升竞争力和创新力。

第二，我国加入世贸组织以来为世界做出了重要贡献。我国加入世贸组织，既发展了自己，也造福了世界。习近平总书记指出：“观察中国发展，要看中国人民得到了什么收获，更要看中国人民付出了什么辛劳；要看中国取得了什么成就，更要看中国为世界做出了什么贡献。”加入世贸组织以来的17年，是我国不断扩大对外开放的17年，也是不断以开放促改革、促发展的17年，更是持续为世界做出重要贡献的17年。中国因素让世界经济发展更有动力。加入世贸组织显著拓宽了我国的开放空间，我国全面深化开放合作，深入推进“一带一路”建设，贸易投资规模迅速扩大，为世界经济提供了强劲的增长引擎。2001年至2017年，我国货物贸易、服务贸易进口额累计分别达20万亿美元和3.7万亿美元，对外直接投资超过1.1万亿美元，吸收外商直接投资超过1.6万亿美元，为各国创造了大量贸易机会、投资机会和就业岗位。

党的十八大以来，我国对世界经济增长贡献率超过 30%，成为世界经济主要稳定器和动力源。

第三，中国因素让全球发展更加包容。我国秉持多边贸易体制的开放、透明、包容、非歧视等基本原则，致力于让不同国家、不同阶层、不同人群共享经济全球化的好处。中国宣布举办中国国际进口博览会，主动向世界开放市场，为各国共享中国发展红利搭建新平台。目前我国已成为 120 多个国家和地区的主要贸易伙伴，已对 36 个建立外交关系且已完成换文手续的最不发达国家的 97% 税目的产品实施了零关税，不断加大对发展中国家特别是最不发达国家的援助力度，帮助发展中国家更好地融入全球价值链。

第四，中国因素让全球经济治理体系更趋完善。我国坚持平等协商、携手合作，倡导建设开放型世界经济，支持世贸组织、二十国集团、亚太经合组织、金砖国家等多边和区域机制发挥更大作用，支持扩大发展中国家在国际经贸事务中的代表性和发言权，提出更多中国倡议、中国方案、中国主张，为推动全球经济治理体系朝着更加公正合理的方向发展贡献了智慧和力量。

（3）金砖国家合作机制

金砖国家包括中国、俄罗斯、印度、巴西、南非等五个国家。自 2006 年金砖国家首次外长会晤至今，金砖国家合作已走过十几个年头。“金砖国家”最初是指巴西、俄罗斯、印度和中国四个成长前景看好的新兴市场国家。2006 年 9 月，巴西、俄罗斯、印度和中国四国外长在联合国大会期间举行首次外长会晤，此后每年均举行例行会晤。由于四国英文首字母组成的“BRIC”一词，其发音与英文的“砖”（Brick）十分相似，故被称为“金砖四国”。

2008 年 9 月，国际金融危机爆发。为应对金融危机，2009 年 6 月“金砖四国”领导人在俄罗斯举行首次正式会晤，金砖国家间的合作机制正式启动。金砖国家领导人会晤机制的建立，为金砖国家之间合作与发展提供了政治指引和强大动力。2010年12月南非正式加入金砖国家，这一合作机制由最初的“金砖四国”变为“金砖五国”。

近年来，金砖国家合作机制不断完善，形成了以领导人会晤为引领，以安全事务高级代表会议、外长会晤等部长级会议为支撑，在多层次、多领域开展务实合作的机制，是新兴市场和发展中国家在经济、金融和发展领域交流与对话的重要平台。金砖国家均是新兴市场国家，分处四大洲、地跨南北半球，具有独特地理优势，虽然国情不同、文化各异，但在许多国际和地区问题上有着相同或相似看法。金砖国家的国土面积占世界陆地面积的29.6%，人口占世界总人口的42.6%，禀赋各异，发展模式不尽相同，这给五国拓展合作提供了广阔空间。五国的市场、资源、技术、资金、劳动力等要素相结合并辐射到外部，将成为世界经济新的“增长源”，也将带动全球政治、经济、贸易和金融多极化发展。同时，金砖国家的共同特征是金融市场不太成熟，应对外部金融冲击的能力相对不足，这也促使金砖国家携手合作，发挥其日益增强的经济实力，以获得与之相匹配的国际金融话语权。

与此同时，金砖国家利用各成员国在资源禀赋、产业结构上的互补性优势，广泛拓展合作领域，形成了多领域、多层次、全方位合作格局。如今，金砖国家已建立60多项合作机制，涵盖经贸、金融、农业、教育、科技、文化、智库等多个领域。其中，金融领域的合作内容最为丰富。

（4）博鳌亚洲论坛

博鳌亚洲论坛由25个亚洲国家和澳大利亚发起，于2001年2月27日在海南省琼海市万泉河入海口的博鳌镇召开大会，正式宣布成立。论坛为非官方、非营利性、定期、定址的国际组织，旨在为政府、企业及专家学者等提供一个共商经济、社会、环境及其他相关问题的高层对话平台。

博鳌亚洲论坛经过十几年发展，已成为兼具亚洲特色和全球影响力的国际交流沟通平台，是中国开展外交的一个重要平台，为亚洲和世界提供了“博鳌智慧”、贡献了“博鳌力量”。博鳌亚洲论坛对推动构建亚洲和人类命运共同体、促进人类和平与发展事业具有重大意义，为不同行为主体提供了对话交流平台，为中国、亚洲和世界搭建渠道，也将促进亚洲发出更多声音，为经济全球化注入更多新能量、开辟更多新路径。它符合中国外交从“韬光养晦”到“奋发有为”的转型过程，也是中国实施发展战略、发挥全球影响力、提升国家形象的重要依托。

（5）二十国集团

二十国集团（G20）是一个国际经济合作论坛，于 1999 年 9 月 25 日由八国集团（G8）财政部部长在德国柏林成立，并于华盛顿举办了第一届 G20 峰会。它属于一种非正式对话机制，由原八国集团以及其余十二个重要经济体组成。其宗旨是为推动已工业化的发达国家和新兴市场国家之间就实质性问题进行开放及有建设性的讨论和研究，以寻求合作并促进国际金融稳定和经济持续增长。按照以往惯例，国际货币基金组织与世界银行列席该组织的会议。二十国集团成员涵盖面广、代表性强，该集团的 GDP 占全球的 90%，贸易额占全球的 80%，因此已取代八国（G8）集团成为全球经济合作的主要论坛。G20 的成立为国际社会齐心协力应对经济危机、推动全球治理机制改革带来了新动力和新契机，全球治理开始从“西方治理”向“西方和非西方共同治理”转变。

2016 年 9 月 4—5 日，二十国集团（G20）领导人第十一次峰会在中国杭州举行，这也是中国首次举办首脑峰会。在二十国集团（G20）杭州峰会上，与会各国及国际组织领导人在国际宏观经济政策、贸易投资、落实 2030 年发展议程、环境保护以及反避税等一系列重要问题上达成共识，充分显示了中国作为具有影响力的世界大国在解决国际社会经济和发展问题上的魄力与能力，并通过提出解决方案展示中国对国际经济治理的系统性思考和中国思路，标志着中国参与国际经济治理已经进入新阶段。其中，在贸易和投资议题上，尽管全球依然面临世界经济低迷、各国贸易和投资规模不断萎缩的挑战，但包括发达国家与发展中国家在内的二十个主要经济体共商发展策略，推动国际合作，为处于困境的国际贸易与投资发展注入了新活力。杭州 G20 峰会显示了中国积极参与全球经济治理的决心和为改善世界经济提供公共产品的诚意。在中国杭州主场举办会议，为中国分享全球经济治理的中国智慧和开展经济外交提供了重要的平台和契机。

（6）世界经济论坛

世界经济论坛是以研究和探讨世界经济领域存在的问题、促进国际经济合作与交流为宗旨的非官方国际性机构，总部设在瑞士日内瓦。其前身是1971年由现任论坛主席、日内瓦大学教授克劳斯·施瓦布创建的“欧洲管理论坛”。1987年，“欧洲管理论坛”更名为“世界经济论坛”。论坛会员是遵守论坛“致力于改善全球状况”宗旨并影响全球未来经济发展的1000多家顶级公司。由于在瑞士小镇达沃斯首次举办，故也称其为“达沃斯论坛”。

中国国家主席习近平2017年1月17日在世界经济论坛2017年年会开幕式上发表主旨演讲。这是中国最高领导人首次出席这一全球最大规模的非官方经济盛会。国际舆论对此高度关注，多国媒体第一时间报道了习近平主席的讲话。国际舆论认为，中国的发展理念和经济治理方案有很大的参考价值。习近平主席在演讲中向贸易保护主义说“不”，为世界经济发展和全球治理传递信心、提供方向，引领中国走向世界舞台中央。

（7）亚洲基础设施投资银行

2013年10月，中国国家主席习近平首次提出筹建亚洲基础设施投资银行（Asian Infrastructure Investment Bank，AIIB，简称“亚投行”）的倡议。经过一年多的筹备，2014年10月，包括中国、印度、新加坡等国家在内的21个意向创始成员国在北京签署了《筹建亚投行备忘录》，标志着亚投行（AIIB）的筹建工作进入了一个新的阶段。2014年

10 月至 2015 年 2 月，印度尼西亚、马尔代夫、新西兰、沙特阿拉伯、塔吉克斯坦以及约旦先后申请加入亚投行。亚投行的意向创始成员国数量增加至 27 个。2015 年 3 月 12 日，英国宣布申请加入亚投行，从而成为第一个申请加入亚投行的欧洲发达经济体。在英国的带动下，法国、德国、意大利、卢森堡、瑞士和奥地利先后于 2015 年 3 月下旬申请加入亚投行。韩国和澳大利亚在经过反复权衡后，也赶在 2015 年 3 月底之前正式宣布加入亚投行。截至 2015 年 4 月 15 日，亚投行的创始成员国数量由最初的 21 个扩大到 57 个，遍及全球五大洲。中国主导筹建亚投行的一个重要考虑，是为“一带一路”倡议提供金融支撑。显然，在多边框架下开展这一工作具有十分明显的优势，也是符合包括中国在内的各方利益的最优选择。

工业革命以来，全球经济的重心一直在西方，亚洲始终处于全球经济格局的边缘和外围。除日本和韩国以外的大多数亚洲国家在全球产业分工格局中始终处于价值链的中低端。地域狭长、幅员广阔的亚洲走廊成为夹在大西洋板块和北美板块这两个发达国家聚集区中间的经济低地。受地理区位、历史文化以及地缘政治等因素影响，亚洲国家的经济发展水平普遍较低且差异巨大，经济多样化程度高、一体化程度低。在经济全球化和区域经济一体化这一世界经济发展大势下，任何国家都难以脱离全球和区域经济发展而单独实现经济腾飞。因此，东亚、南亚国家与中亚、西亚国家缺乏互联互通，这不仅束缚了各国自身经济发展空间，而且已经成为制约亚洲国家合作共赢，进而实现亚洲整体崛起的重要障碍。

中国主导下的亚投行将业务领域明确定位在基础设施融资领域，这将对缩小亚洲国家经济发展差异、促进各国经济融合和区域一体化发展发挥至关重要的作用。首先，从各国内部看，基础设施建设能够促进投资所在国的经济发展，提高其经济效率。特别是刺激其制造业和交通运输业等相关产业的迅速发展，并带动农业和第三产业发展。其次，从加强各国经济联系的角度来看，基础设施建设特别是铁路、公路、港口、机场、电力以及通信领域的投资有利于加强各国的互联互通，降低运输成本，便利通信往来，从而促进区域内货物贸易和产业分工细化，进而以贸易带动金融和投资的跨国往来，促进各国金融市场发育并逐步加强各国在货币金融领域的合作，提高亚洲经济体在现行国际经济、金融体系中的地位。

（8）亚太经济合作组织

成立于1989年的亚太经济合作组织（Asia - Pacific Economic Cooperation，APEC）是亚太地区的一个主要经济合作组织。1989年1月，澳大利亚总理霍克访问韩国时建议召开部长级会议，讨论加强亚太经济合作问题。经与有关国家磋商，1989年11月5—7日，澳大利亚、美国、加拿大、日本、韩国、新西兰和东盟六国在澳大利亚首都堪培拉举行亚太经济合作会议首届部长级会议，这标志着亚太经济合作组织的成立。1991年11月，在韩国汉城亚太经合组织第三届部长级会议上通过的《汉城宣言》，正式确定该组织的宗旨和目标是：相互依存、共同受益，坚持开放性多边贸易体制和减少区域内贸易壁垒。1993年6月改名为亚太经济合作组织，简称亚太经合组织。亚太经济合作组织的宗旨是：保持经济的增长和发展；促进成员间经济的相互依存；加强开放的多边贸易体制；减少区域贸易和投资壁垒，维护本地区人民的共同利益。

中国加入亚太经合组织25年来，始终本着积极参与、求同存异、推动合作的精神，全面参与该组织各项活动。与此同时，亚太经合组织成为中国与亚太地区其他经济体开展互利合作、开展多边外交、展示中国国家形象的重要舞台。中国借此促进了自身发展，也为本地区乃至世界经济发展做出了重要贡献。作为亚太大家庭的一员，中国一贯重视并积极参与亚太经合组织各领域合作，中国国家主席出席了历次亚太经合组织领导人非正式会议，提出了许多积极、平衡、合理的政策主张和倡议。长期以来，中国在亚太经合组织内发挥着建设性的作用。中国通过参加亚太经合组织的一系列活动，推动国际秩序朝着更加公正合理的方向发展。

2001 年 10 月，亚太经合组织第九次领导人非正式会议在中国上海成功举行，会议通过了《亚太经合组织经济领导人宣言》《上海共识》等重要文件，有力地推动了亚太经合组织的合作进程。2014 年 11 月，中国再度成功举办亚太经合组织第二十二次领导人非正式会议，会议通过的《北京纲领》，绘制了面向未来的亚太一体化发展蓝图，开创了互联互通的发展路径，迈出携手推进亚太命运共同体建设历史性的关键一步。

亚太地区是中国对外经济贸易的重要依托。中国的对外贸易和吸引的外资大部分均来自亚太经合组织成员，中国的发展很大程度上受益于区域经济，是区域合作的受益者。与此同时，中国的发展也为亚太经合组织注入了独有的活力和动力。当前，全球经济复苏乏力，贸易和投资持续低迷，保护主义抬头，不稳定性和不确定性风险突出，中国政府在及时调整宏观经济政策、适度扩大总需求的同时，着力加强供给侧结构性改革，还积极与包括亚太经合组织在内的国际社会携手合作，通过双边、多边和地区性合作等各种渠道，为助推世界经济的复苏贡献了力量。中国已成为区域合作的积极倡导者和推进者。

2. 中国参与全球治理与国际合作的理念

（1）积极应对挑战，构建人类命运共同体

2012 年，习近平主席在与外国专家代表座谈时表示，国际社会日益成为一个“你中有我、我中有你”的“命运共同体”。面对世界经济的复杂形势和全球性问题，任何国家都不可能独善其身、“一枝独秀”，这就要求各国同舟共济、和衷共济，在追求本国利益时兼顾他国合理关切，在谋求本国发展中促进各国共同发展，建立更加平等均衡的新型全球发展伙伴关系，增进人类共同利益，共同建设一个更加美好的地球家园。2015 年 3 月，习近平主席在博鳌亚洲论坛 2015 年年会上的主旨演讲中提出，通过迈向亚洲命运共同体，推动建设人类命运共同体，必须坚持各国相互尊重、平等相待；必须坚持合作共赢、共同发展；必须坚持实现共同、综合、合作、可持续的安全；必须坚持不同文明兼容并蓄、交流互鉴。2015年9月，习近平主席在第七十届联合国大会一般性辩论时的讲话中呼吁国际社会携手构建合作共赢新伙伴，同心打造人类命运共同体。2017年5月，习近平主席在“一带一路”国际合作高峰论坛开幕式发表的主旨演讲中进一步明确指出，和平赤字、发展赤字、治理赤字，是摆在全人类面前的严峻挑战。这说明，人类命运共同体建设不仅仅是和平问题和发展问题，更重要的是治理问题。当今时代既是国家治理体系和治理能力现代化的时代，也是全球治理的时代。对世界各国来说，应对内外挑战、建设人类命运共同体，必须在提升国家治理能力和构建新型国家治理体系的同时，积极参与全球治理并提升全球治理效果。

（2）坚守发展主线，构建发展治理新格局

当前，国际形势较30年前已发生深刻改变，但“和平与发展”仍是当今时代的主题，和平问题得不到根本解决，在一定程度上也缘于发展问题没有解决。全球治理体系涉及的议题和领域十分广泛，并且新的议题和领域还在不断增加。当前，世界经济面临的增长动力不足、发展不均衡、发展机会不均等、发展成果分配不公平等问题日益凸显，全球经济治理体系变革紧迫性越来越突出。在经济建设方面，近五年来中国取得了辉煌成就，积累了丰富的发展经验，并创造性地提出了“创新、协调、绿色、开放、共享”的发展理念。将发展问题作为中国参与和引领全球治理的主要议题，既契合了世界各国的需要，也有助于进一步发挥中国作为发展中大国的优势。中国的发展理念和经验日益展现出来的吸引力，本身即是中国话语权的直接体现。

中国提出的“一带一路”倡议核心就是与沿线国家发展战略对接，实现共同发展；“一带一路”倡议秉持和平合作、开放包容、互学互鉴、互利共赢、平等透明、相互尊重的精神，在共商、共建、共享的基础上，本着法治、机会均等原则加强合作；“一带一路”推动解决发展失衡、治理困境、数字鸿沟等全球性问题，为引导经济全球化向更加开放、包容、普惠、平衡、共赢方向发展开辟了新路径；其目标与理念、合作模式和实施手段所拥有的全球性意义使之成为推进构建全球发展治理新格局的动力。

（3）改革创新并重，构建全球治理新体系

全球治理体系的发展演变与国际力量结构的变化密不可分。以中国为代表的新兴市场和发展中国家的崛起，将不可避免地影响全球和区域治理各个领域的利益分配格局，从而带来不同类型国家之间围绕全球治理体系变革的激烈竞争。对既得利益的发达国家来说，维护现有全球治理体系的利益分配优势、制定对新兴市场和发展中国家约束性更高的新一轮高标准全球治理规则体系是其参与全球治理的主要追求。而对新兴市场和发展中国家来说，提升其代表性和话语权、完善现有全球治理体系是其参与全球治理的基本诉求。现有的全球治理体系为新兴市场和发展中国家发展创造了稳定的外部环境预期，减少了全球挑战及其应对的不确定性。为此，维护现有体系的稳定发展是包括中国在内的新兴国家的现实选择。但是，由于很多现有全球规则制定过程中新兴市场和发展中国家参与的缺位或不足，现有体系未能充分反映它们的利益诉求。如国际货币基金组织、世界银行、世界贸易组织等传统全球治理机制的改革步伐远远落后于世界政治经济发展的现实。在现有全球治理体系框架下，建立一些新的国际机制和规则有助于形成改革现有体系的推动力量，也能在一定程度和范围内弥补现有体系的不足。

（4）立足“南南合作”，构建公平合理新秩序

在全球治理机制中，尽管新兴市场和发展中国家的发言权不能与欧美等发达国家相提并论，但它们绝不是全球治理的旁观者，而是重要参与者。在全球治理框架下，发达经济体拥有七国集团这一代表自身利益

的国家集团，在很多议题上它们往往都要进行内部沟通，形成共同立场和主张，从而最大限度地维护自身利益。对于新兴市场和发展中国家而言，长期以来由于缺少相应的沟通和协调机制，导致部分国家之间分歧较大而无法形成合力，在与发达国家的博弈中处于劣势。为此，中国积极推动“南南合作”，始终与广大新兴市场和发展中国家一起，在全球治理平台上协调立场，形成共同声音，不断扩大新兴市场和发展中国家在全球治理中的话语权。在此过程中，中国发挥了积极引导作用，并利用以金砖国家为代表的新兴市场国家合作机制的聚合作用，不断让中国构建公平合理新秩序的理念和主张得到更多支持。同时，中国还不断加强以“南南合作”为基础的国际发展合作框架，发展新型多边开发机构，提出全球治理的中国方案。在积极推进多边经济外交的同时，中国积极倡导和建构具有平等性、和平性和包容性的全球伙伴关系网络。

（5）注重务实合作，构建全球治理新平台

2008 年国际金融危机后，全球治理进入新旧格局、新旧动能、新旧模式深刻调整和转变时期。这既为全球治理的未来发展带来了诸多的不确定性，也为构建更加有效、公平、合理的全球治理新平台提供了可能。在这一背景下，二十国集团与金砖国家合作机制逐步成为中国和全球主要国家开展务实合作的重要平台。例如，二十国集团形成了以峰会为引领、协调人和财金渠道“双轨机制”为支撑、部长级会议和工作组为辅助的合作架构。但总的来说，两个机制均没有固定组织章程，也未设立秘书处和固定办公场所，每次峰会主题主要由东道国拟定。因此，领导人峰会议程的延续性得不到保障，达成的共识也难以得到有效执行。基于此，中国积极推动全球治理新平台的建设，与各成员国和参与国进行务实合作，达成广泛共识。根据这些不同层次的交流以及协调机制在国际规则制定中的不同地位与作用，在依托这些平台参与和引领全球治理的过程中，中国并未强求各国在所有问题上达成共识或保持一致，而是立足解决共同面临的实际问题，最大限度地开展各领域务实合作。

党的十八大以来，中国在全球治理领域不仅是重要的参与者、建设者和贡献者，更是全球治理改革的重要推动力量，对外部世界产生了重要影响。随着以经济实力为基础的综合国力日益增强和对外交往的日益深化，中国将更加积极地参与全球治理，不断推动国际体系的发展与完善，并以行动实践为重塑现有全球治理体系做出更大贡献。

3. 中国理念的积极作用和实践效果

（1）中国理念的积极作用

近年来，世界经济增长乏力，国际局势动荡不安。针对国际社会和平赤字、发展赤字、治理赤字的严峻挑战，中国以推动人类共同发展为己任，提出了一系列解决全球问题的中国方案。习近平总书记强调坚定不移推进经济全球化，引导好经济全球化走向，提出打造富有活力的增长模式、开放共赢的合作模式、公正合理的治理模式、平衡普惠的发展模式，为全球经济化解矛盾、走出困境指明了方向。在瑞士达沃斯论坛、亚太经合组织领导人利马会议、二十国集团杭州峰会等国际场合，习近平主席直面“逆全球化”、保护主义、区域合作碎片化等重大问题，倡导平等、开放、合作、共享的全球经济治理观，开出标本兼治、综合施策的药方，为推动世界经济强劲、可持续、平衡、包容增长做出了重要贡献。

中国提出的全球治理方案力图打破国际社会发展桎梏，开辟出一条解决国际问题的新路径。中国提出的“一带一路”倡议，秉持共商、共建、共享原则，深化互利共赢格局，为全球经济治理提供新思路新方案，它不是一事一议的区域内双边短期方案，而是面向未来的中长期发展方案；它不是单方面提供援助，而是促进共同发展。中国对二十国集团平台和金砖国家机制的倡议，也同样并未囿于集团或区域性的考虑，而是力求推动更高程度、更大范围的跨区域乃至全球共同发展的主张。

全球治理的中国方案，包括公平正义的和平方案、互利共赢的合作方案、创新共享的发展方案等，其目的在于推动世界经济发展，建立更加合理的国际秩序，阻止地区冲突，推动国际生态与环境的改善，促进国际体系的完善。

（2）中国理念的实践效果

全球治理中国方案实现了国际多边合作平台的新拓展。党的十八大以来，中国一方面深化既有多边外交平台，如进一步对上海合作组织、中国—东盟自贸区等进行完善；另一方面创新建设了一些区域合作框架，如中巴经济走廊、中俄蒙经济走廊、孟中印缅经济走廊等。

中国提出金砖合作经济、政治、人文“三轮驱动”，不仅为金砖国家合作开辟了更加光明的未来，而且提振了国际社会对新兴市场国家发展前景的正面预期，在金砖合作进程中具有标志性意义。

二十国集团（G20）杭州峰会首次把创新作为核心成果，首次把发展议题置于全球宏观政策协调的突出位置，首次形成全球多边投资规则框架，首次发布气候变化问题主席声明，首次把绿色金融列入二十国集团议程，在二十国集团发展史上留下了深刻的中国印记，推动二十国集团从危机应对向长效治理机制转型，促进国际金融治理体系更好地反映新兴市场和发展中国家的利益诉求。

中国大幅度增加对全球治理领域的外交和资源投入，为世界提供了越来越多的公共产品。如牵头推动建立亚投行、金砖国家开发银行等新型多边金融机构，促成国际货币基金组织完成份额和治理机制改革，积极参与制定海洋、极地、网络、外空、核安全、反腐败、气候变化等新兴领域治理规则，推动改革全球治理体系中不公正不合理的安排，同意推动《巴黎协定》尽早生效，发起《二十国集团支持非洲和最不发达国家工业化倡议》和《全球基础设施互联互通联盟倡议》，将为发展中国家人民带来实实在在的好处。

在安全治理领域努力实现标本兼治。过去一段时期，地区热点和全球性挑战给全球治理提出了新课题。传统大国基于自身利益需要，采取卸责、转责、推责的做法，原有全球治理理念、体系和机制无法有效应对当前复杂多变的国际形势、错综交织的地缘政治因素和无处不在的经济金融风险。中国勇于承担责任，积极推动问题的解决：不是立足于一时一事，而是立足于长远、全局和整体；不是头痛医头、脚痛医脚，而是系统地看待、分析和解决问题；努力推动国际地区热点问题政治解决，劝和促谈，贡献合理方案。在解决热点问题过程中，中国坚持不干涉别国内政，反对强加于人；坚持客观公道，反对牟取私利；坚持政治解决，反对使用武力。这些方案经历了实践检验，取得了积极成效，得到越来越多国家的赞同。

4. 中国理念对世界的历史意义

全球治理的中国方案是中国共产党人对中国外交实践和发展经验的深刻总结，它回答了在充满差异的社会中、在文明多元化的现实里、在国家间不同利益的诉求下，如何解决国家间矛盾和分歧、实现共同发展的问题。正确义利观、新发展观、新安全观、共商共建共享的全球治理观以及构建人类命运共同体理念等，既体现了中国特色，又实现了外交理论的创新发展。

中国方案坚持互利共赢，强调权利与责任的互动、对等和一致，强调共存共处、共同发展，强调求同存异、包容互鉴。中国方案植根中国土壤，是在中国实践的成功基础上提出的，可以为其他国家提供借鉴参考。中国方案蕴含中华传统文化精髓，深受中华文化整体观、辩证观、义利观的启发，其所倡导的循序渐进、顾全大局、实事求是、客观公正等理念，都被实践证明是有效管控危机、解决问题的方法。

中国方案从理论上系统全面地回应了国际社会的质疑，以整体和配套的理论和战略，解决了中国发展面临的问题，同时也探索了人类发展的新方向。中国方案主张变恶性竞争为良性竞争、变强权理念为公平正义，这些治理理念对于推动国际社会朝着良性方向发展具有积极的建设性意义，对于全球安全稳定、构建人类命运共同体有着深远战略意义。

中国方案得到了世界上越来越多国家的认可与赞同。以“一带一路”倡议为例，2016 年 3 月，联合国安理会通过包括推进“一带一路”倡议内容在内的第 2274 号决议，体现了国际社会对推进“一带一路”倡议的普遍支持。与西方完全不同的是，它没有掺杂欧美的殖民主义、价值观以及政治干预，是服务和关照全世界最广大人民利益的倡议。阿联酋《海湾报》认为，“一带一路”或将开启“一个新的时代、一种与以往完全不同的合作模式”。德国《世界报》网站引用匈牙利总理欧尔班的话指出，与傲慢的西方模式相比，中国的“一带一路”倡议是更受欢迎的经济全球化模式，因为它不带“说教”，“没有老师、没有学生”，所有国家都有权塑造符合本国国情的社会。

全球治理的中国方案提升了中国改革开放的世界意义。无论国际风云如何变幻，中国为人类社会发展进步而积极努力的使命感和意志都不会动摇改变，并将在新时代为人类社会做出新的更大的历史性贡献。

四、展望中国经贸投资发展的下一个十年

（一）“逆全球化”背景下中国改革开放的基本形势分析

2008 年国际金融危机之后，IMF 总裁拉加德称全球经济进入“新平庸时代”。发达国家和发展中国家间跨境资本流动减缓，国际经济从 20 世纪 80 年代以倡导贸易投资自由化为特征的“经济全球化”迅速转向“逆全球化”。加上新技术革命及气候危机等因素的影响，使未来国际经济和全球治理面临很大的不确定性。特朗普“美国优先”战略和贸易保护主义大行其道，2018 年起更是主动发起了针对中国和其传统盟国的贸易战。在欧盟，“逆全球化”主要表现为反欧洲一体化，英国脱欧，德国、法国、意大利等国的民族主义、民粹主义抬头，为欧盟经济和社会稳定带来各种不确定性。2016 年世贸组织（WTO）发布的报告表明，尽管 G20 领导人一直强调撤销现有贸易限制措施，但 2015 年 10

月至 2016 年 5 月，G20 成员新增贸易保护主义措施高达 145 项，月均出台数约为 21 项。全球贸易保护主义的抬头导致 WTO 框架下的多边谈判进程缓慢，无法取得实质性突破。

毋庸置疑，逆全球化浪潮作为重要外部环境约束，为已经深度融入经济全球化的中国带来了严峻挑战。2018 年以来，特朗普政府对中国发起的贸易战更昭示了中国的外部环境已经发生了质的变化。如何管理这些外部危机将是今后较长时期中国对外政策的巨大挑战。IMF 总裁拉加德警告称，中美贸易战将对中国经济增长产生可衡量的影响，并将沿着供应链在亚洲邻国引发各种脆弱性。同时，贸易战还可能给已经陷入困境的新兴市场带来冲击，使目前席卷阿根廷和土耳其的危机波及整个发展中国家。

（二）继续坚持全面深化改革

改革开放是决定当代中国命运的关键一招，是坚持和发展中国特色社会主义的必由之路。中国经济发展到今天所取得的有目共睹的巨大成就，得益于改革开放，得益于坚持市场经济体制的改革方向、坚持发展开放型经济。尽管当前国际经济形势发生了变化，但中国继续坚持全方位的改革开放的基本国策不会变。改革开放中的矛盾只能用改革开放的办法来解决。近期中美贸易摩擦，起因是美国政府需要解决美国国内政治、经济矛盾，维护其在全球的经济霸主地位。但摩擦中暴露出来的中国在前期改革开放中尚未妥善解决的问题，也为中国经贸投资领域确定下一步的改革方向，为下一步中国进一步开放市场，建立起更加完善的市场经济体制，更好地发挥市场对资源配置的决定性作用，提供了政策路径。在 2018 年 4 月博鳌亚洲论坛上，中方宣布了下一步开放金融服务业的具体时间表。2018 年 6 月 29 日，国家发展改革委、商务部联合发布了《外商投资准入特别管理措施（负面清单）》，大幅扩大服务业开放，基本放开制造业，放宽农业和能源资源领域准入。

开放也是改革。习近平总书记强调："中国开放的大门不会关闭，只会越开越大。”过去我国经济发展是在开放条件下取得的，未来中国经济发展也必须在更加开放的条件下进行，只有主动参与、推进引领经济全球化进程，发展更高层次的开放型经济，才能为我国开拓广阔发展空间，为共建开放型世界经济做出更大贡献。

改革开放只有进行时，没有完成时。在经济全球化的历史大势不可逆转的背景下，融入世界经济是历史大方向。坚持改革开放是中国政府做出的重大战略决策，也是指导下一个十年经贸投资发展的重要指针。

（三）全力支持企业自主创新，实现“中国创造”

美国制裁中兴通讯和华为公司事件，敲响了中国企业界掌握自主知识产权的警钟。尽管改革开放 40 多年来，中国通过市场换技术，在促进产业升级和打造自主知识产权方面取得了不少成绩，但中国产业从整体上看，与欧美等发达国家相比，仍然缺乏核心技术、自主知识产权、世界知名知识品牌。这三个“缺乏”集中起来，就是自主创新能力不强。

“实践反复告诉我们，关键核心技术要不来、买不来、讨不来。”正如习近平总书记所言，只有自信的国家和民族，才能在通往未来的道路上行稳致远。中国已经把自主创新能力作为国家发展战略，在当前“逆全球化”的大趋势下，有必要将发展战略性新兴产业摆在经济社会发展更为重要的位置。

事实上，产业政策并不是中国的专利，美国为走出 2008 年金融危机，通过“综合性能源计划”、《2009 年美国复兴和再投资法案》、《美国清洁能源与安全法》和《美国制造业促进法案》，以及 2011 年的“高端制造合作伙伴”计划，旨在“确保下一场制造业革命会在美国爆发”。欧盟于 2012 年发布《一个强大的欧盟工业有利于增长和经济复苏》的工业政策沟通版报告，指出必须确立工业的核心地位，通过统一的工业政策提高欧盟竞争力，包括加大在技术研发、基础设施方面的投资，发展“欧洲数字议程”计划，改善欧盟内部市场准入、创造就业岗位并提高就业人员技能，密切协调发展交通和海事政策、能源政策、环境和气候政策等。对于具体的产业扶持，政府补贴也是非常普遍的做法，如在相当一段时间内，日本政府一方面通过政府资助推动太阳能电池制造技术研发，另一方面为光伏发电用户提供补贴。德国则实施“固定上网电价”政策，电网公司必须全额收购光伏发电的上网电量。对于电动车，日本政府为购车者提供补贴，补贴数量以不超过因购买电动车而多付出的购车款的 50% 为限。欧洲国家则在对购买电动车实行扣税、免税的同时，作为一种逆向激励，对普通车辆加征碳税。在比利时，购买电动车可得到最高达 9190 欧元的个人所得税抵扣。

美国对中国向高技术领域进军的担忧和敌视，更加佐证了中国从国家利益的角度，加大力度支持本土企业开展自主创新的必要性。

（四）以“一带一路”建设为重点推动全面开放

“一带一路”倡议提出以来，取得了举世瞩目的历史性成就。在习近平总书记的亲自谋划、亲自部署、亲自推动下，共建“一带一路”倡议从理念转化为行动，从愿景转化为现实，从倡议转化为全球广受欢迎的公共产品。在各方的共同努力下，政策沟通范围不断拓展，设施联通水平日益提升，经贸和投资合作迈上新台阶，人文交流更加紧密，取得了令人瞩目的成绩，取得了良好的开局。中国同“一带一路”沿线国家贸易总额超过 6 万亿美元，对“一带一路”国家直接投资超过 900 亿美元，中国已与 50 多个沿线国家签署双边投资协定，已与 41 个国家签署产能合作协议，人民币跨境支付系统业务范围已覆盖 60 多个沿线国家和地区。在 2018 年底召开的“一带一路”建设工作五周年座谈会上，习近平主席指出，共建“一带一路”，是从我国改革开放和长远发展出发提出来的，是完善全球发展模式和全球治理、推进经济全球化健康发展的重要途径。

当前，共建“一带一路”已从谋篇布局的“大写意”，进入精谨细腻的“工笔画”阶段，下一步推动“一带一路”建设，要坚持开放、绿色、廉洁理念，追求高标准、惠民生、可持续目标，聚焦重点，深耕细作，共同绘制精谨细腻的“工笔画”，推动共建“一带一路”沿着高质量发展方向不断前进，将其建设成为繁荣之路、开放之路、创新之路和文明之路，将其打造成为顺应经济全球化潮流的最广泛国际合作平台。

（1）构建伙伴关系，推动全球治理体系变革

不断扩大共建“一带一路”朋友圈，继续推动签署“一带一路”合作协议，坚持开放共赢，凝聚合作共识，加强经济政策协调和发展战略对接，搭建合作平台，旗帜鲜明地反对保护主义，加强与各方的深入合作，促进协同联动发展，实现共同繁荣，共同推动全球治理体系改革不断朝着人类命运共同体方向迈进。

（2）加强互联互通，构建互联互通伙伴关系

夯实基础设施作为互联互通的基石的作用，加快建设高质量、可持续、抗风险、价格合理、包容可及的基础设施，构建以经济走廊为引领，以大通道和信息高速路为骨架，以铁路、港口、管网等为依托的互联互通网络，更好地实现联动发展。

（3）深化经贸投资合作

在贸易合作方面，要加快推进自贸区谈判，促进贸易和投资自由化便利化，稳步推进自由贸易区建设，逐步构筑起面向全球的高标准自由贸易区网络；加快转变外贸发展方式，推动货物贸易优化升级，促进服务贸易创新发展，培育贸易新业态新模式，实施更加积极的进口政策，主动扩大进口。在投资合作方面，一要改善外商投资环境，加强利用外资法制建设，完善外资管理体制，全面实行准入前国民待遇加负面清单管理制度，放宽市场准入，加强知识产权保护，保护外商投资合法权益。二要创新对外投资方式，促进国际产能合作，规范企业海外投资和经营行为，健全信息等服务保障。

（4）加强金融保障，推动人民币国际化

一是创造有利条件，推动“一带一路”沿线国家扩大使用人民币范围和程度。推动在跨境贸易和金融交易中更大范围地使用人民币，提高人民币的国际化程度。二是加强“一带一路”沿线离岸金融中心和清算中心的建设，推广人民币跨境支付系统建设，促进人民币在相关地区的使用更加便利。三是推动和应用金融科技，发挥电子货币对世界发展的变革型推动作用，加快研发数字货币，完善监管、立法和税收等政策。在确保金融安全的情况下逐步推广以人民币计价的数字货币，加强政策储备，参与国际规则制定，构建能有效控制风险、有利于数字货币健康发展的全球化生态系统。

（5）坚持绿色、低碳、可持续发展

牢固树立尊重自然、顺应自然、保护自然的意识，倡导绿色、低碳、循环、可持续的生产生活方式，将绿色发展和可持续发展理念融入共建“一带一路”项目选择、实施和管理，采取行动应对气候变化，构筑尊崇自然、绿色发展的生态体系，建设清洁美丽的世界，实现世界的可持续发展和人的全面发展。

（6）强化民心相通，深化文明交流互鉴

深入开展教育、科学、文化、旅游、体育等领域人文合作，加强议会、政党、民间组织往来，密切妇女、青年、残疾人、留学生等群体交流，形成多元互动的人文交流格局。

（7）化解风险隐患，提升风险应对处置能力

要加强国内企业“走出去”的政策和法律支持，积极鼓励和引导企业参与“一带一路”项目，做好风险分析和预警，保障海外人员安全，维护海外利益。同时，鼓励企业加强信息收集和研判，提高风险防范意识，尤其要重视知识产权的重要作用，运用国际法律规则保护核心竞争力和竞争优势。

（8）加强国际化人才培养

加强国际化、复合型、“高精尖”人才培养和海外引进，包括外语、高级管理、研发、企划、专业技术等人才；鼓励企业树立国际化经营理念，加强自主创新能力建设，提高综合竞争力，为“一带一路”建设做好人才储备。

结　语　进一步深化经贸投资开放与变革发展应对百年未有之大变局

一、当今世界正经历百年未有之大变局

习近平总书记多次指出，当今世界正经历百年未有之大变局。深入分析大变局的内涵和发展趋势，科学把握当前和今后一段时期的国际形势演变规律，准确把握实现“两个一百年”奋斗目标、建设社会主义现代化强国的历史征程中我国外部环境的基本特征，对全面统筹谋划和推进新时代中国特色社会主义建设、开创经济建设和改革开放的新格局，具有重要而深远的理论和现实意义。

从历史纵深看，大变局的本质是国际主要行为体之间的力量对比发生重大变化，由此引发国际格局和国际秩序大调整。第二次世界大战后，美国逐步取代英国成为西方阵营领袖和国际秩序主导者。大变局的动力是生产力的决定作用，技术革命带来生产力革命，进而引发社会大变革。人类经历三次工业革命，美国以互联网信息技术革命引领新经济革命浪潮。大变局的关键是制度优势。美国的民主共和制度是在英国的现代化市场体系基础上创造的更为优越的制度体系，顺应了当时的历史演进方向。新时代呼唤符合大变局要求的新制度新体系。

从现实发展看，大变局呈现出四个特征：一是权力转移方向首次向非西方世界转移，一大批新兴市场经济国家和发展中国家群体性崛起。但是，权力转移是漫长而渐进的过程，发达国家缺乏足够的变革意愿和

胸怀气度，新兴国家尚需足够的经济实力和责任担当。二是技术等要素竞争更为激烈。第四次工业革命方兴未艾，人工智能、区块链等新技术蓬勃发展，围绕数字经济的规则之争日益激烈，跨国公司等非国家行为体作用上升。三是社会主义制度优越性凸显。苏联解体后，资本主义制度一度成为主导世界政治经济的唯一可选项。直到在中国共产党和中国人民的共同努力下，新时代中国特色社会主义制度的优越性得到体现，科学社会主义焕发出强大的生机活力，为人类探索更好的社会制度提供了全新选择。四是大变局的演进呈现和平和渐进性，不再走大国战争的老路，不再是单一国家崛起，不再以推翻旧秩序为目标，而是改革、利用、完善现有国际秩序，对人类发展的影响前所未有。

从未来方向看，在大变局中应对乱局、实现破局、成功解局、开创新局，迫切需要新思路、新理念的指导和牵引。乱而思治，危而望安。全球事务应由各国共同治理，国际规则应由各国共同书写，发展成果应由各国共同分享，世界命运应由各国共同掌握。以习近平同志为核心的党中央准确把握时代进步潮流，积极提出全球治理中国方案，为人类解开变局之惑提供理论指引、行动指南和实践创举。在中华民族复兴之路与人类的和平发展之路上，建设人类命运共同体的宏伟理念将推动构建应对百年未有之大变局的新局。

二、70 年中国的发展站上新的历史起点

（一）从积贫积弱到繁荣兴旺，新中国形成全方位开放新格局

70 年间，新中国的对外开放走过了由点到面、由沿海沿边到内陆地区、由“请进来”到“走出去”、由封闭半封闭到全方位开放的渐进式发展过程。我国货物贸易进出口总额由 1950 年的 11.35 亿美元增长到 2018 年的 46230.3 亿美元，增长 223 倍，2013 年至今持续保持在全球第一位；服务贸易发展迅猛，2018 年服务进出口额达 5.245 亿美元，

同比增长 11.5 %，连续 5 年居全球第二位。中国成为世界贸易大国。1982—2018 年，吸引非金融类外商直接投资和对外直接投资额保持快速增长，2018 年分别达到 1350 亿美元和 1430.4 亿美元，双双居世界第二位，中国成为吸引外资和对外投资的重要力量。人民币跨境使用大幅增长，2016 年人民币加入国际货币基金组织特别提款权（SDR）货币篮子，成为世界第五大支付货币。国家外汇储备由 1952 年末的 1.08 亿美元增长至 2018 年末的 3.07 万亿美元，连续 13 年稳居世界第一。

（二）从计划集中到市场融合，新中国构建开放型经济新体制

70 年间，新中国的经济体制经历了从计划集中到市场融合、从要素型开放向规则标准等制度型开放转变的历程。20 世纪 50 年代，由于西方封锁，新中国学习苏联模式，实行高度集中的计划经济体制和封闭条件下的进口替代战略。1978 年党的十一届三中全会确定改革开放的基本国策，将坚持对外开放作为党的基本路线的重要内容，开启从经济特区向沿海开放的崭新试验。1992 年中共十四大确定社会主义市场经济体制的改革目标，进一步扩大开放，充分利用国际国内两个市场、两种资源。1997 年中共十五大实施“引进来”与“走出去”相结合的对外开放战略，开放区域逐步从沿海向沿江和内陆拓展。进入 21 世纪，中国继续坚持实施平等互利合作共赢的对外开放战略，党的十八大以来，习近平总书记提出新时代中国特色社会主义开放思想，提出构建开放型经济新体制。

（三）从封锁孤立到包容创新，新中国成为全球治理重要参与者

70 年间，新中国在全球治理方面经历了游离规则、适应规则、接受规则、融入规则、改进规则的发展历程。20 世纪 50 年代，受西方封锁的影响，中国外交采取“一边倒”政策，在全球治理方面话语权甚微。20 世纪 70 年代以中国恢复联合国合法席位和中美建交为标志，中国开始融入经济全球化，成为全球治理不可或缺的大国。1978 年改革

开放后，中国逐步向国际规则靠拢，适应和接受国际规则。以2001年中国加入世贸组织为标志，中国积极参与国际规则制定和全球治理。党的十八大以来，中国参与并推动“南南合作”、金砖国家合作和二十国集团合作，推动世贸组织改革，在全球治理体系变革中不断贡献“中国智慧”和“中国方案”。同时积极倡议推动共建“一带一路”，与130多个国家和30多个国际组织签署将近200份合作协议。中国的“朋友圈”不断扩大，国际地位和国际影响力不断提升。

三、改革开放铸就70年经贸投资辉煌成就

经过70年筚路蓝缕的拼搏，新中国在社会主义道路上不断探索，坚持打开国门搞建设，并抓住了改变中国命运的关键一招：改革开放。改革开放给党和国家发展注入了新的活力，给中国特色社会主义事业增添了强大动力。

从新中国成立到改革开放前的30年，我国经贸工作主要立足中国实际、学习借鉴苏联模式搞建设，形成高度集中的计划经济体制。随着时代的发展，一些曾发挥过积极作用的体制机制逐渐暴露出种种弊端。1978年确定改革开放的基本国策，大规模引进外资，积极开展国际贸易，并对外贸、外汇、外资等不适应开放的体制机制进行改革，释放出巨大的发展活力。2001年中国加入世贸组织，履行“入世”承诺，大规模倒逼国内法律法规清理和体制机制改革，对外开放政策的稳定性、透明度、可预见性不断提高。2013年中国进入全面深化改革新时期，通过改善营商环境、放宽市场准入、构建面向全球的高标准自由贸易区网络，推动高质量共建“一带一路”，在更大范围、更宽领域、更深层次上提高开放型经济水平。开放促改革促发展，贯穿于中国特色社会主义制度发展完善的全过程，改革开放为社会主义现代化建设提供了强大动力和最有力保障。

习近平总书记强调：“对外开放是我国的基本国策，任何时候都不

能动摇。”“改革是解放和发展社会生产力的关键，是推动国家发展的根本动力。”实现“两个一百年”奋斗目标、实现中华民族伟大复兴的中国梦，必须坚持改革开放。

四、坚持改革开放，应对百年变局，谱写复兴篇章

习近平总书记强调：“改革不停顿，开放不止步，在更高起点上推进改革开放”。综观世界大势，和平与发展仍是世界发展的主题，经济全球化仍是不可逆转的时代潮流。同时，国际单边主义和贸易保护主义加剧，世界经贸增长态势放缓明显，地缘政治不确定因素增加，国际力量对比博弈激烈。

面对世界百年未有之大变局，中国共产党带领中国人民，始终不忘初心、牢记使命，坚持在习近平新时代中国特色社会主义开放思想的科学指引下，牢牢把握坚持和完善中国特色社会主义制度、推进国家治理体系和治理能力现代化这一重大战略任务，发扬中国人民的伟大斗争精神，在更大范围、更宽领域、更深层次上提高开放型经济水平，使改革开放成果更多更公平惠及全体人民，改变世界经济发展不平衡的局面，推动人类文明进步和世界和平发展。

全面深化改革。统筹考虑短期应对和中长期发展，更加注重改革的系统性、整体性、协同性，提高改革综合效能。紧紧围绕构建高水平社会主义市场经济体制，坚持社会主义市场经济改革方向，完善产权制度，推动要素市场化配置，加快建设高标准市场体系，进一步健全公平竞争制度，不断完善市场化法治化国际化营商环境，充分激发各类市场主体活力，实现产权有效激励、要素自由流动、价格反应灵活、竞争公平有序、企业优胜劣汰。

全面扩大开放。推动形成更高水平的开放型经济新体制，以高水平开放打造国际经济合作和竞争新优势。持续推动贸易和投资自由化便利化，促进要素跨境自由有序安全便捷流动，完善外商投资准入前国民待

遇加负面清单管理制度，有序扩大服务业对外开放，完善自由贸易试验区布局。统筹发展和安全，在全面扩大开放的同时，着力提高开放监管和风险防控能力。推动共建“一带一路”高质量发展，深化务实合作，加强安全保障，促进共同发展。积极参与全球经济治理体系改革，推动完善更加公平合理的全球经济治理体系，为构建人类命运共同体贡献中国智慧、中国方案。

70 年沧桑历程，70 年崛起东方。忆往昔峥嵘岁月，谱未来时代凯歌。在新的历史阶段，中国将坚定不移推进改革、扩大开放，加快构建新发展格局，推动经济社会实现高质量发展。站在“两个一百年”奋斗目标的历史交汇点上展望未来，中国人民在中国共产党的带领下，推动更高水平开放、推进建设开放型世界经济的步伐铿锵有力，正在朝着实现“两个一百年”奋斗目标、实现中华民族伟大复兴的中国梦奋勇前进！

参考文献

[1]石红莲.国际金融危机对我国对外贸易的传导效应[J].国际贸易问题,2010 (1):117 -123.

[2]李向阳.国际金融危机与国际贸易、国际金融秩序的发展方向[J].经济研究,2009(11):47 -54.

[3]王海娇.当代新国际贸易理论对我国开放型经济发展的启示[J].经济视野,2015(23):251 -254.

[4]薛荣久,杨凤鸣.对中国特色社会主义国际经贸理论构建的思考[J].国际贸易,2014(4):1 -10.

[5]李直.比较优势理论与我国对外贸易发展[J].国际经贸,2013(4):50 -61.

[6] 鲁晓璇,张曙霄.对马克思主义国际贸易理论和西方国际贸易理论及其关系的思考[J].经济学家,2018(1):20 -28.

[7]佟家栋.国际贸易理论的发展及其阶段划分[J].世界文汇经济,2000(6):39 -44.

[8]全毅,沈铭辉.区域全面经济伙伴关系的中国视角[J].区域合作,2014(6):57 -61.

[9]孙伊然.亚投行"一带一路"与中国的国际秩序观[J].外交评论,2016(1):1 -30.

[10]金砖国家领导人厦门宣言[N].人民日报,2017 -09 -05(003).

[11]张艾.两次金融危机下我国能源国际贸易的比较分析[J].国际商务研究,2010(2):51-56.

[12]刘纯安,王书军.国际贸易新理论与中国对外贸易战略的创新[J].当代经济,2007(7):146-148.

[13]吴建强.国际贸易新理论对我国外贸战略的启示[J].当代经济, 2008(12):154-155.

[14]于水群,杨增雄.国际贸易新理论及其对中国贸易发展的启示[J].云南财经大学学报(社会科学版),2009(3):31-33.

[15]蔡爱军,朱传耿,仇方道.我国开放型经济研究进展及展望[J].地域研究与开发,2011(2):6-11.

[16]裴长洪,郑文.中国开放型经济新体制的基本目标和主要特征[J].经济学动态,2014(4):8-17.

[17]张睿.当代新国际贸易理论对我国开放型经济发展的启示[J].现代经济信息,2014(18):178.

[18]袁志田,刘厚俊.马克思国际贸易理论的时代性与实践性——兼论中国开放型经济[J].马克思主义研究,2006(2):22-28.

[19]毛蕴诗.论国际分工市场失效与重构全球价值链——新兴经济体的企业升级理论构建[J].中山大学学报(社会科学版), 2016(56).

[20]谭人友.全球价值链重构与国际竞争格局——基于40个经济体35个行业面板数据的检验[J].世界经济研究,2016(5).

[21]乔小勇.我国服务业及其细分行业在全球价值链中的地位研究——基于"地位—参与度—显性比较优势"视角[J].世界经济研究,2017(2).

[22]张为付.中国全球价值链分工地位改善了吗?——基于改进后出口上游度的再评估[J].中南财经政法大学学报, 2017(4).

[23]蔡春林.金砖国家推动全球经济治理变革与转型[J].亚太经济,2013(5).

[24]蔡春林. 金砖四国经贸合作机制研究[M]. 北京:中国财政经济出版社, 2009.

[25]复旦金砖国家研究中心. 金砖国家机制的形成、发展与前景[M]//金砖国际研究(第一辑). 上海:上海人民出版社,2013.

[26] 复旦大学金砖国家研究中心. 战略合作包容性增长[M]//金砖合作与全球治理年度报告. 上海:上海人民出版社,2014(7).

[27]樊勇明. 金砖国家合作与亚洲多元发展[J]. 复旦学报(社会科学版),2013(6).

[28]黄仁伟. 新兴大国参与全球治理的弊端[J]. 现代国际关系,2009(11).

[29]黄仁伟. 金砖国家崛起与全球治理体系[J]. 当代世界,2011(5).

[30]卢峰,李远芳,杨业伟. 金砖五国的合作背景和前景[J]. 国际政治研究, 2011(2).

[31]庞中英,王瑞平. 从战略高度认识金砖国家合作与完善全球经济治理之间的关系[J]. 当代世界,2013(4).

[32]吴心伯,等. 转型中的亚太地区秩序[M]. 北京:时事出版社,2013.

[33]徐秀军. 金砖国家与全球治理模式创新[J]. 当代世界,2015(11).

[34]杨力,樊勇明. 新兴经济体与国际关系[M]. 北京:对外经济贸易大学出版社,2013.

[35]张蕴岭. 亚太战略——世界主要力量的发展与角逐[M]. 北京:时事出版社,2002.

[36]习近平. 新起点、新愿景、新动力——在金砖国家领导人第六次会晤上的讲话[Z]. 2014.

[37]邓小平文选(第3卷)[M]. 北京:人民出版社,1993.

[38]胡鞍钢. 中国政治经济史论(1949—1976)[M]. 北京:清华大学出版社,2008.

[39]十二大以来重要文献选编(中)[M]. 北京:人民出版社,1986.

[40]王泰平. 中华人民共和国外交史(第二卷)[M]. 北京:世界知识出版社,1998.

[41]沈觉人. 当代中国对外贸易(上卷)[M]. 北京:当代中国出版社,1992.

[42]"支持中国南南合作,借鉴中国经验"——访联合国开发计划署驻华代表处国别主任文霭洁[J]. 中国发展观察,2017(2):54-58.

[43]石亚军. 推进实现三个根本转变的内涵式大部制改革[J]. 中国行政管理,2013(1).

[44]夏梁. 以市场换技术方针的历史演变[J]. 当代中国史研究,2012(2).

[45]谷牧. 关于访问欧洲五国的情况报告(一九七八年六月二十二日)[J]. 党的文献,2009(1).

[46]联合国开发计划署. 2017年中国与联合国开发计划署全球合作亮点[Z]. 2018.

[47]联合国开发计划署驻华代表处(1979年至今)[Z]. 50年纪念相册.

[48]匡远配,唐文婷. 中国产业结构优化度的时序演变和区域差异分析[J]. 经济学家,2015(9).

[49]中国人民大学重阳金融研究院,对外经贸大学中国WTO研究院. 共享繁荣仍是可能——中美经贸关系全景报告[R]. 2018.

[50]国家发改委经济研究所课题组. 宏观调控目标和政策手段机制化研究(主报告)[J]. 经济研究参考,2014(7):3-28.

[51]李国学. 从"以市场换技术"到"以制度促创新"——中美BIT框架下我国企业技术进步的新选择[J]. 国际经济合作,2014(10).

[52]李翀.以市场能够换技术吗?——我国提高科学技术水平的路径分析[J].经济社会体制比较,2014(5):12-19.

[53]国家发展改革委经济体制综合改革司,国家发展改革委经济体制与管理研究所.改革开放三十年:从历史走向未来[M].北京:人民出版社,2008.

[54]胡鞍钢.关于全面深化社会主义市场经济体制改革的若干建议[J].国家行政学院学报,2013(3):9-13.

[55]李克强.在全国深化“放管服”改革转变政府职能电视电话会议上的讲话[N].人民日报,2018-07-13(2).

[56]陈宗胜,高连水,周云波.基本建成中国特色市场经济体制——中国经济体制改革三十年回顾与展望[J].天津社会科学,2009(2):73-80.

[57]吴敬琏,当代改革的源起回溯[J].新经济导刊,2013(1-2):8-9.

[58]仲伟周,邢治斌.我国制造业“市场换技术”有效性分析——基于产业安全视角[J].科学学与科学技术管理,2012(12):62-70.

[59]龚常,曾维和,凌峰.我国大部制改革述评[J].政治学研究,2008(3):99-105.

[60]蔡继明.我国经济体制变革历程及其理论分析[J].改革,2018(6):26-37.

[61]中共中央党史研究室.中国共产党的九十年(社会主义革命和建设时期)[M].北京:中共党史出版社, 2016.

[62]常春凤.改革开放三十年:中国经济波动与宏观调控的回顾与反思[J].经济学家,2009(2):21-29.

[63]黄赜琳.改革开放三十年:中国经济周期与宏观调控[J].财经研究,2008(11):88-100.

[64]高小平,陈宝胜.改革开放以来政府机构改革的理性历程——

基于政府机构改革阶段性特征的研究[J]. 学海,2018(3):70 - 77.

[65]王澜明. 社会主义市场经济体制下的政府职能定位[J]. 中国行政管理,2015(1):11 - 14.

[66]张晓晶. 试论中国宏观调控新常态[J]. 经济学动态,2015(4):12 - 22.

[67]王子先. 外贸体制改革是我国经济体制改革的先锋和动力[C]//中国国际贸易学会,对外经济贸易大学. 改革开放 30 周年回顾与展望——中国对外经贸发展新思路会议论文集(2008 年 11 月 8—9 日)[C]. 2007 中国国际贸易学会年会暨国际贸易发展论坛.

[68]张乃根. 试论国际经济法律秩序的演变与中国的应对[J]. 中国法学,2013(2):180 - 191.

[69]国务院组织机构图(历次机构改革要点和国务院组织机构)[Z]. 中国网,http://www.china.com.cn/guoqing/node_7178585.htm.

[70]郑有贵. 中华人民共和国经济史(1949—2012)[M]. 北京:当代中国出版社,2017.